二十 e 스 포 史 츠

20 년 사

2008
2017

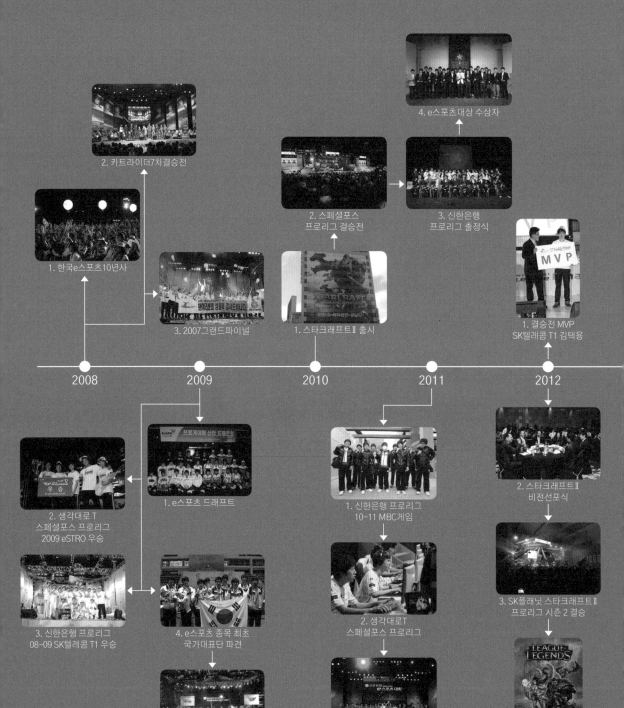

4. e스포츠대상 수상자

2. 카트라이더7차결승전

2. 스페셜포스
프로리그 결승전

3. 신한은행
프로리그 출정식

1. 한국e스포츠10년사

1. 결승전 MVP
SK텔레콤 T1 김택용

3. 2007그랜드파이널

1. 스타크래프트Ⅱ 출시

2008   2009   2010   2011   2012

2. 생각대로 T
스페셜포스 프로리그
2009 eSTRO 우승

1. e스포츠 드래프트

1. 신한은행 프로리그
10-11 MBC게임

2. 스타크래프트Ⅱ
비전선포식

3. 신한은행 프로리그
08-09 SK텔레콤 T1 우승

4. e스포츠 종목 최초
국가대표단 파견

2. 생각대로T
스페셜포스 프로리그

3. SK플래닛 스타크래프트Ⅱ
프로리그 시즌 2 결승

5. KT 우승

3. 신한은행 대학생
아마추어 e스포츠 대회

4. 리그 오브 레전드
e스포츠 리그 등장

3. LoL 월드 챔피언십개최 발표

5. 넥슨 아레나 개관식

4. 전국체육대회

5. LoL 트라이아웃

4. 배틀그라운드
e스포츠 시장 개척

2. 제4회 실내&
무도아시아경기대회

2. 2015년 LoL 월드 챔피언십
결승 헌장

3. 2015 LoL 월드 챔피언십
SK텔레콤 T1 롤드컵 2회우승

3. 클래시 로얄 KeSPA컵

1. 가족 e스포츠 페스티벌

1. 프로리그 1라운드
결승 SK텔레콤 T1 우승

1. 가족 e스포츠 페스티벌

2. 삼설 캘럭시 LoL 월드
챔피언십 우승

2013 2014 2015 2016 2017

1. 넥슨 도타 2
e스포츠 계획 발표

1. 스타2 프로리그 2R
진에어 그린윙스 우승

2. 프로리그 통합 결승
이영호 승리

3. 2014 LoL 월드 챔피언십
결승전 4만 관객

4. 전국체전
e스포츠 메달

2. SK텔레콤 T1
LoL 월드 챔피언십 3회 우승

3. 스타2 KeSPA컵
우승자 알렉스

4. 하스스톤 KeSPA컵

5. 프로게이머 정기 소양교육

5. e스포츠 한중대항전

‖ 편집

제작

한국e스포츠협회, 겜툰

집필

남윤성 기자(데일리e스포츠)
박해수 기자(겜툰)
고용준 기자(OSEN)
김용우 기자(포모스)
안일범 기자(경향게임즈)

검수

김진욱 기자(스포츠서울)
신기혁 국장(kt 롤스터)
이학평 국장(OGN)
박창현 국장(SPOTV)
라이엇 게임즈 홍보팀
PUBG 홍보팀
국제 e스포츠연맹(IESF)
e스포츠 산업지원센터 자문위원회

INDEX

e스포츠 20년사

스포츠와 궤를 같이한 e스포츠, 왜 'e스포츠 20년사'인가

스포츠(Sports)는 일정한 규칙에 따라 신체나 도구 혹은 동물을 활용해 서로 겨루는 활동을 의미한다. '여가'를 뜻하는 옛 프랑스어 'desport'와 '즐기며 놀다'라는 의미를 지닌 영어 'disport'에서 유래했다.

19세기 이후 기술이 발달하면서 인간이 할 수 있는 놀이도 점차 영역을 늘려갔는데, 여기에서 '일에 지쳤을 때 하는 여가 활동', '기분 전환을 위해 즐기는 놀이'라는 의미로 스포츠라는 단어가 탄생했다.

e스포츠(Electronic Sports, eSports)는 전자 스포츠다. 게임을 통해 이뤄지는 스포츠를 뜻한다. 게임산업 진흥에 관한 법률 제2조 제1호에 정의된 바에 따르면 '게임물을 매개(媒介)로 하여 사람과 사람 간에 기록 또는 승부를 겨루는 경기 및 부대활동'을 말한다.

스포츠가 큰 의미에서 인간이 직접 몸을 움직여 하는 여가 활동을 뜻한다면, e스포츠는 스포츠와 마찬가지로 여가 활동이지만, 그 매개가 전자 기기와 게임이라는 점이 다를 뿐이다. 여러 가지 도구를 활용하던 스포츠가 발달한 기술에 맞춰 다양한 전자 기기를 활용하는 방식으로 한 걸음 나아간 것이 e스포츠라고 할 수 있다.

게임이 세계적인 인기를 얻고 이와 함께 e스포츠가 주목 받으면서 그 기원에 대한 의견은 분분하지만, e스포츠를 논할 때 대한민국은 절대 빼놓을 수 없는 자리에 있다. 처음 e스포츠가 시작된 곳은 게임 산업이 일찍 자리 잡은 미국이나 일본이라 할 수 있지만, e스포츠가 정립되고 발전한 곳은 대한민국이기 때문이다.

우리나라는 1997년 외환 위기 이후 초고속 인터넷망이 보급됐다. 당시 급격히 성장 중이던 게임 산업과 맞물려 PC방이 급속도로 늘어나는 결과를 낳았다. 이때를 기점으로 게임은 e스포츠로 발전하게 될 첫 발걸음을 내디뎠다. 누구든 쉽게 PC방을 찾아 정해진 규칙에 따라 다른 사람과 게임을 즐길 수 있었고, 잘 보급된 인터넷 망을 통해 전 세계인과 경쟁할 수도 있었다.

이런 과정을 통해 게임은 '홀로 즐기는 여가 활동'에서 '여럿이 함께하는 여가 활동'으로 바뀌었다. 정해진 규칙을 따르면서 다른 사람과 경쟁하는 방식으로 즐기는 게임이 속속 등장했고 개인과 개인, 단체와 단체가 서로 승부를 벌이는 e스포츠도 자연스레 등장했다.

PC방에서 열린 소규모 오프라인 대회로 시작했던 e스포츠는 점차 자본이 투입되고 관심을 갖는 사람들이 많아지면서 규모가 커졌다. 전문 방송국이 개국해 케이블 TV에서 경기를 쉽게 관람할 수 있는 환경이 마련됐고, 일반적인 게임 이용자보다 뛰어난 실력을 지닌 프로게이머도 등장했다.

처음에는 개인적으로 활동하던 프로게이머들은 같은 직업에 종사하던 중세 장인들이 길드를 구성하던 것처럼 점차 동호회를 형성하기 시작했고, 이렇게 설립된 동호회는 여러 회사들과 계약을 맺으면서 게임단으로 발전했다. 이렇게 탄생한 프로e스포츠단은 지금까지도 다양한 e스포츠 종목에서 활동하고 있다.

18세기에 영국에서 근대 스포츠가 발생한 이래, 오락적 요소가 곁들여져 금전적인 보수를 목적으로 하는 스포츠, 프로페셔널 스포츠(Professional sports)가 탄생했다. 프로페셔널 스포츠는 건강 관리 혹은 취미나 즐기기 위해 하는 아마추어 스포츠(Amateur sports)와 달리 특정 종목 선수가 경기를 해 돈을 벌고, 해당 구단은 경기로 얻는 수익으로 영리를 얻는 상업적인 스포츠다.

이런 관점에서 볼 때 e스포츠 또한 아마추어와 프로페셔널로 나뉘어 있는데, e스포츠는 태생상 첫걸음을 프로페셔널로 시작할 수밖에 없었다. 기원이 되는 종목이 특정 회사가 영리를 목적으로 개발해 판매 중인 게임이었고, 선수들은 게임사의 마케팅 활동에 참여해 상금을 얻는 방식으로 e스포츠가 자리 잡아 나갔기 때문이다.

처음부터 프로페셔널 영역으로 시작한 e스포츠는 게임 자체가 지닌 오락적 요소에 일반 이용자보다 월등한 실력을 선보이는 프로게이머가 서로 대결하는 장면을 통해 전통 스포츠가 주는 재미와 통쾌함을 그대로 제공한다.

그렇기 때문에 e스포츠는 스포츠로 분류되길 주저하지 않는다. 태동한 지 20여 년 만에 2018 자카르타−팔렘방에서 아시안 게임 시범 종목으로 채택됐고, 올림픽 종목으로도 거론되고 있다. 이에 따라 'e스포츠 20년사'는 2008년부터 2017년에 이르기까지 e스포츠가 어떻게 발전해 왔는지, 어떤 희로애락을 겪었는지를 되돌아보려 한다.

PART 1
사진으로 보는
e스포츠 20년사

▪ 2008 ~ 2017

2008

하반기 드래프트

위메이드 폭스 이윤열

국제e스포츠연맹 발족식

공군 에이스 임요환

신한은행 프로리그 통합챔피언전 르까프 오즈우승

웅진 스타즈 창단식

신한은행 프로리그 통합챔피언전

신한은행 프로리그 결승

신한은행 프로리그 결승전 소녀시대 축하공연

신한은행 프로리그 결승전 삼성전자 칸 우승

e스포츠 대상 시상식

초코송이컵 카트라이더 7차 리그 결승전

KTF 매직엔스 홍진호

2009

하반기 드래프트

신한은행 프로리그 08-09 결승전 SK텔레콤 T1 우승

스페셜포스 프로리그 출정식

생각대로 T 스페셜포스 프로리그 2009 1차 결승전 이스트로 우승

IESF-챌린지

택뱅리쌍

실내아시아 경기대회 출정식

실내아시아 카스시상식

실내아시아 선수단 단체

kt 롤스터 창단 10년 만에 프로리그 우승

아발론 인비테이셔널

2010

생각대로T 스페셜포스 프로리그 2010 2nd 결승전 전경

KTF 매직엔스 이영호

신한은행 프로리그 09-10시즌 어린이날 이벤트

SK텔레콤 T1 임요환

스타크래프트 Ⅱ 공식 대회 GSL 개막

신한은행 프로리그 10-11시즌 출정식

e수포츠대상 수상자 단체사진

Korea e-sports Awards 2010
제5회 대한민국 e-스포츠대상

e스포츠대상 올해의 종목상 서든어택

STARCRAFT II WINGS OF LIBERTY
마침내, 기다림은 끝났다!

스타크래프트 II 출시 옥외 광고

스타크래프트 II: 자유의 날개 출시

e스포츠 선수단 간담회

2011

신한은행 프로리그 삼성전자

생각대로T 스페셜포스 프로리그 우승 트로피

신한은행 프로리그 10-11 STX

리그 오브 레전드의 등장

신한은행 프로리그 10-11 CJ

신한은행 프로리그 10-11 결승전 미디어데이

신한은행 대학생 아마추어 e스포츠 대회 단체

신한은행 프로리그 10-11 MBC게임

생각대로T 스페셜포스 프로리그

신한은행 프로리그 10-11 웅진

신한은행 프로리그 10-11 SK텔레콤 T1

2012

LoL 월드 챔피언십 아주부 프로스트 준우승   KT 이영호

2012 LoL 월드 챔피언십 현장사진

STX 소울

스타크래프트Ⅱ 비전선포식

우승

CJ 엔투스, SF2 프로리그 우승!
CJ엔투스 팬 여러분의 성원에 감사 드립니다

MV

CJ엔투스 스페셜포스2 프로리그 우승

SK플래닛 스타크래프트 프로리그 시즌 1결승 무대 선 SK텔레콤 T1-KT

SK planet

생각대로T SF2 프로리그 결승 무대 선 SK텔레콤-CJ

SK플래닛 프로리그 미디어데이

SK플래닛 스타크래프트Ⅱ 프로리그 시즌 2 결승

2013

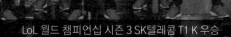

LoL 월드 챔피언십 시즌 3 SK텔레콤 T1 K 우승

넥슨 아레나 개관식 이벤트 매치 FIFA 온라인 3   서든어택 챔피언스리그 그랜드파이널

실내무도 아시안게임 한국팀단체

SK플래닛 스타2 프로리그 12-13 결승전 STX 우승 축포

가족 e스포츠 페스티벌 리그 오브 레전드 선수 팬사인회

가족 e스포츠 페스티벌

SK플래닛 스타2 프로리그 12-13더 스페셜 이벤트 태백리쌍

한국e스포츠협회 진에어 제8게임단 공식 후원 체결식

2014

LoL 월드 챔피언십 한국 개최 4만 명 운집

전국체전 e스포츠 메달

KeSPA컵 결승 트로피

KeSPA 프로 e스포츠 선수 정기 소양교육

월드 오브 탱크 코리안리그 시즌 2 우승팀 ARETE

한국 LoL 팀 세계 제패 삼성화이트 LoL 월드 챔피언십 우승

전국체전 개회식 선수 단체

가족 e스포츠 페스티벌

LoL 월드 챔피언십 선수단 사인회

SK텔레콤 스타2 프로리그 2014 통합 결승 환호하는 관중들

SK텔레콤 프로리그 통합 결승

도타 2 e스포츠 계획 발표

제6회 KeG 대통령배 아마추어 e스포츠대회

LoL 월드 챔피언십 결승전 Imagine Dragons 오프닝 공연

2015

LoL 월드 챔피언십 SKT T1 경기 모습

ESC ever LoL 케스파컵 우승

대통령배 KeG 하스스톤 시상

스타Ⅱ 프로리그 감독상 받는 최연성

가족e스포츠 페스티벌

SKT T1 사상 첫 LoL 월드 챔피언십 2회 제패

던파페스티벌 F1 월드 챔피언십

넥슨 서든어택 윈터 챔피언스 결승전

제96회 전국체육대회 e스포츠 첫 참가

IESF 월드 챔피언십

2016

액션토너먼트

국회e스포츠 토론회

e스포츠 대상 올해의 LoL 인기상 이상혁

스타2 KeSPA컵 외국인 최초 우승자 알렉스 선더하프트

SK텔레콤 T1 사상 최초 LoL 월드 챔피언십 3회 우승

CSGO 아시아 마이너

LoL 월드 챔피언십 결승

카트라이더 리그 듀얼 레이스 결승전

스타크래프트2 프로리그 미디어데이

하스스톤 KeSPA컵 우승한 박종철선수

양국 정식협단체 - 국가체육회 주관 한중대항전

2017

LoL 월드 챔피언십

플레이어언노운스 배틀그라운드

카트라이더 KeSPA컵 우승자 문호준

삼성 갤럭시 3년 만에 LoL 월드 챔피언십 우승 및 LCK LoL 월드 챔피언십 5년 연속 우승

IESF 월드 챔피언십 한국 종합우승

LoL KeSPA컵 kt 롤스터 우승

가족e스포츠 페스티벌

클래시 로얄 KeSPA컵

라이엇 게임즈 전용 경기장 건설 발표

PART 2
e스포츠
20년사 포커스

▪ 2008 ~ 2017

1. '문화체육관광부장관배 아마추어 e스포츠 대회', 대통령배로 승격

문화체육관광부 주최로 2007년부터 개최된 '문화체육관광부장관배 전국 아마추어 e스포츠 대회(KeG, Korea e-Sports Games)'는 e스포츠 10주년인 2008년에 대통령배로 승격돼 2009년부터 대통령배 대회로 개최됐다.

지역 e스포츠 활성화 및 건강한 게임문화 확산, 국산 e스포츠 종목 육성을 위해 시작된 KeG는 국내 최초 전국 단위 정식 아마추어 e스포츠 대회다. 첫 대회는 전국 8개 지방자치단체에서 스페셜포스, 프리스타일, 스타크래프트 브루드워, 워크래프트3, 4개 종목으로 열렸고, 전국 대회 본선 출전 선수 기준 270여 명이 참가했다.

2008년 대회는 6월부터 10월까지 전국 13개 지역에서 예선이 열렸다. 종목은 프리스타일, 서든어택, 피파온라인 2, 스페셜포스, 카트라이더 등 국산 게임 5종이었다. 예선을 통과한 650여 명은 10월 24일부터 26일까지 천안 유관순 체육관에서 본선 경기를 치렀다.

경기 결과를 보면 프리스타일 종목 결승전에서는 광주시 대표 '샷클락 리멤버' 팀이 같은 '샷클락' 클랜 출신 선수들로 구성된 대구시 대표 '샷클락 소울' 팀을 세트 스코어 2대0으로 완파하고 광주시에 첫 종목 우승을 선사했다.

서든어택 종목은 부산시 대표 'High.1st'팀과 2위 '#apos'팀이 대결해 'High.1st'가 세트 스코어 2대0으로 승리했다. '피파온라인2'에서는 경기도 대표 양진모 선수가 부산시 대표 김성재 선수에게 4대3으로 역전승을 거뒀다.

'스페셜포스' 결승전은 경기도 대표 'Kov' 팀이 부산시 대표 'Endless' 팀을 세트 스코어 2대0으로 완파하고 종합 우승을 확정지었다. 카트라이더 종목 충청남도 대표 강석인^(당진송악고)과 장진형^(강릉제일고)이 대결해 충남 당진송악고가 세트 스코어 4대1로 승리하며 개최지 천안에 첫 종목 우승을 안겼다.

2. 한국 e스포츠 10주년

2008년은 한국 e스포츠가 10주년을 맞이하는 해로, 한국e스포츠협회 3기가 출범한 해이기도 하다. 한국 e스포츠는 1999년 'KPGL배 하이텔 게임넷 리그'를 시작으로 2002년 '황제' 임요환 억대 연봉 진입, 2004년 부산 광안리 10만 관중 운집, 2007년 세계 최초 군 프로e스포츠단 '공군 에이스' 창단 등 발전을 거듭했다.

한국e스포츠협회는 한국 e스포츠 10주년을 기념하기 위해 문화체육관광부 지원으로 e스포츠 전문가 10여 명이 집필에 참여해 국내외 e스포츠를 조명하고 향후 발전 방향을 제시하는 'e스포츠 10주년 연감'을 발행했다.

이 밖에도 한국e스포츠협회는 e스포츠 10주년을 기념한 다양한 이벤트를 통해 스타크래프트 프로e스포츠단 과거 유니폼과 2008년도 유니폼을 한눈에 비교할 수 있게 하면서 e스포츠 역사와 함께한 장수 팬들에게 향수를 불러일으켰다.

3. FPS 장르 국내 흥행과 연이은 프로e스포츠단 창단

국내에서도 세계적인 e스포츠 장르에 대한 관심과 열기가 높아졌다. 스페셜포스, 서든
어택 등 국산 FPS 게임이 인기를 끌었고, FPS 게임 활성화를 위한 여러가지 활동이 전개
됐다.

이에 따라 6월에는 한국e스포츠협회와 온게임넷이 공동 주최하고 드래곤플라이가 후
원, FPS코리아가 주관하는 'FPS e스포츠 포럼'이 FPS 종목 전문가 및 선수들을 초청한 가
운데 진행됐다. 포럼에서는 FPS 종목 변천사를 시작으로 등록된 프로게이머와 개최된 대
회 현황 및 한국형 e스포츠 상황에 맞는 발전 방향 등이 논의됐다.

이후 7월에는 '신한은행컵 스페셜포스 창단 프로젝트'를 통해 2007년 창단된 'IT Bank'
에 이어 '스페셜포스 온게임넷 스파키즈 프로e스포츠단'과 'e. sports-united'가 창단됐다.
한국e스포츠협회는 스페셜포스 리그 활성화와 프로e스포츠단 창단에 힘입어 기존 스타크
래프트 공인랭킹에 이어 11월부터 스페셜포스 공인랭킹을 집계 및 발표하기 시작했다.

▲ 국제 e스포츠 연맹(IESF) 발족식

4. 국제 e스포츠 연맹(IESF) 창설

세계 최초 e스포츠 국제기구인 '국제 e스포츠 연맹(IESF, Internationl e-Sports Federation)'은 2008년 창설됐다. 첫 회장직에는 당시 한국e스포츠협회 회장이었던 SK텔레콤 김신배 사장이 선출됐다. 부회장으로는 독일e스포츠협회 프랭크 슬리카(Frank Sliwka) 회장이 선출됐다.

한국게임산업진흥원과 한국e스포츠협회는 세계 최초 e스포츠 국제기구 창설을 위해 한국과 독일, 오스트리아, 덴마크, 네덜란드, 벨기에, 스위스, 대만, 베트남 등 9개 국가 e스포츠 단체로 구성된 '국제 e스포츠 연맹발족을 위한 협약식'을 부산에서 개최했다.

IESF는 본부 소재를 대한민국 서울특별시로 정하고, 연맹 공식 언어를 한국어와 영어로 정했다. 이후 국제적인 e스포츠 구심점으로 글로벌 인프라 구축, 선수·규정·대회·종목 등을 표준화하며 각종 대회 관련 기관과 교류를 통해 국제 e스포츠 대회를 개최하는 것을 목표로 삼고 활동을 시작했다.

5. 워크래프트3 'Moon' 장재호, 2008 베이징 올림픽 성화 봉송

블리자드 실시간 전략 시뮬레이션 워크래프트3: 프로즌쓰론에서 '나이트엘프' 종족으로 대회를 휩쓴 'Moon' 장재호는 뛰어난 실력으로 '안드로장', '제5의 종족' 등으로 불리며 세계적인 인기를 구가했다.

미국 e스포츠 웹진 갓프래그(gotfrag) 집계에 따르면 장재호는 2007년 한 해 동안 전 세계에서 열렸던 워크래프트 3 대회 총 상금 약 1백만 달러(약 11억3천만원) 중에서 16.5%에 해당하는 16만 8,074달러(약 1억 9천만원)를 획득했다.

특히 중국에서 워크래프트 3가 흥행하면서 장재호는 가수 겸 배우 장나라와 더불어 '중국인이 사랑하는

▲ 베이징 올림픽 성화 봉송한 'Moon' 장재호

한국인 투(two) 장'으로 불릴 정도로 인기를 끌었고, 이를 바탕으로 '2008 베이징 올림픽'의 성화 봉송 주자로 참여했다.

당시 올릭핌 성화 봉송 주자로는 장재호를 비롯해 '휴먼 황제' 리 샤오펑 같은 유명 e스포츠 선수 10명이 성화 봉송에 나섰다. 장재호는 2018년까지도 개인 단위로 성화 봉송에 참여한 유일한 국내 e스포츠 관련 인물이다.

1. e스포츠 최초로 스타크래프트 FA 실시

2009년에는 e스포츠 최초로 스타크래프트 종목에서 자유계약선수(Free Agent, 이하 FA) 제도가 도입됐다. 2006년 3월 상반기 프로게이머 정기 소양 교육에서 처음 발표된 FA 제도는 3년이 넘는 준비 기간을 걸쳐 2009년 8월 10일 한국e스포츠협회 홈페이지에 첫 프로게이머 FA 대상자 및 시행 일정이 공지되며 윤곽을 드러냈다.

자유계약선수로는 ▲SK텔레콤 T1 4명(김택용, 전상욱, 최연성, 고인규) ▲화승 2명(이제동, 구성훈) ▲CJ 3명(마재윤, 변형태, 박영민) ▲하이트 2명(김창희, 박명수) ▲STX 5명(진영수, 김윤환, 박성준, 김구현, 박종수) ▲삼성전자 5명(송병구, 허영무, 박성훈, 이성은, 주영달) ▲KT 6명(박지수, 안상원, 박찬수, 배병우, 김재춘, 강민) ▲웅진 2명(윤용태, 김준영) ▲MBC게임 5명(염보성, 이재호, 김동현, 고석현, 박지호) ▲이스트로 3명(신희승, 신상호, 서기수) ▲위메이드 폭스 2명(이윤열, 박성균) 등 총 39명이 자격을 취득했다.

당시 FA 보상 규정에 따르면 'FA 선수를 영입하고자 하는 프로e스포츠단은 원소속 프로e스포츠단 선수 연봉의 200%를 지급하거나, 영입 프로e스포츠단이 지정한 보호선수 6명을 제외한 선수 1명과 연봉의 100%를 지급해야 한다'고 명시되어 있는데, 연봉 5천만 원미만의 선수는 2009년 6월 전략위원회 의사록에서 의결된 내용에 따라 위에 명시된 보상 규정이 적용되지 않았다.

한국e스포츠협회는 8월 14일 FA제도 중 입찰 게임단에 대한 선수 선정에 관해 '입찰 및 응찰 과정에서 복수 게임단이 입찰했을 때, 선수가 입찰한 게임단 중 하나를 선택하지 않고, 반드시 가장 높은 금액으로 입찰한 게임단을 협회가 제시하고 그 게임단과 계약을 해야 한다'고 공지했다.

원소속 게임단 우선 협상 기간 마지막 날인 8월 20일, FA 대상자 39명 중 31명은 원소속 게임단과 계약을 체결했다. FA '최대어'로 꼽힌 이제동은 화승과 의견이 결렬돼 FA 시장에 진출했다.

이후 이제동은 8월 22일 서울 방이동 올림픽공원 펜싱경기장에서 열린 '박카스 스타리그 2009'에서 우승한 뒤 인터뷰를 통해 "게이머 인생 마지막까지 지금 감독님, 팀원들과 함께하고 싶은 마음"이라고 잔류 의사를 밝혔다.

결국 FA를 선언한 선수에게 입찰과 응찰을 할 수 있는 8월 25일까지 이제동에게 입찰한 프로e스포츠단은 없었고, 이제동은 8월 31일 화승과 재계약을 하며 잔류할 수 있었다.

2. 스페셜포스 & 스타크래프트 광안리 통합 결승

부산 수영구 광안리해수욕장은 한국 e스포츠 '성지'다. 2004년 7월 17일 개최된 스타크래프트 대회 '스카이 프로리그 2004' 결승전에는 같은 날 부산 사직구장에서 열린 프로야구 올스타전 관중 1만 6천 명보다 6배나 많은 10만 관중이 운집했다.

같은 장소에서 한국e스포츠협회는 '부산 e스포츠 페스티벌'을 개최했다. 2009년 처음 실시된 'e스포츠 페스티벌'은 기존 e스포츠 프로리그 결승전을 확대한 행사로, 3일간 스타크래프트 대회 '신한은행 프로리그 08-09' 결승전과 스페셜포스 대회 '생각대로T 스페셜포스 프로리그 2009 1st 결승전', '대통령배 KeG 부산대표 선발전' 결승전으로 구성됐다.

'생각대로T 스페셜포스 프로리그 2009 1st' 결승전은 이스트로가 KT를 3대2로 제압하며 우승했다. '신한은행 프로리그 08-09' 결승전은 SK텔레콤 T1이 1, 2차전을 모두 승리하고 2006년 전기리그 이후 3년 만에 프로리그 정상을 탈환했다. 결승전이 치러진 '부산 e스포츠 페스티벌'은 경찰 추산 7만여 명의 관객이 운집했다.

3. 이제동, 이윤열-박성준에 이어 3번째 스타리그 3회 우승 달성

2009년 8월, 화승오즈 소속 '폭군' 이제동이 '천재' 이윤열(위메이드), '투신' 박성준(STX)에 이어 3번째 골든 마우스 주인공이 됐다.

'골든 마우스'는 스타리그에서 3회 우승을 달성한 선수에게 수여되는 기념 트로피로, 2005년 So1 스타리그 결승전에 등장했다. 당시 '황제' 임요환(SK텔레콤)이 우승 시, 결승에 진출했고 우승을 했다면 최초 스타리그 역사상 최초로 3회 우승을 기록, 이를 기념하기 위해 3회 우승을 달성하며 골든 마우스의 주인공이 될 수 있었다. '골든 마우스' 하단은 도금된 트로피 모양에 상단은 순금 마우스로 구성되어 있으며 제작에 사용된 순금 무게는 200g(약 53돈), 총 무게는 375g이다. 하지만 임요환은 준우승하며 골든 마우스를 받지 못했다.

처음으로 '골든 마우스'를 받은 선수는 '신한은행 스타리그 2006 시즌 2'에서 우승을 차지한 '천재' 이윤열이었다. 이어서 '에버 스타리그 2008'에서 우승을 거둔 '투신' 박성준(STX)이 두 번째 '골든 마우스'를 가져갔다.

'에버 스타리그 2007'로 스타리그에 데뷔한 이제동은 결승전에서 우승을 차지하며 스타리그 통산 8번째 로열로더에 등극했고, 2009년 '바투 스타리그'에서 두 번째 우승에 성공하며 '골든 마우스'에 도전할 기회를 얻었다.

'폭군' 이제동은 8월 열린 '박카스 스타리그 2009' 결승전에서 하이트 스파키즈 소속 박명수와 저그 대 저그 동족전을 치렀다. 10년 만에 치러진 저그 동족전에서 이제동은 뛰어난 컨트롤을 앞세워 박명수를 세트 스코어 3대0으로 완파하고 스타리그 통산 3회 우승을 달성했다. 이제동은 '박카스 스타리그 2009'를 우승하며 첫 우승 이후 1년 8개월, 스타리그 우승자 가운데 역대 최단기간 3회 우승이라는 위업을 달성한 것으로 통산됐다.

4. KeSPA, 대한체육회 인정단체 승인과 첫 국제 스포츠 종합대회 국가대표 파견

2009년에는 대한체육회가 한국e스포츠협회를 국내 e스포츠를 대표하는 인정단체로 승인했다. 한국e스포츠협회는 2008년 3기 협회 출범 시 공언했던 3대 과제 'e스포츠 글로벌화', '국산 종목 세계화', '정식 체육 종목화' 중 '정식 체육 종목화'를 추진하기 위해 문화체육관광부, 대한체육회와 지속해서 교류를 추진해왔다.

대한체육회는 한국e스포츠협회가 대한체육회 가맹·탈퇴 규정 제5조^(가맹요건)에 따라 시도지부 설립을 단계적으로 추진하고 있으며 e스포츠 체육 종목화를 위해 대국민 여론 형성과 각종 국내외 사업을 활발히 추진하고 있는 점 등을 인정해 인정단체로 승인했다.

대한체육회 인정단체 승인으로 한국e스포츠협회는 2009년 베트남 하노이에서 개최된 실내아시아경기대회에 국가대표 선수단을 파견할 수 있게 되었다. FIFA09, 스타크래프트 브루드 워, 카운터스트라이크 1.6 세 개 종목에 출전한 대한민국 e스포츠 국가대표팀은 금메달 2개, 은메달 1개, 동메달 1개를 획득했다.

5. 첫 대통령배 아마추어 e스포츠 대회 개최

문화체육관광부가 주최하고, 한국콘텐츠진흥원, 안동시e스포츠 추진위원회, 한국e스포츠협회가 공동 주관하는 '제1회 대통령배 2009 전국아마추어 e스포츠대회^(Korea e-Sports Games, 이하 2009 KeG)'가 6월 울산 지역 대표선발전을 시작으로 5개월간 대장정을 치렀다.

국민 여가문화로 발돋움하고 있는 국내 e스포츠 기반 조성을 위해 2007년 시작된 전국체전 형태 통합 아마추어 e스포츠 대회인 KeG는 2007년과 2008년은 문화체육관광부장관배로 진행됐는데, 2008년 중요성을 인정받아 대통령배로 승격했다.

대통령배로 처음 치러진 '2009 KeG'는 FPS 게임 서든어택과 스페셜포스, 온라인 야구게임 슬러거, 온라인 축구게임 피파온라인 2, 시범 종목인 리듬 게임 펌프잇업 등 다양한 국산 e스포츠 종목 대회가 진행됐다.

'2009 KeG'는 2007년과 2008년 연속 4위에 머물렀던 광주광역시가 피파온라인 2 1위, 서든어택 2위, 스페셜포스 3위를 기록하며 종합 점수 150점으로 우승했다. 대구광역시는 종합점수 100점으로 2위를, 울산광역시는 90점으로 3위를 차지했다.

시범 종목인 펌프잇업 결선은 스피드전 남/녀 개인전과 프리스타일 3개 부문으로 진행됐다. 스피드전은 모두 서울 지역 대표가, 프리스타일은 부산 지역 대표가 우승했다. 본선 공식종목 상위 입상자^(1~3위)에게는 문화체육관광부 장관상이 수여됐고 한국e스포츠협회 준프로게이머 자격이 부여됐다.

1. e스포츠 승부 조작 사건 발생

2010년에는 국내 e스포츠 발전에 커다란 걸림돌이 되는 사건이 발생했다. e스포츠 종사자, 관계자, 팬과 관계없이 큰 충격을 받게 했던 '프로게이머 승부 조작 사건'이었다.

서울중앙지검 첨단범죄수사2부는 한국e스포츠협회 의뢰로 스타크래프트 프로게이머들이 전직 프로게이머, e스포츠 업계 출신의 불법 도박사이트 브로커와 접촉해 고의로 게임을 패배하는 등 승부 조작에 가담한 의혹을 수사했다.

한국e스포츠협회는 검찰 수사 의뢰와 더불어 승부 조작 여지를 줄이기 위해 출전 선수 명단을 사전 예고하는 기존의 프로리그 진행 방식을 경기 당일 현장에서 선수 명단을 공개하는 식으로 변경했다.

검찰은 수사 끝에 '본좌'라는 별명을 가진 마재윤을 비롯해 전·현직 프로게이머 11명과 브로커 3명, 조작된 정보를 이용해 불법사이트에서 베팅을 한 2명 등 총 16명을 적발했다.

한국e스포츠협회는 상벌위원회를 열어 승부 조작에 가담한 전·현직 프로게이머 11명을 영구 제명했고 승부 조작에 연루된 게임단은 게임단장 해임, 사무국 직원 감봉 및 감독 직무 정지 등 내부 징계를 내리기도 했다.

승부 조작 재판 결과 최대 징역 1년 6월부터 최소 6월까지 형을 확정했고 일부 선수들에게는 사회봉사와 도박 치료 프로그램 등을 선고했다. e스포츠 승부 조작 사건을 시작으로 불법 베팅 사이트 베일이 벗겨지며, 축구, 야구, 농구, 배구 등 4대 스포츠 승부 조작 사실이 확인되기도 했다.

2. 스타크래프트 II 출시

1998년에 발매된 블리자드 엔터테인먼트 실시간 전략 게임 스타크래프트는 한국 e스포츠 시작을 같이 한 게임이다. '스타리그 광안리 결승 10만 관중 운집'과 같은 e스포츠 역사에 획을 긋는 일도 스타크래프트와 함께 했다.

블리자드 엔터테인먼트는 국제 게임 전시회 '지스타 2009(G-Star 2009)' 첫날인 2009년 11월 26일 스타크래프트 II: 자유의 날개 시연회를 대대적으로 열었다. 개막식이 열리기 전인 10시부터 지스타 주

▲ 스타크래프트 II 출시 옥외 광고

최 측이 행사장 문을 열자 블리자드 부스에 인파가 몰려들며 112대의 시연 PC 자리가 꽉 차기도 했다.

스타크래프트 II는 2010년 9월 18일, 공개 시범 서비스를 끝내고 정식 발매됐다. 이후 블리자드 엔터테인먼트 e스포츠 한국 독점 사업자인 게임 방송 그래텍은 '글로벌 스타크래프트 II 리그' 개최를 발표했고, 온게임넷과 방송 협약을 체결하는 등 e스포츠 사업도 활발히 전개됐다.

3. 스타크래프트 지식재산권 갈등

블리자드 엔터테인먼트와 블리자드 게임의 국내 방송 독점 사업자 그래텍이 e스포츠 업계를 상대로 소송을 제기하면서 '스타크래프트 지식재산권' 갈등이 시작됐다.

스타크래프트 Ⅱ: 자유의 날개 출시를 앞두고 블리자드 엔터테인먼트는 한국e스포츠협회와 협상을 중단했다. 2007년 한국e스포츠협회가 중계권을 도입하면서 시작된 '지식재산권' 협상이 결렬됐다.

협상이 중단된 후 다른 파트너를 찾은 블리자드는 인터넷 동영상 서비스 곰TV를 운영하는 그래텍에 블리자드 게임 한국 e스포츠 대회 및 중계, 방송에 관한 독점권을 양도했다. 또한, 그래텍을 스타크래프트 관련 지식 재산권 협상 대리인으로 임명했다.

블리자드와 그래텍은 프로리그 1년에 1억 원, 개인리그 시즌별로 1억 원을 조건으로 걸었다. 양대 리그로 불렸던 '온게임넷 스타리그', 'MBC게임 스타리그'뿐 아니라 스타크래프트와 관련된 리그마다 1억 원을 요구한 셈이다. 여기에 VOD 등 서브 라이선스 비용과 함께 후원사 선정시 블리지드와 그래텍에 지급하는 돈까지 연 10억 원 이상을 요구했다.

블리자드 협상 대리인인 그래텍과 e스포츠 업계 대표 자격을 얻은 한국e스포츠협회는 9차에 걸친 협상을 진행했으나 타협점을 찾지 못했다. 협상이 진행 중이던 10월 말 미국 애너하임에서 열린 블리즈컨에서 블리자드 COO 폴 샘즈가 한국 매체와 인터뷰를 통해 "MBC게임과 온게임넷을 상대로 소송을 제기했다"고 발표했다. 그리고 11월 1일과 5일 각각 소장이 접수되며 지식재산권 분쟁이 법정에 섰다.

한편, 블리자드의 대리 역할을 한 그래텍의 소송으로 스타크래프트 중심으로 성장해오던 한국 e스포츠에 일대 격변이 예고됐다.

4. 스타리그 사상 첫 해외 결승전 개최

스타리그 사상 첫 해외 결승전이 개최됐다. 국제 e스포츠 대회 결승전이 해외에서 열린 적은 있었지만, 국내 e스포츠 대회가 해외에서 결승전을 진행한 건 처음이었다.

'대한항공 스타리그 2010 시즌 2'는 오프닝이 중국 상하이를 배경으로 제작돼 해외 결승을 치르는 게 아니냐는 이야기가 많았다. 이후 온게임넷은 아시아에서 가장 높은 송수신탑인 동방명주에서 결승전을 진행했다.

9월 11일 진행된 '대한항공 스타리그 2010 시즌 2' 결승전은 KT '최종병기' 이영호와 화승 '폭군' 이제동이 맞붙었다. 비가 내리는 악천후에도 많은 중국 e스포츠 팬들과 한국 교포들이 경기 시작 5시간 전부터 대회 현장을 찾아 인산인해를 이뤘다.

결승전 경기 결과 이영호가 이제동을 세트 스코어 3대1로 제압하고 2회 연속 스타리그 우승, 4번째 3회 우승에 성공하며, 스타리그 3회 우승자에게 주어지는 골든 마우스를 수상했다.

5. 임요환, 이윤열 등 프로게이머 스타크래프트 II로 종목 전향

2010년 9월 18일 블리자드 엔터테인먼트 실시간 전략 게임 스타크래프트 정식 후속작 스타크래프트 II: 자유의 날개가 국내 정식 발매됐다. 출시와 함께 전·현직 프로 선수들은 종목을 전향하기 시작했다. 한국 e스포츠를 대표하던 '테란의 황제' 임요환도 스타크래프트 II로 전향했다.

임요환은 곰TV에서 주최하는 '글로벌 스타크래프트 II 리그 (GSL)' 시즌 2에 참가해 전승으로 예선을 통과한 뒤 본선 4강에 올랐다.

e스포츠 최초로 그랜드슬램을 달성하고 골든 마우스(온게임넷 스타리그 3회 우승), 골든뱃지(MBC 게임 스타리그 3회 우승)를 달성한 '천재테란' 이윤열도 스타크래프트 II로 종목을 전향했다. 이 밖에도 저그 최초로 골든 마우스를 수상한 '투신' 박성준, 서기수, 김정훈, 김원기와 같은 선수들이 연이어 전향했다.

워크래프트 3 선수로 활동하다 군대에 입대한 '낭만오크' 이중헌과 마찬가지로 워크래프트 3 선수로 활동한 '포커스' 엄효섭, 세계적인 인기를 자랑하는 'Moon' 장재호도 스타크래프트 II 대회에 모습을 드러냈다.

1. 연이은 프로e스포츠단 해단

2011년은 프로e스포츠단이 연이어 해단됐다. '신한은행 프로리그 10-11 결승전'이 끝난 직후 위메이드가 프로e스포츠단 폭스를 해단했고, 이어서 화승오즈, MBC게임 히어로가 게임단 운영을 중단했다.

위메이드 폭스는 게임 개발사 본연의 경쟁력 강화를 위한 게임 개발 집중을 위해 게임단 운영을 종료했다.

화승오즈와 MBC게임 히어로도 시즌 도중 해단을 결정했다. 화승은 오프라인 마케팅에 집중하기 위해 게임단 운영을 그만두고, MBC게임은 게임 채널을 폐지하고 음악 채널로 변경하면서 게임단을 포기했다.

프로e스포츠단이 연이어 해단되면서, 스타크래프트 프로리그 개막이 늦춰지기도 했다. 한국e스포츠협회가 해단된 게임단을 인수해 창단할 기업을 물색했지만, 상황이 여의치 않았다.

결국 한국e스포츠협회는 해단된 3개 게임단 소속 선수들 가운데 이제동, 박준오, 염보성, 전태양, 김재훈, 박수범 등 프로리그 10-11 시즌 성적이 좋은 선수들을 보호 선수로 지정하고, 남은 선수 32명은 입찰을 공고하고 영입을 희망하는 구단이 계약금과 연봉을 제시하며 응찰하는 방식으로 이적할 수 있게 했다.

2. MBC게임 폐지

온게임넷과 함께 스타크래프트 리그 양대 산맥이었던 MBC게임이 음악 채널로 변경되며 역사 속으로 사라졌다. MBC게임은 11월 30일 방송통신위원회에 채널 변경 신청서를 넣고 음악 채널 변경을 확정했다. 채널 변경 신청서에는 2012년 1월 31일부로 MBC게임을 폐지하고 2월 1일부터 MBC뮤직을 개국한다는 내용이 담겼다.

▲ 폐지된 MBC 게임

MBC게임이 음악 채널로 변경된다는 소문은 2011년 초부터 있었는데, MBC게임은 소문을 일축했다. 그런데 10월에 MBC게임 소속 중계진들이 SNS를 통해 MBC게임 폐지 소식을 알렸고, MBC게임 히어로 선수들도 숙소 퇴거 통보를 받았다고 알려져 폐지가 확실시됐다.

'겜비씨'로 2001년 개국해 온게임넷과 함께 한국 e스포츠 양대 산맥이었던 MBC게임은 10년간 개인리그 MSL과 프로리그를 통해 e스포츠와 함께 했다. 전국 초·중·고등학생을 대상으로 열린 아마추어 스타크래프트 대회 '엘리트학생복 스쿨리그'로 프로게이머 등용문 역할도 했다. 대전 격투 게임 철권 e스포츠 대회 '테켄크래시' 등 스타크래프트 외 다른 종목 육성에도 기여했다.

3. 리그 오브 레전드 한국 정식 서비스 시작

　　라이엇 게임즈가 개발하고 서비스하는 온라인 MOBA^(Multiplayer Online Battle Arena) 게임 리그 오브 레전드^(League of Legends, LoL)는 2008년 10월 7일 League of Legends^(CLASH OF FATES)란 이름으로 처음 발표된 게임이다. 북미에서는 2009년 10월부터, 한국에서는 2011년 12월 4일부터 정식 서비스를 시작했다.

　　리그 오브 레전드는 당시 가입자 3,200만 명을 보유하고 있었는데, 그중 북미 서버에 접속해 게임을 즐기는 한국 이용자는 30만 명 정도였다. 이런 배경으로 PC방과 온라인화가 강점인 한국을 예의 주시하던 라이엇 게임즈는 한국 진출을 위해 국내 서비스사를 물색하기도 했지만 결국 직접 서비스 결정을 내리고 국내에 지사를 마련했다. 그리고 한국형 챔피언 '구미호'를 출시하면서 서비스를 시작했다.

　　한국형 챔피언 '구미호'는 국내 이용자 투표를 통해 '아리'라는 이름을 얻었다. 라이엇 게임즈는 '아리' 첫 6개월 판매 수익금 전액을 한국 사회에 기부하겠다고 선언했다.

▲ 라이엇 게임즈 리그 오브 레전드

4. 스타크래프트 지식재산권 분쟁 해결

2011년 5월, 1년 동안 법정 싸움까지 갔던 블리자드 엔터테인먼트와 한국e스포츠협회를 비롯한 한국 e스포츠 업계 간 지식재산권 분쟁이 일단락됐다. 한국e스포츠협회와 블리자드, 온게임넷과 MBC는 스타크래프트 라이선스 계약을 체결하고 게임 방송사와 협력 관계를 구축했다.

2년 동안 유효한 라이선스 계약으로 한국e스포츠협회 및 협회 회원사 온게임넷과 MBC게임은 다시 국내에서 스타크래프트 e스포츠 대회 개최 및 중계를 할 수 있게 됐다. 더불어 스타크래프트 II: 자유의 날개에서도 활동할 수 있는 발판이 마련됐다.

라이선스 계약이 체결되면서, 블리자드와 양 방송사 간 법정 싸움도 종결됐다. 2010년 10월 블리자드는 MBC게임을 지식재산권 위반으로 제소했고 곧이어 온게임넷도 제소했다. MBC게임과 온게임넷은 블리자드 소송 제기에 연합 대응했고 3차에 걸친 법정 공방이 이뤄졌다.

법원에서 판결이 선고되기 전, 한국e스포츠협회와 블리자드가 합의에 성공했고, 한국 e스포츠 업계는 2년 동안 스타크래프트로 각종 대회를 열 수 있는 자격을 얻었다.

5. WCG 8년 만에 한국에서 개최

2004년부터 2010년까지 그랜드 파이널을 해외에서 치러온 '월드사이버게임즈(World Cyber Games, WCG)'가 8년 만에 한국에서 개최됐다.

2000년 경기도 용인시에서 챌린지 대회를 열었던 WCG는 2001년에는 서울 코엑스에서, 2002년에는 대전광역시에서, 2003년에는 서울 올림픽 공원에서 그랜드 파이널을 개최했다. 2004년부터 해외로 진출해 미국 샌프란시스코를 시작으로 싱가포르, 이탈리아, 중국 등에서 그랜드 파이널을 개최했고, 2010년 미국 LA에 이어 8년 만에 부산에서 열렸다.

'WCG 2011 그랜드 파이널'은 12월 8일부터 11일까지 부산 벡스코에서 열렸다. 한국 e스포츠 선수단은 스타크래프트 II, 워크래프트 3, 스페셜포스, 월드 오브 워크래프트 등에서 압도적인 기량을 선보이며 금메달을 땄다. 한국은 4년 연속, 통산 7번째 WCG 종합 우승을 차지했다.

1. 스타크래프트 하락

리그 오브 레전드를 필두로 급격히 성장한 MOBA(Multiplayer Online Battle Arena) 장르가 북미−유럽 지역에서 2위 게임보다 누적 시간이 2배에 달할 정도로 선풍적인 인기를 끄는 가운데 스타크래프트는 프로e스포츠단 해단, 선수 은퇴 등을 겪으며 하락세를 걷기 시작했다.

1999년 프로게이머 코리아 오픈을 통해 e스포츠로 자리를 잡은 블리자드 엔터테인먼트 실시간 전략 게임 스타크래프트: 브루드 워는 게임 전문 케이블 채널 개국, 프로e스포츠단 기업화, 국제화와 더불어 대한민국을 세계 속에 e스포츠 종주국으로 알리는 데 기여했지만, 2012년 마지막 리그를 치른 후 한동안 공식리그가 열리지 않았다.

2012년 5월 블리자드 엔터테인먼트, 한국e스포츠협회, 온게임넷과 그래텍은 스타크래프트Ⅱ e스포츠 공동 비전선포식을 통해 스타크래프트 Ⅱ : 자유의 날개를 통한 4자 간 협력 관계를 구축하기로 뜻을 모으면서, 세대 교체가 전개되는 양상이 됐다.

MBC게임은 폐지됐고, 온게임넷은 'tving 스타리그 2012'를 마지막으로 스타크래프트 개인리그를 개최하지 않았다. 프로리그도 변했다. 'SK플래닛 스타크래프트 프로리그 시즌 1'까지는 스타크래프트로만 프로리그가 진행됐으나 시즌 2부터 두 종목이 병행됐다. 프로리그는 전반전을 스타크래프트, 후반전과 에이스 결정전을 스타크래프트Ⅱ로 치르며 스타크래프트Ⅱ에 무게 중심을 뒀다.

선수들도 대거 은퇴했다. 2011년 말 CJ 서지훈이 가장 먼저 은퇴 소식을 알렸다. 2012년 3월에는 kt 롤스터 '영웅토스' 박정석이 은퇴했다. 박정석은 이후 프로e스포츠단 나진 e 엠파이어에서 리그 오브 레전드와 철권 팀 감독이 됐다.

개인리그 최다 우승자이자 스타크래프트Ⅱ로 전향한 '천재테란' 이윤열도 은퇴를 선언했다. 소속 팀이 해단되고 이후 상황이 잘 풀리지 않으면서 선수 생활을 마감하고 아주부 스타크래프트Ⅱ팀 매니저를 맡았다.

'여제' 서지수, 염보성, 김윤중, 이경민 등 각 팀을 대표해 프로리그에서 좋은 성적을 거뒀던 선수들도 선수 생활을 그만뒀다.

2. 흥행하는 리그 오브 레전드와 이어지는 프로e스포츠단 창단

2011년 12월 4일 국내 정식 서비스를 시작한 라이엇 게임즈 온라인 MOBA(Multiplayer Online Battle Arena) 게임 리그 오브 레전드(League of Legends, LoL)는 출시 전부터 흥행 조짐을 보였고, 2012년 대한민국을 휩쓸었다.

한국 서비스를 시작한 LoL은 4개월 만에 PC방 점유율 1위에 올랐고, 11월 PC방 점유율 30%를 돌파하는 등 스타크래프트: 브루드 워를 이어 차세대 '국민 게임'으로 떠올랐다.

LoL이 정식 서비스를 시작하기 전부터 창단된 스타테일, 홍진호를 감독으로 선임한 제닉스 스톰, 월드사이버게임즈 2011(World Cyber Games, WCG 2011) 국가대표 EDG가 나진으로 활동을 시작했고, 스타크래프트Ⅱ 프로e스포츠단 MVP는 MVP 블루, 화이트, 레드 총 3개 팀을 창단했다.

이어서 MiG 블레이즈와 프로스트는 아주부에 인수됐고, 팀 OP 주축 선수들을 영입한 LG-IM, 거품게임단 주요 멤버로 구성된 CJ 및 SK텔레콤도 게임단 창단 대열에 합류했다.

2월에 열린 '아주부 LoL 더 챔피언스 스프링 2012'는 세계 최초 LoL 정규 리그로, 경기마다 용산 e스포츠 상설 경기장을 가득 채웠고 킨텍스에서 열린 결승전에는 8,000여 명이 몰렸다.

10월 로스앤젤레스 가렌 센터에서 펼쳐진 'LoL 월드 챔피언십 시즌 2'는 LoL과 월드컵을 합성한 롤드컵이라는 신조어를 만들어냈고, 대회 기간 내내 실시간 검색어 1위를 차지하는 등 이목이 집중됐다.

'LoL 월드 챔피언십 시즌 2'는 e스포츠 사상 최대 총상금 규모인 200만 달러^(약 21억 원)였다. 우승팀인 TPA에게는 100만 달러가 지급됐다. 당시 대부분 LoL 대회 상금 규모는 5만 달러^(약 5,600만 원) 미만이었다.

3. 세계 최초 군(軍) 프로e스포츠단 '공군 에이스(ACE)' 해단

세계 최초의 군^(軍) 프로e스포츠단으로 기네스북에 등재된 바 있는 '공군 에이스^(공군 ACE)'가 해단됐다. 공군 에이스는 'SK플래닛 스타크래프트 II 프로리그 12-13시즌'의 참가 팀 리스트에 이름을 올리지 않았고, 2012년 신병 모집 계획을 취소했다.

2006년 프로게이머를 전산병으로 선발하면서 e스포츠 팀 운영을 시작한 공군은 강도경, 최인규, 조

▲ 세계 최초 군(軍) 프로e스포츠단
'공군 에이스(ACE)'

형근이 입대한 후 임요환, 홍진호, 박정석, 박태민, 서지훈 등이 입대해 '공군 에이스' 소속으로 프로리그에 출전했다.

공군 에이스는 2007년 신한은행 프로리그부터 본격적으로 프로리그에 나섰고 2012년 8월에 정규 시즌을 마친 'SK플래닛 스타크래프트 II 프로리그'까지 5년 동안 팀을 운영했다. 팀이 해단된 후 공군 소속으로 활동했던 프로게이머들은 보직 변경을 통해 군 생활을 이어갔다.

해단 직전 등록돼 있던 선수는 차명환, 김구현, 임진묵, 김승현, 고인규, 권수현, 김태훈, 이정현 등이고, 이성은과 손석희, 변형태는 군 복무를 마쳤다.

4. 스타크래프트 Ⅱ e스포츠 공동 비전 선포

스타크래프트 e스포츠는 한때 부산 광안리 프로리그 결승전에 관중 10만 명을 불러모을 정도로 인기를 누렸다. 그러나 점차 관심이 멀어지면서 2011년에는 프로e스포츠단 3팀이 해단됐다.

블리자드 엔터테인먼트는 2013년 스타크래프트 Ⅱ 신규 확장팩 '군단의 심장'을 출시하게 되면서 스타크래프트 Ⅱ 리그 활성화가 필요했다. 지식재산권 이슈로 업계가 불확실성이 높아진 상황에서 오랜 기간 협의 끝에, 한국 e스포츠협회, 온게임넷과 그래텍은 5월 4자 간 '스타크래프트 2 e스포츠 공동 비전'을 선포했다.

이들은 스타크래프트 Ⅱ: 자유의 날개를 통한 4자 간 협력 관계를 구축하고 국내외 e스포츠가 장기적 성장할 수 있도록 지속적으로 협의하기로 했다. 이후 한국e스포츠협회는 스타크래프트 Ⅱ를 공인 종목으로 선정하고 프로리그 라이선스를 획득했다.

CJ E&M 게임전문 채널 온게임넷은 개인리그 개최권을 확보했다. 개최권 확보에 따라 국내 스타크래프트 Ⅱ 리그는 기존 곰TV가 주최하는 개인리그인 GSL과 팀 리그 'GSTL'을 비롯해 모두 4개가 열리게 됐다.

5. 스페셜포스 프로리그 폐지

국산 e스포츠 종목 최초로 프로리그를 개최했던 FPS 게임 스페셜포스는 스페셜포스 2가 출시되면서 자연스럽게 퇴장했다. 그런데 '스페셜포스 2 프로리그'는 오래가지 못했다.

스타크래프트에 의존하지 않고 국내 개발사가 개발한 종목을 e스포츠화 하기 위해 2009년부터 시작된 '스페셜포스 프로리그'는 스타크래프트 게임단을 운영 중인 기업이 참여하면서 8개 게임단 체제를 갖췄다.

하지만 이스트로, MBC게임 히어로 등 게임단이 해단되면서 8개 게임단 체제가 무너졌다. 이에 따라 Tving, 큐센 등이 '네이밍 스폰' 방식으로 '스페셜포스 2 프로리그'에 참가하고 대학 팀 '전남과학대'가 들어와 스페셜포스 2를 통해 반전을 꾀했지만, 별다른 성과를 내지는 못했다.

드래곤플라이의 FPS 게임 스페셜포스 2는 화려한 그래픽과 게임성을 바탕으로 게임 서비스 초반 인기 상승을 도모했지만, 잦은 지연 현상과 리그 오브 레전드 열풍으로 인기를 이어가지 못했다. 마지막으로 치러진 '4G LTE 스페셜포스 2 프로리그 시즌 2'는 STX와 SK텔레콤 결승에서 대결했고 STX가 우승을 차지하면서 막을 내렸다.

1. SK텔레콤 T1 K, 글로벌 스타 '페이커' 이상혁 활약하며 'LoL 월드 챔피언십' 첫 우승

전 세계 리그 오브 레전드(League of Legends, LoL) 이용자 이목을 집중시킨 'LoL 월드 챔피언십 시즌 3'은 한국 대표 SK텔레콤 T1 K가 우승하면서 마무리됐다. SK텔레콤 T1 K는 'LoL 월드 챔피언십 시즌 3' 결승전에서 중국 팀 로얄클럽을 세트 스코어 3대0으로 완파하고 '소환사 컵'과 함께 우승상금 100만 달러(약 11억 원)를 획득했다.

특히 1세트만 더 승리하면 우승을 차지하는 SK텔레콤 T1 K와 역전승을 노리는 로얄클럽이 벌인 3세트는 SK텔레콤 T1 K가 압도적인 경기력을 보였다. 로얄클럽은 별다른 저항을 하지 못하고 경기 시작 20분 만에 무력하게 패했다.

SK텔레콤 T1 K는 'LoL 월드 챔피언십' 참가 직전 'LoL 챔피언스 코리아' 서머 시즌에서도 우승했다. 이 같은 경기력을 보여준 SK텔레콤 T1 K에 팬들은 찬사를 보냈고, 그중 미드라이너 '페이커' 이상혁은 국내는 물론 해외에서도 이목이 집중될 정도로 'LoL 월드 챔피언십'이 낳은 최고 인기 선수가 됐다.

▲ SK 텔레콤 T1 LoL 월드 챔피언십 첫 우승

2. 세계적인 리그 오브 레전드 열풍

라이엇 게임즈 온라인 MOBA (Multiplayer Online Battle Arena) 리그 오브 레전드 (League of Legends, LoL)는 2013년 상상을 초월하는 인기를 누렸다. LoL은 1년 이상 PC방 점유율 1위를 유지했고, e스포츠로도 큰 성공을 거뒀다.

LoL은 세계 각지에 지역별 리그를 출범했다. 더불어 서킷 포인트 제도를 도입해 시즌마다 대규모 대회를 개최했다. 라이엇 게임즈가 직접 주최하는 'LoL 월드 챔피언십 시즌 3'에 한국 대표로 출전한 SK텔레콤 T1 K가 우승하면서 'e스포츠 종주국' 위상을 높였다.

미국 프로 농구 홈구장이자 글로벌 톱스타들이 공연하는 스테이플스 센터에서 개최됐으며, 결승전 유료 좌석 1만 1천 석이 이 순식간에 매진됐다. 한국에서 열린 'LoL 챔피언스 리그'도 흥행에 성공했다.

'핫식스 LoL 챔피언스 서머 2013' 결승전에서 SK텔레콤 T1 K가 kt 롤스터 불리츠에게 '패패승승승'으로 역전, 우승을 차지한 결승전은 네이버 스포츠 중계에서만 10만 2천여 명이 동시에 접속해 경기를 시청했다. 온라인 스트리밍 서비스를 제공하는 티빙(tiving)에서도 점유율 80%를 기록했고, 해외 중계 사이트인 트위치TV에서도 62만 명이 실시간으로 관람했다.

3. KeSPA 전병헌 회장 취임

한국e스포츠협회는 2013년 제1차 임시 이사회 총회에서 신임 회장으로 민주당 전병헌 원내대표를 선임했다. 이후 전병헌 회장은 한양대 올림픽체육관에서 열린 '올림푸스 리그 오브 레전드(League of Legends, LoL) 챔피언스 윈터' 결승전을 찾아 첫 공식 일정을 소화했다.

전병헌 회장은 국회에 강제적 셧다운제를 완화하는 '청소년보호법 일부개정법률안'을 발의했고 '한국 e스포츠 발전을 위한 대토론회'를 주최하는 등 다양한 행사를 진행했다. e스포츠 발전을 위한 액션플랜 등을 발표해 열린 협회를 구성하면서 분산된 업계를 하나로 모으는 데 힘썼다.

또한, 전병헌 회장은 e스포츠를 정식 체육 종목화하기 위해 국제스포츠 의사결정회의(前 국제 스포츠 연맹 기구)와 만나 대한체육회에 가맹 신청 의지를 피력하기도 하고 SK텔레콤 T1 'LoL 월드 챔피언십' 우승을 기념해 '멋쟁이 그라가스' 코스프레를 선보였다.

4. 넥슨, 강남에 넥슨 아레나 오픈 및 12월 신규 게임 전문 채널 스포티비게임즈 개국

2013년 12월 28일 새로운 e스포츠 경기장 넥슨 아레나가 문을 열었다. 넥슨은 스포티비게임즈와 파트너십을 맺고 e스포츠 경기장 넥슨 아레나를 만들었는데, 넥슨 아레나 덕분에 새로운 게임 전문 방송국 스포티비게임즈가 안정적으로 개국하게 됐다.

MBC게임이 폐지된 뒤 넥슨을 비롯해 e스포츠 종목사들은 온게임넷 말고는 게임 방송국이 없었다. 그런데 이미 온게임넷 황금 시간대는 리그 오브 레전드 같은 인기 종목 리그가 자리 잡고 있었다.

당시 넥슨은 자사가 서비스하는 게임과 관련한 e스포츠 대회를 열고 이를 중계할 수 있는 방안을 마련하기를 원했고, 스포티비는 게임 방송국 개국을 준비하고 있어, 양사의 이

해관계가 맞아 새로운 경기장이 설립되었다. 이후 넥슨은 용산 e스포츠 경기장 규모로 복합 엔터테인먼트 기능을 겸하는 넥슨 아레나를 강남에 마련했다. 넥슨 게임뿐만 아니라 스타크래프트 Ⅱ 리그 부활에도 큰 공을 세웠다.

스튜디오 개념이었던 기존 경기장과 달리 넥슨 아레나는 관람객 편의를 우선으로 했다. 비싼 임대료를 내더라도 관람객이 쉽게 접근할 수 있도록 교통이 편리한 서울 강남역 주변에 잡았다.

스포티비게임즈는 개국 당시 스포츠 중계권 거래업체인 에이클라엔터테인먼트 산하 스포츠 채널로 라우드커뮤니케이션즈가 방송 제작 및 사업을 전담했다.

스포티비는 2012년 8월, 한국e스포츠협회와 MLG가 공동으로 주최한 'MVP 인비테이셔널'을 중계한 후, 같은 해 12월부터 온게임넷과 더불어 'SK플래닛 스타크래프트 Ⅱ 프로리그 12-13' 시즌을 중계했다. 이후 12월 28일에 스포티비게임즈를 개국했다.

5. 제4회 실내&무도 아시아경기대회 출전

2013년 6월 29일부터 7월 2일까지 나흘 동안 인천 삼산월드체육관에서 열린 제4회 실내&무도아시아경기대회(4th Asian Indoor & Martial Arts Games, AIMAG)에 e스포츠 선수들이 출전했다.

'제4회 AIMAG' e스포츠 종목에는 한국, 중국, 대만, 이란, 카자흐스탄, 말레이시아, 몰디브, 몽고, 카타르, 시리아, 타지키스탄, 우즈베키스탄, 베트남 등 총 13개국에서 96명의 선수가 참가했다. 6개 세부 종목 중 국가별 최대 4개 종목에 출전할 수 있었고, 국가별 선발 팀이 해당 국가를 대표해 출전했다. 중국, 이란, 한국, 몽고, 대만, 베트남은 4개 종목에 모두 출전했다.

7월 2일까지 한국 대표팀은 금메달 14개, 은메달 13개, 동메달 12개로 중국을 밀어내고 종합 1위를 달성했다. 그중 e스포츠 대표팀은 스타크래프트 Ⅱ, 리그 오브 레전드, 철권, 스페셜포스 등 참가한 4개 종목에서 모두 금메달을 획득했고, 참가 선수들 전원이 은메달 이상을 따냈다. e스포츠 종목은 금메달 4, 은메달 2개로 한국이 종합 1위를 유지하는 데 큰 공을 세웠다.

1. '2014 LoL 월드 챔피언십' 한국 개최…선수들은 해외로 해외로

2014년에는 라이엇 게임즈 온라인 MOBA(Multiplayer Online Battle Arena) 리그 오브 레전드 (League of Legends, LoL) 글로벌 e스포츠 대회 'LoL 월드 챔피언십'이 한국에서 개최됐다.

2011년 첫 번째 'LoL 월드 챔피언십'은 스웨덴에서 개최된 드림핵의 부대행사로 진행 됐고, 2012년과 2013년에 미국 LA에서 열린 'LoL 월드 챔피언십'은 한국 개최가 발표돼 관심을 모았다. 하지만 라이엇 게임즈는 한국과 더불어 동남아시아 지역인 대만과 싱가포 르에서 16강을 분산 개최하고, 8강 이후부터 한국에서 개최한다고 공식 발표했다. 공식 발 표 전, 'LoL 월드 챔피언십'에 출전하는 16개 팀을 모두 한국에서 볼 수 있을 거라 생각했 던 한국 팬들에게는 아쉬움이 남을 수밖에 없었다.

8강부터 한국에서 진행된 'LoL 월드 챔피언십'은 한국팀과 외국팀에서 활동하는 한국 선수들이 선전하며 흥행했다. 10월 3일부터 6일까지 나흘간 부산 벡스코에서 열린 8강전에는 총관객 9천여 명이 모였다. 10월 11일과 12일 이틀간 서울 올림픽 체조 경기장에서 개최된 4강에는 1만 5천여 명이 운집했다.

이어서 10월 19일 서울 월드컵경기장에서 열린 결승전에서는 삼성 화이트가 출중한 경기력을 선보이며 중국 로얄클럽을 3대1로 꺾고 소환사 컵과 우승상금 100만 달러^(약 10억 원)를 획득했다.

'LoL 월드 챔피언십' 이후 외국팀들은 본격적으로 한국 선수를 영입하려 했다. 한국 선수들은 한국에서 받던 연봉보다 2~3배를 제안받기도 했고, 2015년부터 LoL 리그가 단일팀 체제로 개편되는 점 때문에 외국행을 결심했다.

'LoL 월드 챔피언십'에서 우승한 삼성 화이트와 4강에 오른 삼성 블루는 선수 전원이 중국으로 건너갔다. 이 밖에도 나진 엠파이어 '세이브' 백영진, 진에어 그린윙스 '플라이' 송용준이 인빅투스 게이밍으로 자리를 옮겼고 CJ 엔투스 '플레임' 이호종과 '스위프트' 백다훈도 중국에 둥지를 틀었다.

미국과 유럽으로도 이적이 이어졌다. SK텔레콤 T1 '피글렛' 채광진, 진에어 그린윙스 '미소' 김재훈이 커즈 게이밍으로, CJ 엔투스와 kt 롤스터에서 활동한 '막눈' 윤하운과 빅파일 소속 '후히' 최재현은 퓨전 게이밍으로 이적했다. kt 롤스터 출신 '류' 류상욱과 SK텔레콤 T1 출신 '호로' 조재환은 유럽으로 갔다.

지도자들의 해외 이적도 줄을 이었다. '옴므' 윤성영과 '훈' 김남훈이 중국으로 이적했다. 이렇게 선수는 물론 지도자들이 국내를 떠나 해외로 옮긴 이 시기를 'LoL 엑소더스'라고 표현한다.

▲ LoL 월드 챔피언십 4만 관중 운집

2. 전국체전 최초 e스포츠 대회 개최

10월 개최된 '제95회 전국체전'에서는 리그 오브 레전드, 스타크래프트 Ⅱ, 카트라이더, 피파온라인 4 종목으로 e스포츠 대회도 운영됐다. 다만 메달 집계에는 포함되지 않는 동호인 종목이었다.

한국e스포츠협회는 2009년부터 시행된 '대통령배 전국 아마추어 e스포츠 대회(KeG. Korea e-Sports Games)' 운영 및 전국 시도지회 설립을 통해 지역 e스포츠 인재 양성사업 등 e스포츠가 정식 스포츠로 인정받을 수 있도록 노력해왔다.

이런 노력 끝에 전국체전에서 e스포츠 경기를 치를 수 있었고, 공중파 뉴스에서도 큰 관심을 보였다. 대회장에는 한국e스포츠협회 소속 LoL 프로게이머들이 현장을 방문해 팬사인회 및 시범경기를 진행하며 적극적으로 대회를 홍보하기도 했다.

전국체전 e스포츠 결과 서울 지역에서 메달 3개, 부산 지역에서 메달 2개를 획득했고 특히 서울 지역은 금메달 3개를 따며 활약했다.

3. 블소, 하스스톤, 던파 등 다양한 e스포츠 활성화

한국 e스포츠는 2013년 12월 e스포츠 경기장 넥슨 아레나와 게임 방송국 스포티비게임즈가 새롭게 문을 열면서 새로운 성장기를 맞았다.

넥슨 아레나에서는 넥슨이 서비스하는 게임으로 다양한 e스포츠 대회가 개최됐다. 먼저 넥슨은 '2014 월드컵'을 기념해 '피파온라인 3 챔피언십 리그'를 출범했다. 피파온라인 3는 개인전과 팀전으로 나뉘어 총 두 시즌을 진행했다.

'카트라이더 리그'는 실제 레이싱을 하는 프로팀 선수와 레이싱 모델 매니저가 한 팀을 이뤄 선수들을 드래프트를 통해 선발하는 방식으로 e스포츠와 엔터테인먼트를 접목했다. '서든어택 리그'는 이벤트로만 여겨졌던 여성부 리그가 일반부 리그만큼 경기 질이 향상됐다는 평가를 받았고, 일반부에서는 세대교체 바람이 불면서 이용자 관심을 이끌어냈다.

던전앤파이터와 사이퍼즈로 운영되는 '액션토너먼트'는 국산 종목 가운데 최초로 유료 좌석제를 도입했다. 매 경기 매진 신화를 써 내려간 '액션토너먼트'는 재미만 있다면 국산 종목도 충분히 흥행할 수 있는 점을 상기시켰다.

엔씨소프트는 PC MMORPG 블레이드 & 소울로 e스포츠 리그 대회인 '비무제'를 개최했다. 8월 '천하 제일 비무 프리시즌'을 열고 본격적으로 e스포츠 행보를 시작했는데, 이는 그대로 블레이드 & 소울 프로e스포츠단 '아이뎁스'의 창단으로 이어졌다.

프리시즌을 마무리한 엔씨소프트는 10월 '블소 비무제 한국 최강자전'과 '한·중 최강자전'을 진행했다. 엔씨소프트는 유료로 관람권을 판매했는데, 16강 1일차 100석, 한국 최강자전 결승 300석, 한·중 최강전 결승 300석 등 총 700석이 4분 만에 매진됐다.

블리자드 엔터테인먼트가 2013년 블리즈컨에서 신규 종목 양성 대상으로 지목한 하스스톤과 히어로즈 오브 더 스톰도 대회가 열렸다. 온게임넷은 스타크래프트 II 대신 하스스톤 대회를 중계하기도 했다.

4. WCG 폐지, WECG 출범과 무산

2001년부터 2013년까지 13년 동안 대표적인 글로벌 e스포츠 대회로 명맥을 이어온 '월드사이버게임즈(World Cyber Games, WCG)'가 폐지됐다.

WCG는 메인 스폰서이자 대주주인 삼성전자로부터 전폭적인 후원을 받아 명맥을 이어왔다. 하지만 삼성전자가 PC에서 모바일로 사업을 전환하면서 지원 규모가 대폭 줄어들었고, 대회 존립 위기에서 결국 폐지를 선택했다.

WCG는 한국, 미국, 중국, 독일, 이탈리아, 싱가포르 등에서 그랜드 파이널을 진행했는데, 독일 쾰른에서 열린 'WCG 2008' 그랜드 파이널은 전 세계 78개국에서 800여 명이 참가해 'e스포츠 올림픽'으로 불리기도 했다.

삼성전자는 WCG에 매년 수백억 원을 투자했고, 마이크로소프트와 소니, 블리자드, EA 등도 참여했다. 삼성전자는 WCG를 통해 IT 선도 기업 이미지를 확립했고 한국은 'e스포츠 종주국' 위상을 유지할 수 있었다.

하지만 WCG에 적극적으로 참여했던 삼성전자 윤종용 전 부회장이 2008년 현직에서 물러나고 e삼성이 해단되면서, WCG는 성장 원동력을 잃기 시작했다. 여기에 삼성전자가 모바일에 집중하는 전략을 택하면서, PC 게임 중심으로 진행된 WCG는 입지가 좁아질 수밖에 없었다.

이에 따라 WCG는 2012년부터 모바일 게임 e스포츠를 시도했지만, '보는 재미'가 부족했다. 이렇게 명맥을 이어오던 WCG가 폐지되면서, e스포츠 종주국'으로 글로벌 e스포츠를 선도한 한국 e스포츠는 세계화 부문에서 타격을 입었다.

WCG가 폐지된 후 WCG 전(前) 운영총괄책임자 전명수 대표와 직원들은 이지스게이밍 네트웍스(AGN)를 설립하고 글로벌 모바일게임 연맹(GMGC)과 파트너십을 맺었다. 이후 '월드 e스포츠 챔피언십 게임즈(WECG)'를 공식 출범하고 2015년 2월 서울에서 대회를 개최할 예정이었으나 대회 자체가 무산됐다.

5. '피미르' 천민기, 승부 조작 양심고백 후 자살 시도

리그 오브 레전드(League of Legends, LoL) 프로e스포츠단 ahq 코리아 원거리 딜러로 활동하던 '피미르' 천민기가 자살을 시도해 e스포츠 팬들에게 충격을 줬다. 천민기는 3월 13일 LoL 커뮤니티에 ahq 코리아 노대철 감독 강요로 승부 조작에 가담했으며, 고의로 패배하는 데 일조했다는 양심선언을 했다.

천민기는 일부 경기에서는 감독으로부터 내려온 고의 패배 지시를 어기면서 자존심을 지키려 했지만, 몇몇 경기에서는 대규모 교전에서 공격을 하지 않는 방법으로 승부 조작에 가담했다고 고백했다.

대만에 본사를 둔 ahq는 노대철이라는 감독을 고용한 적이 없었다. 하지만 노대철을 중심으로 팀을 꾸려졌고, 노대철은 팀 운영비를 마련하기 위해 불법 베팅을 하기 시작해 선수들에게 고의 패배를 강요한 것으로 알려졌다.

유서로 양심 고백 후 투신자살을 시도했던 천민기 사건은 e스포츠 업계에 큰 충격을 줬다. 온종일 '피미르' 천민기가 포털사이트 실시간 검색어에 올랐고, 2012년 스타크래프트 관련 승부 조작의 상처를 딛고 한창 성장하던 LoL e스포츠계가 휘청일 정도의 파문을 일으켰다.

과거 스타크래프트 관련 승부 조작 사건에 대한 경험을 가진 한국e스포츠협회는 즉시 특별 조사단을 구성해 상황 파악에 나섰다. 경찰 등 수사기관에 수사를 의뢰하고 사태 초반부터 강경하게 대응했다. 협회 사무국은 경기 영상 및 음성녹음파일을 분석했고, 팀 소속 선수들을 소환해 진술을 받다. 그 결과 천 씨를 제외한 선수들이 고의로 패배에 가담했다고 보기 어려워 의혹이 사실이 아니라고 판단했으며, 노 감독은 검찰에 고발했다. 천민기는 다행히 병원으로 옮겨져 목숨을 건졌고, 많은 관계자와 e스포츠 팬이 진행한 모금 운동 등으로 치료에 전념했다.

1. KeSPA, 대한체육회 준가맹단체 승인

한국e스포츠협회는 2009년 대한체육회 인정단체 승인 후 6년 만인 2015년, 대한체육회 준가맹단체 승인이 돼 e스포츠가 정식 체육종목으로 인정받았다.

2000년 설립된 한국e스포츠협회는 국내 e스포츠 건전 여가 스포츠문화 정착을

▲ 대한체육회 준가맹단체 승인된 한국e스포츠협회

위해 2007년부터 국내 정식 스포츠로 인정받기 위한 사업을 진행해왔고, 2009년 인정단체 승인 후 6년 만에 대한체육회 준가맹단체로 승격됐다.

대한체육회 준가맹단체 승인으로 한국e스포츠협회는 향후 대한체육회에서 시행하는 모든 정식 스포츠 사업과 정식 학원 스포츠 활동, e스포츠 선수들의 정식 스포츠 선수 인정 등 사업 전개 기반을 마련했고, 2년 자격 유지 후 정식 가맹을 신청할 수 있는 자격도 얻었다.

2. 라이엇 게임즈, 'LoL 챔피언스 코리아' 복수 중계 도입하며 '팀 운영비 지원' 등 리그 정비

리그 오브 레전드^(League of Legends, LoL) e스포츠는 2014년 12월 'LoL 챔피언스 리그' 정비와 2015년 온게임넷-스포티비 게임즈 복수 중계 논란으로 홍역을 앓았다.

한국e스포츠협회, 라이엇 게임즈, 온게임넷으로 구성된 3자 협의체는 토너먼트 방식으로 운영되는 'LoL 챔피언스 리그^(롤챔스)'가 풀리그에 비해 짧게 운영돼 팀과 선수의 노출 시간이 적고, 팀과 선수의 수명을 짧게 한다고 판단했다.

그래서 리그 제도를 일원화해 16강은 풀리그, 8강부터 토너먼트 제도로 운영되던 '롤챔스'를 풀리그 방식으로 통일하고, 이름도 'LoL 챔피언스 코리아^(LCK)'로 변경했다. 또한, 선수 처우 개선을 위해 최저 연봉제를 도입하고 의무 계약 기간 등의 항목도 추가했다.

이어서 '의무 10인 로스터' 도입 문제로 갑론을박이 펼쳐졌다. 협의체와 e스포츠 전문가, 팬들이 한곳에 모여 3시간 30여 분 가량 공청회를 진행할 정도였다. 공청회 결과 의무 로스터 인원이 5인으로 줄고 승격 강등전 도입 시기가 2015 LCK 서머 시즌으로 결정됐다.

그런데 해외 매체를 통해 2016 LCK 서머 복수 중계 루머가 알려지자, 라이엇 게임즈는 LCK 서머 시즌부터 일부 경기를 스포티비 게임즈를 통해 복수 중계를 도입할 예정이라고 발표했다. 이에 OGN은 '3자 협의체를 통해 논의되지 않은 일방적 통보'라고 유감을 표하면서 논란이 됐다.

이렇게 발생한 LCK 중계권 논란은 약 2주 만에 3자 협의체 합의로 일단락됐다. 협의체는 LCK 서머 시즌 중계에 스포티비 게임즈가 합류하고, OGN도 옵저버 화면을 제작하고 중계진을 투입해 OGN 중계도 진행하는 쪽으로 합의했다.

3. 스타크래프트 프로게이머, 최종병기 이영호 은퇴

스타크래프트 프로게이머 '최종병기' 이영호(kt 롤스터 소속)는 2015년 은퇴를 선언하고 2007년부터 9년 동안 활동한 선수 생활을 마무리했다.

이영호는 2010년 '월드사이버게임즈 2010(World Cyber Games, WCG 2010)'에서 금메달 획득, 개인리그 결승 8번 진출, 6회 우승 달성, 프로리그 소속 팀 창단 첫 우승 등 스타크래프트: 브루드 워에서 최고 선수로 꼽힐 정도로 활약했다.

스타크래프트 II로 전향한 후에는 2015 시즌 초반 공식전 11연패를 하는 등 경기 내적인 부진과 손목 부상 등으로 어려움을 겪었지만, 결국 11승을 달성해 팀이 4라운드 우승 및 통합 포스트시즌에 진출하는 데 기여했다. 10시즌 연속 두 자릿수 승수 달성이라는 전무후무한 대기록을 세우기도 했다.

2015년 12월 19일, 서울 넥슨 아레나에서 이영호는 은퇴식을 진행했다. 은퇴식에는 9년 동안 지지해준 팬들과 홍진호, 박정석 등 예전 KT 동료들, 영원한 라이벌 이제동, 블리자드 엔터테인먼트 마이크 모하임 대표 등이 참석했다.

현장에서 블리자드 엔터테인먼트 마이크 모하임 대표는 이영호에게 선물을 전달했고, 한국e스포츠협회는 감사패, 소속팀이었던 kt 롤스터는 공로패를 선사했다.

4. 스타크래프트 II 승부 조작 사건 발생

스타크래프트 II 프로e스포츠단 프라임 소속 최병현, 최종혁을 비롯해 박외식 감독이 승부 조작 혐의로 구속돼 프라임 팀이 공중분해됐다. 또한, 전직 프로게이머 성준모가 브로커로 활동한 사실이 추가로 밝혀졌고, 조직폭력배까지 개입해 체계적으로 승부 조작이 일어난 정황도 드러났다.

브로커들은 구단 후원을 빙자해 팀에 접근했고 운영비를 지원하는 방식으로 승부 조작을 제의했다. 이후 선수들에게 승부 조작을 폭로하겠다고 협박해 대가를 지급하지 않고 승부 조작을 시도했다.

5. 피파온라인, 베인글로리 등 다양한 e스포츠 종목 등장

2014년부터 다양한 종목으로 e스포츠가 활성화되기 시작해 2015년에 꽃을 피웠다. 특히 넥슨이 서비스하는 게임들이 다양한 e스포츠 대회로 개최됐고, 넥슨은 가장 많은 e스포츠 종목사로 발돋움했다.

넥슨은 2013년까지 많은 e스포츠 리그에 관심을 보였지만, 정기적으로 대회를 열지는 않았다. 2014년부터 본격적으로 e스포츠 행보를 시작한 넥슨은 2015년 여러 종목 리그를 빠짐없이 정기적으로 개최해 국내 e스포츠 종목 다양화에 기여했다.

넥슨은 2015년 던전앤파이터와 사이퍼즈가 함께하는 '액션토너먼트', '카운터 스트라이크 온라인 리그', '피파온라인 3 챔피언십' 등 정규 리그 총 5개를 운영했다. 이에 문화체육관광부가 인가한 e스포츠 종목 선정기관인 한국e스포츠협회는 서든어택과 피파온라인 3를 공인 종목으로 채택했고 '2015 대한민국 e스포츠 대상'에서 넥슨에 공로상을 수여하기도 했다.

엔씨소프트도 '블레이드 & 소울 리그'를 연간 단위 리그로 발전시키고 '월드 챔피언십'까지 열면서 e스포츠화에 박차를 가했다. 네오위즈 역시 '블랙스쿼드'와 'A. V. A' 등 FPS 종목을 중심으로 리그를 이어갔다.

OGN과 게임 개발사 슈퍼이블 메가코프(SEMC)는 모바일 최초 글로벌 e스포츠 대회 '베인글로리 월드 인비테이셔널'을 공개하면서 베인글로리에 한국형 캐릭터 출시 및 글로벌 e스포츠 대회 한국 유치로 한국 시장을 보다 적극적으로 공략하기로 했다.

1. 스타크래프트 프로리그 14년간의 여정 마무리

2003년 3월 시작된 스타크래프트 프로리그가 2016년 9월, 16번째 프로리그 결승전을 끝으로 마무리됐다.

프로리그는 SK텔레콤, KT, 삼성전자, STX, 팬택과 같이 대기업이 후원하는 프로e스포츠단이 늘어나며 연봉이나 연습 환경 같은 선수 처우 개선에 앞장섰다. 프로리그가 진행되는 동안 선수와 팀을 이끄는 감독 외에도 선수들을 지원할 코치나 사무국의 역할이 중요해져 관련 직종도 늘어났으며, 기존 프로 스포츠 운영체제와 비슷한 모습으로 성장하는 데 중요한 역할을 했다.

한국 e스포츠 부흥을 이끈 프로리그가 약 14년 만에 막을 내리자 프로e스포츠단 대부분이 운영 포기를 선언했다. SK텔레콤 T1, kt 롤스터, 삼성 갤럭시, CJ 엔투스, MVP 치킨마루, 아프리카 프릭스가 운영을 포기했고 진에어 그린윙스만 남았다.

프로리그는 운영을 종료했지만, 스타크래프트 II 개인리그인 '글로벌 스타크래프트 II 리그(GSL)'와 블리즈컨은 건재했고, IEM(인텔 익스트림 마스터즈) 같은 글로벌 e스포츠 대회도 유지됐다. 이에 따라 많은 선수가 은퇴하지 않고 꾸준히 대회에 참가하며 명맥을 이어갔고, 팬들은 그런 선수들을 응원했다.

PROLEAGUE

▲ 스타크래프트 프로리그

2. SK텔레콤 T1, 'LoL 월드 챔피언십' 3회 우승 달성, 'LoL 월드 챔피언십' 시청자 수 3억 명 돌파

'페이커' 이상혁을 앞세운 SK텔레콤 T1이 2016년 리그 오브 레전드(League of Legends, LoL) 전 세계 e스포츠 리그를 평정했다. 당시 'LoL 월드 챔피언십'에서는 '우승팀이 다음 해 'LoL 월드 챔피언십'에 출전하지 못한다'는 징크스가 있었는데, 2011년부터 이어진 징크스를 2016년 SK텔레콤 T1이 깨버렸다.

SK텔레콤 T1은 '2015 LoL 월드 챔피언십'에서 우승한 뒤 '2016 LoL 월드 챔피언십'에도 진출했다. SK텔레콤 T1은 조 1위로 8강에 진출했고, 중국 팀 로얄네버기브업(RNG)과 한국 팀 락스 타이거즈, 삼성 갤럭시를 연파하면서 우승트로피를 들어 올렸다. LoL 사상 첫 'LoL 월드 챔피언십' 3회 우승, 2회 연속 우승이었다.

2013년, 2015년, 2016년에 'LoL 월드 챔피언십'에서 우승한 SK텔레콤 T1은 미드 라이너 '페이커' 이상혁, 정글러 '뱅기' 배성웅을 앞세워 세계를 평정했다. 이상혁과 배성웅은 LoL 역사상 최초 'LoL 월드 챔피언십' 3회 우승이라는 기록을 세웠다.

SK텔레콤 T1과 삼성 갤럭시 한국 두 팀이 맞붙은 2016년 'LoL 월드 챔피언십' 결승전
은 순 시청자만 4,300여만 명이었으며, 이는 지난해 결승전 기록인 3,600여만 명을 훌쩍
뛰어넘은 기록이다. 순간 최고 시청자 수는 1,470만 명이었으며, 전체 대회 누적 시청자
수도 4억 명에 육박했다. 이외에도 결승전 경기 시간이 총 252분으로, 역대 'LoL 월드 챔
피언십' 다전제 경기 중 최장 경기 기록을 세우며, 치열했던 순간을 입증했다.

▲ SK 텔레콤 T1 LoL 월드 챔피언십 최초 3회 우승

3. 북미-유럽에서 조명받은 e스포츠

한국에서 태동한 e스포츠가 전 세계로 뻗어 나가 2016년에는 북미와 유럽 지역에서 본격적으로 조명됐다. ESPN과 같은 북미 언론사들도 e스포츠 섹션을 개설했고 전통 스포츠 구단에서도 e스포츠에 관심을 보였다.

웨스트햄, 맨체스터 시티 등 영국 프리미어 리그 구단들이 피파 프로게이머를 영입했고, 포르투갈 축구팀 스포팅 리스본, 네덜란드 축구팀 PSV 에인트호번, AFC 아약스 암스테르담도 행렬에 동참했다. 프랑스 프로축구연맹은 EA와 파트너십을 체결하고 프랑스 프로축구 '리그앙' e스포츠 버전 대회를 개최하기로 했다.

프로e스포츠단을 창단한 곳도 있다. 리그 오브 레전드(League of Legends, LoL) 시드권을 인수해 팀을 창단한 독일 축구팀 FC샬케04, 하스스톤 팀을 창단한 발렌시아 FC, 관심을 모은 프랑스 축구팀 파리 생제르맹에서 창단한 LoL '블랑' 진성민과 '파일럿' 나우형이 이적한 팀도 있다.

미국 프로농구(NBA)도 투자에 나섰다. NRG e스포츠에 지분을 투자하거나 선수 이름을 딴 프로e스포츠단을 창설했다. 기존 LoL팀을 인수해 프로e스포츠단을 재창단하기도 했다.

이와 함께 블리자드 엔터테인먼트 신작 FPS 오버워치가 출시와 동시에 국내에서 LoL의 아성을 넘어서며 인기를 끌었다. e스포츠 주류 종목으로도 빠르게 자리 잡았다.

해외에서는 엔비어스, 프나틱, 리퀴드 같은 기존 프로e스포츠단들이 오버워치 정식 출시 전부터 팀을 꾸렸다. 로그, 리유나이티드 같은 신생팀도 탄생했다. 국내에서는 게임 출시 직후 아프리카 프릭스가 기존 프로e스포츠단 중 가장 먼저 오버워치 팀을 창단했다. 콩두컴퍼니는 콩두 판테라와 콩두 운시아를 창단했고 네오위즈 FPS '블랙스쿼드'에서 이름을 날린 루나틱하이도 오버워치로 종목을 전향했다.

이전까지 한국은 FPS 게임에서 약세라는 평가가 있었지만, 11월 블리즈컨에서 열린 첫 국가대항전 '오버워치 월드컵'에서 한국 대표팀이 무실 세트 우승을 달성하면서 이런 편견을 깨버렸다.

▲ 오버워치

4. 또다시 등장한 스타크래프트 II 승부 조작 사건

이승현과 정우용 등 스타크래프트 II 종목에서 이름을 날린 선수들이 승부 조작에 가담한 혐의가 밝혀졌다.

창원지방검찰청 특별 수사부는 스타크래프트 II 승부 조작 사건을 수사하는 과정에서 이승현과 정우용 등 현직 프로게이머가 가담한 정황을 인지했고 8명을 구속기소, 2명을 불구속기소, 1명을 지명수배했다.

창원지검은 승부 조작 대가로 7천만 원을 수수하고 두 경기 승부를 조작한 이승현을 구속기소 했으며 3천만 원을 수수하고 한 경기를 승부 조작한 이후 자수한 정우용을 불구속기소했다.

이승현은 스타크래프트 II 초창기부터 '신성'이라 불리면서 GSL과 월드 챔피언십 시리즈 등에서 우승한 경력이 있고, 정우용은 가장 경력이 오래된 선수로 테란의 주축이었기에 팬들에게 큰 충격을 줬다.

승부 조작 혐의로 영구 제명된 이승현은 '월드 챔피언십 시리즈(WCS)' 우승 기록도 삭제됐다. 승부 조작을 한 뒤 구속된 이승현은 7월 1심에서 징역 1년 6월, 집행유예 3년, 벌금 7천만 원이 선고됐고, 항소가 기각돼 원심이 확정됐다.

5. 서울 OGN e스포츠 스타디움 개관

　서울특별시는 문화체육관광부, CJ E&M과 함께 마포구 상암 디지털미디어시티 단지 내 에스플렉스센터(11~17층)에 'e-스타디움'을 조성했다. 시비 275억 원과 국비 160억 원, 운영사업자 CJ E&M이 100억 원 등 총 535억 원이 투자됐다.

　OGN e스타디움 주 경기장은 758석으로 기자실과 부조정실, 중계실, VIP 대기실, 선수대기실 등이 마련됐다. 보조경기장은 관람석 192석에 옵저빙실과 부조정실, 선수대기실, 팬미팅 실을 갖췄다.

　또한, 넓은 객석과 음향 시설 등 관객 편의시설은 물론 선수대기실을 확장하고 선수 전용 화장실을 만들었다. 이와 함께 경기장 전체에 스튜디오 수준의 방송 환경을 조성하고 기가인터넷을 구축해 경기 영상을 실시간으로 감상할 수 있는 환경도 마련됐다.

1. 2017년을 휩쓴 배틀그라운드, e스포츠 가능성 확인

블루홀의 자회사 펍지주식회사가 개발한 배틀로얄 게임 플레이어언노운스 배틀그라운드(Battlegrounds)는 세계 최대 PC 게임 플랫폼 스팀(Steam)에서 얼리억세스(Early Access, 앞서해보기) 방식으로 출시돼 2017년 한 해 2천 5백만 장 이상 판매되면서 폭발적인 인기를 끌었다.

당시 스팀에는 이미 동일 장르 다른 게임이 존재했고, 한국 게임이 스팀에서 성공한 사례가 드물어 배틀그라운드 성공을 예측한 사람은 많지 않았다. 그런데 배틀그라운드는 출시 16일 만에 100만 장 넘게 판매돼 돌풍을 예고했다. 이후 출시 13주 만에 400만 장, 누적 매출 1억 달러(약 1,070억 원)를 달성했다.

배틀그라운드는 스팀에 등록된 게임 최초로 글로벌 동시 접속자 수 325만 명을 돌파했다. 국내 PC방 점유율에서 리그 오브 레전드를 꺾으며 '하는 재미'를 증명했고, 온라인 스트리밍 서비스 트위치TV에서 인기 게임 순위 상위권을 기록하면서 '보는 재미'도 입증했다.

e스포츠 쪽에서는 8월 독일 게임스컴 현장에서 첫 공식전이 개최됐고 11월 '인텔 익스트림 마스터즈(IEM) 시즌 12 오클랜드'에서 두 번째 인비테이셔널을 진행했다. 국내에서는 '지스타 2017(G-Star 2017)' 현장에서 '아시아 인비테이셔널'이 열려 큰 호응을 얻었는데, 글로벌 온라인 동시 시청자 수가 최고 4천만 명에 달할 정도였다.

이런 성공은 곧 국내 리그 출범으로 이어졌다. 아프리카TV는 '아프리카TV PUBG 리그' 파일럿 시즌을 개최했고, OGN도 'PUBG 전용 경기장' 건립을 발표한 후 'PUBG 서바이벌 시리즈'를 출범했다.

세계적으로 배틀로얄 광풍을 일으킨 배틀그라운드는 '2017 대한민국 게임대상'에서 대상 포함 6관왕을 달성하는 대기록을 세웠다. 한국 한정으로 카카오게임즈와 카카오 배틀그라운드를 출시하기도 했다.

▲ 플레이어언노운스 배틀그라운드

2. 스타크래프트 리마스터 등장과 e스포츠 운영

블리자드 엔터테인먼트는 스타크래프트: 브루드 워가 가진 게임성은 유지하면서 그래픽을 4K 화질로 개선하고 현대적인 게임 기능을 더한 스타크래프트: 리마스터를 공개했다. 스타크래프트: 리마스터는 그래픽, 인터페이스, 사운드, 언어는 변경되거나 추가된 부분이 있지만, 다른 부분은 원작과 동일했다.

스타크래프트: 리마스터는 예약 판매 시작 후 1시간도 되지 않아 품절됐고, 추가 판매에서도 12시간 만에 품절돼 여전한 인기를 입증했다. 그러나 e스포츠 종목적으로는 한계가 있었다. 게임 자체가 스타크래프트와 다른 점이 없어 프로게이머로 선수 생활을 했던 사람들이 여전히 대회 상위권을 장악하고 있어 신인이 등장하기 어려웠다.

신규 인재 영입을 기대하기 어려운 가운데, 이영호는 독보적인 활약을 보였다. kt 롤스터 시절 '최종병기'라고 불렸던 이영호는 '아프리카TV 스타리그(ASL)'에 시즌 1부터 참가, 총 4시즌 중 세 번을 우승했다.

'ASL'은 3연속 우승을 달성한 이영호를 위해 황금 트로피를 부상으로 내줬다. 이에 따라 이영호는 '스타리그' 골든 마우스, 'MSL' 금배지, 'ASL' 골든 트로피를 모두 손에 넣은 첫 선수로 이름을 올렸다.

▲ 스타크래프트 리마스터

3. 삼성 갤럭시, 2017년 'LoL 월드 챔피언십' 우승과 팀 해단, e스포츠계를 뒤흔든 KSV

리그 오브 레전드(League of Legends, LoL) 프로e스포츠단 삼성 갤럭시가 2014년 이후 3년 만에 'LoL 월드 챔피언십' 우승트로피를 들어올렸다.

'LoL 월드 챔피언십' 한국 대표 선발전을 가까스로 통과하며 시드권을 얻은 삼성은 16강 조별 예선까지는 경기력이 좋지 않았다. 그런데 16강부터 달라진 모습을 보였다. 8강에서 롱주 게이밍을 만나 세트 스코어 3대0 완승으로 4강에 진출했다.

유력한 우승후보인 롱주를 제압한 삼성은 기세를 몰아 중국 팀 월드엘리트(WE)를 3대1로 꺾고 결승에 진출했다. 결승상대는 '페이커' 이상혁을 앞세워 'LoL 월드 챔피언십' 3회 우승, 2년 연속 우승을 달성한 SK텔레콤 T1이었다.

삼성은 '2017 LoL 챔피언스 코리아(LCK)' 스프링 2라운드 4주 차 경기에서 SK텔레콤에게 963일 만에 승리할 정도로 어려운 상대를 마주했는데, 결과는 3대0 압승이었다. SK텔레콤에 1킬도 내주지 않고 1세트를 승리한 삼성은 2세트와 3세트도 특유의 운영과 교전 능력을 발휘하며 우승했다.

KSV는 2017년 e스포츠 업계에 돌연 등장했다. 한창 이슈를 모으던 지역 연고제 기반 e스포츠 대회 '오버워치 리그' 서울 지역 시드권을 구매하는 과정에서 약 200억 원 규모 등록비를 지불해 관심을 모았다.

KSV는 '오버워치 APEX' 시즌 2와 시즌 3에서 연속으로 우승한 루나틱하이 소속의 오버워치 선수들을 대거 영입해 '서울 다이너스티'라는 팀명으로 오버워치 팀을 공식 출범했다. 나아가 히어로즈 오브 더 스톰 최강팀으로 알려진 MVP 블랙과 MVP 미라클을 인수했고, 플레이어언노운스 배틀그라운드 팀도 두 팀을 창단했다.

또한, KSV는 '2017 LoL 월드 챔피언십' 우승팀 삼성 갤럭시도 인수했다. 삼성은 17년 만에 운영 중이던 프로e스포츠단 '삼성 갤럭시'를 KSV에 매각하면서, e스포츠에서 완전히 손을 뗐다. 2017년 초 삼성은 '월드사이버게임즈(World Cyber Games, WCG)' 상표권을 스마일게이트에 매각하기도 했다.

▲ 삼성 갤럭시 2017년 LoL 월드 챔피언십 우승

4. 전병헌 전 KeSPA 회장 검찰 조사

'대통령 탄핵'이라는 유례없는 일을 겪었던 2017년에는 조기 대선이 치러졌다. 더불어 민주당 문재인 후보가 대통령에 당선됐는데, 정무수석으로 한국e스포츠협회 회장을 역임한 전병헌 의원이 임명됐다.

전병헌 정무수석은 한국e스포츠협회 회장을 역임하는 동안 'e스포츠의 정식 스포츠화'를 위해 다방면으로 노력하여 성과를 냈고, e스포츠 팬들에게 '게임 및 e스포츠를 위해 힘쓰는 정치인'으로 좋은 이미지를 만들어 왔다.

그러나 검찰이 뇌물수수 등 부패 혐의로 자택을 압수 수색 하면서, 한국e스포츠협회를 통해 특정 홈쇼핑 업체 등으로부터 뇌물 수억 원을 수수했다는 의혹이 제기됐다.

전병헌 전 수석은 서울중앙지방검찰청에 피의자 신분으로 출석해 17시간이 넘는 마라톤 조사를 받기도 했다. 문재인 정부 출범 이후 처음으로 여권 고위 관계자가 부패 혐의로 검찰에서 고강도 조사를 받은 사례였다.

전병헌 전 수석은 국회 미래창조과학통신위원회^(미방위) 소속 의원 시절 일부 대기업으로부터 총 5억 5천만 원을 후원하게 한 혐의를 받았다.

또한, 당시 의원실 비서관이던 윤모 씨 등과 공모해 롯데 후원금 가운데 1억 1천만 원을 용역업체와 허위 거래를 일으키는 방식으로 사적으로 사용한 혐의도 있지만, 전병헌 전 수석은 혐의를 강하게 부인했다.

5. 오버워치, e스포츠 최초 지역 연고제 확립

블리자드 엔터테인먼트 '오버워치'가 전 세계 2천만 명 이상 이용자를 확보하며 본격적인 e스포츠 행보에 나섰다. 전통 스포츠와 마찬가지로 선수들이 프로 경력을 쌓을 기회와 팀이 장기간 안정적으로 운영될 수 있게 하는데 집중하도록 지역 연고제 기반 '오버워치 리그'를 출범했다.

미국 보스턴, 뉴욕, LA^(2개 팀), 마이애미-올랜도^(플로리다), 샌프란시스코, 댈러스, 휴스턴, 필라델피아, 중국 상하이, 영국 런던, 대한민국 서울 총 12개 팀이 아시아와 유럽, 북미 주요 도시를 대표해 출전하게 됐다.

PART 3
e스포츠 20년사

- 2008 ~ 2017

e스포츠 20년사 2008년

2008년

1. 미리보기

2008년은 우리나라 e스포츠가 태동으로부터 10주년을 맞이한 해다. 게임에서 비롯돼 10년 동안 이어온 e스포츠는 이 해를 기점으로 전통 스포츠와 어깨를 나란히 하려는 시도를 했다. 그 사례로는 문화체육관광부 장관배 e스포츠 대회가 대통령배로 승격되고, 스타크래프트 프로리그가 전통 스포츠처럼 1년 단위 리그로 바뀐 점, 국제e스포츠연맹 창설 등을 들 수 있다.

문화체육관광부 장관배 '전국 아마추어 e스포츠대회'(Korea e-Sports Games, KeG)'는 2007년 처음 열린 후 1년 만에 대통령배로 승격됐다. 이를 통해 위상이 강화된 'KeG'는 지역 e스포츠 활성화, 건강한 게임 문화 확산, 국산 e스포츠 종목 육성 등 국내 e스포츠 자생력 강화라는 목표에 한 발짝 더 다가갈 수 있게 됐다.

전기/후기로 연간 리그가 나누어 진행되던 스타크래프트 프로리그는 연간 단일 구조로 개편돼 대회 체계가 보다 짜임새 있게 바뀌었다. 당시 스타크래프트 프로리그는 개인 단위 리그인 온게임넷 프로리그, 팀 단위 리그인 MBC게임 팀리그로 나뉘어 2005년부터 운영되던 리그를 전/후기 연간 리그로 합치면서 전기리그 결승전을 여름에 개최했고 후기 리그와 통합 챔피언전 결승전을 겨울에 열었다.

이런 구조는 뒤로 갈수록 힘이 빠지는 체제라는 비판을 받았는데, 2004년과 2005년 광안리 해수욕장에서 열린 프로리그가 관객 수만 명을 동원하면서 e스포츠 성지로 자리를 굳히자, 한국e스포츠협회는 야구, 농구, 축구와 같이 1년 단위로 운영되는 리그를 열기로 하고 결승전을 여름에 광안리 해수욕장에서 개최할 수 있도록 시스템을 조정하기로 했다.

스타크래프트 프로리그 결승이 열리던 광안리 인근 해운대 벡스코와 센텀호텔에서 '국제 e스포츠 심포지엄 2008'도 함께 개최됐다. 한국, 독일, 오스트리아, 덴마크, 네덜란드, 벨기에, 스위스, 대만, 베트남 등 9개국 e스포츠 협/단체장이 참여한 심포지엄에서는 세계 최초 e스포츠 국제기구인 국제 e스포츠 연맹(IESF, Internationl e-Sports Federation)이 창설됐다.

이 밖에도 2008년에는 워크래프트 3 대표 선수 장재호가 베이징 올림픽 성화를 봉송하면서 세계적으로 e스포츠 위상을 알렸고, 스타크래프트 '여제' 서지수를 필두로 스페셜포스 종목에서 첫 여성 준프로게이머가 나오는 등 여성 선수들이 활발하게 활동했다.

2. e스포츠 주체(종목, 선수, 팀, 대회, 주최, 방송, 경기장)
가. 프로리그, 연간 단일 구조로 구조 개편

기존 전/후기로 연간 리그를 나누어 진행하던 스타크래프트 프로리그가 1년 단위 단일 리그로 구조를 개편하기 위해 변화를 시도했다.

스타크래프트 프로리그는 2005년부터 온게임넷 프로리그와 MBC게임 팀리그로 나뉘어 운영됐는데, 이를 하나로 합쳤다. 이 과정에서 전기리그 결승전을 광안리 해수욕장에서 진행했고 후기 리그와 통합 챔피언전 결승전은 겨울에 진행하면서 뒤로 갈수록 힘이 빠지는 체제로 운영됐다.

그런데 광안리 해수욕장에서 열린 프로리그가 관객을 수만 명 모으면서 e스포츠 성지로 입지를 굳히자, 한국e스포츠협회는 타 프로스포츠인 야구나 축구, 농구와 같이 1년 단위로 진행되는 운영되는 리그 모델을 차용하고 결승전을 여름 광안리 해변에서 개최할 수 있도록 시스템을 조정했다.

이를 위해 2008년 4월부터 진행 예정이던 전기리그를 4개월 단기리그로 변경, '신한은행 프로리그 2008' 시즌은 4월에 시작돼 8월에 광안리 해수욕장에서 결승전을 열었다. 이에 따라 프로리그는 08-09 시즌부터 겨울에 시작해 여름에 끝나는 연간 단일리그 구조로 변경됐다.

이렇게 개편된 리그는 단기 리그이므로, 집중도가 떨어질 수 있다는 비판을 받기는 했지만, 역대급 순위 경쟁이 펼쳐져 정규 시즌 막판까지 순위 싸움이 전개됐다. 삼성전자 칸이 16승6패로 치고 나가면서 1위를 확정지었는데, 2위부터 4위까지는 14승 8패로 타이였다. 세트 득실로 따지면 SK텔레콤 T1이 +13으로 2위, 온게임넷 스파키즈가 +10으로 3위, STX 소울이 +9로 4위였다.

8승 8패로 승률 5할에 머물렀던 온게임넷 스파키즈는 시즌 막판 6연승을 내달리면서 14승 8패로 3위까지 올라갔다. '미라클 스파키즈', 또는 '스파키즈 매직'으로 불린 이런 상승세는 포스트 시즌에도 이어졌다.

준플레이오프에서 STX 소울을 4대1로 격파한 온게임넷 스파키즈는 플레이오프에서 SK텔레콤 T1을 4대3으로 격파했다. 특히 에이스 결정전으로 치러진 7세트에서 온게임넷 스파키즈 저그 박찬수가 '저그 킬러' 김택용을 물리치면서 팀 승리에 결정적인 공헌을 했다.

이런 과정으로 결승전에 오른 온게임넷 스파키즈였지만, 2008년 8월 9일 광안리 해수욕장에서 열린 결승전에서는 삼성전자 칸이 우승을 차지했다. 1세트에서 온게임넷 스파키즈 테란 신상문에게 삼성전자 칸 저그 차명환이 일격을 당했지만, 이후 송병구가 박찬수를 꺾어 1대1 타이를 이뤄냈다. 여기에 이성은, 허영무가 연승을 이어가면서 삼성전자 칸은 2007년 이후 2연속 광안리 결승전 우승을 차지했다.

당시 경기를 보러 주최측 추산 3만 명(경찰 추산 2만 명)이 몰렸고, 국제 e스포츠 심포지엄 참석차 방한한 12개국 e스포츠 단체 대표와 관계자도 방문해 현장을 체험했다.

▲ 신한은행 프로리그 결승현장

나. '테란 황제' 임요환, 군복무 마치고 SK텔레콤 복귀

'테란 황제' 임요환이 26개월 동안 복무한 공군에서 전역해 소속팀인 SK텔레콤 T1으로 복귀해 선수 생활을 이어갔다. 2006년 10월 9일 입대한 임요환은 2008년 12월 21일 충남 계룡시 계룡대 내 공군본부에서 전역신고를 마치고 제대했다.

▲ 공군ACE 임요환

임요환은 군입대 후 e스포츠 최초 군(軍) 프로e스포츠단인 공군 에이스 (ACE)에서 활약하면서 '2007년 프로리그' 전기리그를 시작으로 네 시즌 동안 공군 소속 프로게이머로 활동했다. 네 시즌 동안 거둔 성적은 62전 24승 38패 승률 38.7%로, 수치상 성적은 만족스럽지 못하지만 군생활을 하면서 게임에만 전념하지 못하는 상황에서 거둔 결과로는 나쁘지 않다는 평가를 받았다.

특히 병장이었던 신한은행 프로리그 2008 시즌에서는 한빛 스타즈와 벌인 에이스 결정전에 출전해 윤용태가 노리던 본진 아비터 리콜을 고스트 락다운 한 발로 막아내면서 명장면을 만들었다.

지속적인 성적 부진으로 존폐 위기에 몰렸던 공군 에이스는 임요환이 보여준 활약에 힘입어 해당 시즌에서 전체 12개 팀 중 11위를 기록했다. 이는 2007년 4월 창단된 공군 에이스가 유일하게 꼴찌를 기록하지 않은 시즌이었다.

전역 후 임요환은 개인리그에서 '2009년 e스타즈 헤리티지 2009' 4강, 'IESF 스타 인비테이셔널 클래식' 4강에 올랐고 팀 단위 리그에서는 '2009년 신한은행 프로리그 08-09' 우승, '2010년 신한은행 프로리그 09-10' 준우승을 기록하면서 선수 생활을 이어갔다.

다. '육룡이 나르샤' 두각을 나타낸 프로토스 6명

2008년 열린 스타크래프트: 브루드 워 개인리그에서는 한 번도 같은 선수가 우승한 적이 없을 정도로 뜨거운 경쟁이 펼쳐졌다. 이 가운데 프로토스 종족이 매 시즌 결승진출자를 배출하면서 두각을 나타냈고 팬들은 이를 두고 '육룡이 나타났다'는 평가를 했다.

SK텔레콤 T1 김택용이 비룡(飛龍), 도재욱이 괴룡(怪龍), 삼성전자 칸 송병구가 공룡(恐龍), 허영무가 운룡(雲龍), STX 소울 김구현이 적룡(赤龍), 웅진 스타즈 윤용태가 뇌룡(雷龍) 등 육룡 선수들은 팬들로부터 별칭으로 불렸다.

2008년 8월부터 11월까지 열린 '인크루트 스타리그'에서는 '총사령관' 송병구가, '국본'이라는 별명을 얻으면서 승승장구한 신예 정명훈을 3대2로 격파하고 정상에 올랐다. 이에 따라 2008년 초에 열린 '박카스 스타리그' 결승전에서 이영호에게 완패를 당했던 송병구는 인크루트 스타리그에서 우승하면서 개인리그 첫 우승을 달성했고, 소속 팀인 삼성전자 칸에게도 처음으로 개인리그 우승컵을 안겼다.

같은 기간 열린 '클럽데이 온라인 MSL'에서는 김택용, 허영무, 윤용태, 김구현이 4강에 오르면서 프로토스 4명이 4강을 모두 차지하는 기현상을 만들어냈다. SK텔레콤 T1 '혁명가' 김택용은 처음 결승에 오른 삼성전자 칸 허영무를 상대로 우승을 차지하면서 'MBC게임 스타리그' 3회 우승자에게 주어지는 금배지를 가슴에 달았다.

이름	OSL			MSL		
	우승	준우승	3위	우승	준우승	3위
김구현	0	0	1	0	1	2
김택용	0	0	3	3	1	0
도재욱	0	1	1	0	0	0
송병구	1	3	2	0	1	1
윤용태	0	0	1	0	0	2
허영무	2	0	0	0	2	1

▲ 육룡 스태크래프트 양대 개인리그 4강 이상 성적

이름	종족	시즌	전체			개인			팀플		
			승	패	승률	승	패	승률	승	패	승률
김구현	Protoss	정규	162	139	53.8%	152	133	53.3%	10	6	62.5%
		포스트 시즌	3	8	27.3%	3	8	27.3%	0	0	–

▲ 김구현 스타크래프트 양대 개인리그 통산 전적

라. '11세' 문호준, 카트리그 사상 첫 3회 우승자 등극

카트라이더 리그 역사를 이끌어 갈 인물로 문호준이 입지를 다졌다. 카트라이더 리그 역사상 처음으로 대회 2연패를 달성했고, 5차 대회 우승을 포함해 처음으로 3회 우승을 달성하면서 '본좌'라는 타이틀을 얻었다.

문호준은 2008년 11월 29일 건국대학교 새천년기념관에서 열린 '버디버디 카트라이더 10차 리그' 그랜드 파이널에서 E. O. S 소속 강진우를 따돌리고 우승을 차지했다. 당시 대회는 '카트라이더 리그' 2회 우승을 기록 중이던 문호준과 강진우가 어떤 대결을 펼칠지가 최고 관심사였다.

최초 3회 우승자리를 두고 치열한 경쟁이 펼쳐졌고, 초반에는 강진우가 치고 나가는 듯했으나 문호준이 따라잡으면서 전세가 뒤집혔다. 14번째 레이싱에서 1위를 차지한 문호준이 우승을 차지했다.

1997년생인 문호준은 만 11세를 갓 넘긴 나이에 통산 3회 우승이라는 기록을 세우면서 e스포츠 역사의 최연소 기록을 모두 갈아치웠다. 또한, 문호준은 '버디버디 카트라이더' 9차 리그와 10차 리그, 'SK1682 카트라이더 5차 리그'를 우승하면서 '카트라이더 리그' 최초로 3회 우승이라는 대기록을 달성했다.

마. 웅진 홀딩스, 한빛게임단 인수해 웅진 스타즈 창단

웅진 그룹 지주회사인 웅진 홀딩스가 2008년 9월 24일 한국e스포츠협회와 계약 체결을 통해 프로e스포츠단 한빛 스타즈를 인수했다. 이렇게 탄생한 신생 게임단 이름은 웅진 스타즈로 정해졌고, 웅진 그룹은 별도 인수 비용 없이 옛 한빛 스타즈 감독과 선수 전원을 인계 받아 팀을 꾸렸다.

한빛 스타즈에 관심을 갖고 있던 기업은 여럿 있었지만 해당 기업이 게임 내 아이템을 거래하는 중계 회사여서 이미지가 좋지 않았다. 이런 상황에서 웅진 홀딩스가 인수에 나섰고 프로리그 개막 직전에 인수 작업을 완료하면서 웅진 스타즈가 탄생했다.

웅진 홀딩스는 한빛 스타즈 게임단 인수를 빠르게 진행했다. 당시 '신한은행 프로리그 08-09' 개막이 얼마 남지 않은 시점이었고, 모기업 경영 악화로 한빛 스타즈 팀 거취에 큰 관심이 쏠렸기 때문이다.

▲ 웅진 스타즈 창단식

사. '여제' 서지수 필두로 여성 선수들 활발한 활동

여성 프로게이머로 가장 활발하게 활동한 선수는 서지수다. 스타크래프트: 브루드 워 선수로 활약했던 서지수는 각종 여성 대회를 휩쓸면서 '여제'라는 별명을 얻었고 남성 선수들이 99.9% 였던 프로리그에도 간간이 출전하면서 벽을 넘기 위해 도전장을 던졌다.

온라인 대회나 이벤트 대회에서 남성 선수들에게 승리를 따냈던 서지수는 2008년 9월 21일 서울 신정동 곰TV 스튜디오에서 열린 'TG삼보-인텔 클래식' 시즌 2 128강에서 처음으로 개인리그 승리를 맛봤다. 상대는 SK텔레콤 T1 소속 신인 저그 나도항으로, 서지수는 완벽한 경기력을 뽐내며 2대0으로 승리했다.

▲ 여성 프로게이머 '여제' 서지수

클래식 대회 개막전이었던 당시 경기에서 서지수는 '콜로세움'에서 벌어진 1경기에서 사이언스 베슬이 추가된 이후 나도항이 운영 중이던 뮤탈리스크를 무력화시켰고, '안드로 메다'에서 열린 2경기에서는 초반 일꾼 압박으로 나도항이 3해처리 체제와 함께 구축한 방어 라인을 완전히 무력화시키며 완승을 거뒀다.

이후에도 서지수는 STX 소울 프로리그 로스터에도 자주 등장했고 프로리그 무대에 다섯 번이나 섰지만, 1승도 거두지 못하고 패했다. 하지만 서지수는 남자 선수 전유물로 여겨졌던 스타크래프트 e스포츠에서 여성도 빼어난 활약을 펼칠 수 있다는 가능성을 알렸다.

스페셜포스 종목에서는 여성 선수들로 구성된 '뮤즈' 팀이 여성팀 사상 최초로 준프로게이머 자격을 획득하기도 했다. 한국e스포츠협회가 주최로 2008년 2월 2일 열린 '제9회 스페셜포스 준프로게이머 선발전'에서 여성으로만 구성된 '뮤즈' 팀이 준프로게이머 자격을 획득했다. '뮤즈'는 이후 온게임넷 스파키즈에 인수되면서 2009년에 열린 '스페셜포스 프로리그 시즌 1'에 참가했다.

아. 워크래프트 3 대표 선수 장재호, 중국서 베이징 올림픽 성화 봉송

워크래프트 3 대표 선수로 유명한 장재호가 '2008 베이징올림픽' 성화 봉송 주자로 나섰다.

베이징 올림픽 후원사 레노버는 자사가 주관한 'IEST 2007'에서 좋은 성적을 거둔 12명의 선수들을 올림픽 조직위원회에 성화 봉송 주자로 추천했고, 그 가운데 장재호는 중국 선수들과 경쟁을 펼쳐 인기투표 1위를 차지하면서 성화 봉송에 참가했다.

중국에서 한류 스타인 슈퍼주니어 중국인 멤버 한경이 베이징 지역 성화 주자로 선정된 적은 있었지만, 한국 e스포츠 선수가 현지 인기를 바탕으로 중국에서 성화 봉송 주자로 나선 건 처음이었다. 이를 통해 중국애서 e스포츠가 어느 정도 영향력을 발휘하는 지를 확인할 수 있었고, 나아가 한국 e스포츠 위상을 널리 알릴 수 있었다.

자. WCG 2008, 한국 4번째 종합 우승, 2년 만에 탈환

독일 쾰른에서 열린 'WCG 2008' 그랜드 파이널에서 한국은 금메달 3개, 은메달 3개, 동메달 1개를 획득하며 2년 만에 종합 1위를 차지, 역대 4번째 종합 우승(2001, 2002, 2006, 2008)을 기록했다.

스타크래프트 박찬수, 캐롬3D 구명진, 붉은 보석 컴온베이비팀이 금메달을 차지했고, 스타크래프트 송병구, 워크래프트 3 장재호, 에이지 오브 엠파이어 3 강병건은 은메달을, 카운터 스트라이크 이스트로는 동메달을 획득했다.

한국에 이어 종합 2위와 3위는 네덜란드와 미국이 차지했고, 4위는 독일, 러시아와 일본이 5위에 올랐다. 대회가 진행된 6일 동안 관람객 5만 8천여 명이 현장을 방문했고, 역대 최대 규모인 외신 기자단 600여 명이 참가했다.

3. 제도(협회, 제도, 정부, 기관)
가. 한국e스포츠협회, 3기 회장사 SK텔레콤 연임

SK텔레콤이 한국e스포츠협회 3기 회장사로 선임되면서, 2기에 이어 3기까지 연임했다. 한국e스포츠협회는 2008년 3월 6일 '제1차 정기이사회총회'를 열고 모든 이사사 만장일치로 SK텔레콤을 3기 회장사로 연임키로 했다. 3기 협회장으로 취임한 김신배 회장은 3년 동안 3기 e스포츠협회 회장직을 역임했다.

정기이사회총회 후 김신배 회장은 3기 한국e스포츠협회 핵심 사업으로 우리나라 e스포츠 글로벌화 및 국산 종목 세계화, 정식 체육 종목화를 언급했다.

한국e스포츠협회 3기 협회장으로 재신임된 김신배 회장은 이후 국제 e스포츠 연맹을 설립해 한국이 e스포츠 종주국으로 위상을 세우는 데 기여했고, '국제 e스포츠 심포지엄'을 매년 열면서 e스포츠 산업 주도권을 한국이 선점할 수 있도록 애썼다.

2007년부터 열린 '전국 아마추어 e스포츠 대회'가 대통령배로 승격되는 데에도 노력한 김신배 회장은 이를 활용해 광역 자치단체 시도지부를 형성하면서 대한체육회로부터 e스포츠가 정식 스포츠로 인정받는 발판을 마련했다.

▲ 3기 한국e스포츠협회 김신배 협회장

나. e스포츠 주도하는 한국, 국제 e스포츠연맹(IESF) 창설

세계 최초 e스포츠 국제기구인 국제 e스포츠 연맹(IESF, Internationl e-Sports Federation)이 창설됐다. 2008년 8월 11일 부산에서 개최된 '국제 e스포츠 심포지엄 2008'에 참가한 한국, 독일, 오스트리아, 덴마크, 네덜란드, 벨기에, 스위스, 대만, 베트남 등 9개국 e스포츠 협회 단체장은 회원 가입 및 연맹 발족을 위한 양해각서(MOU)에 서명하면서 '국제 e스포츠 연맹'을 발족했다.

이후 11월 13일에는 국제 e스포츠 연맹 '제1회 창설 총회'가 서울 메이필드호텔에서 열렸다. 총회에서는 한국e스포츠협회 김신배 회장이 3년 임기 국제 e스포츠 연맹 초대회장으로, 프랭크 슬리카 독일 e스포츠협회 회장이 부회장으로 선출됐다. 또한, 국제 e스포츠 연맹 정관이 승인됐고 정관에는 국제 e스포츠 연맹의 총회, 이사회, 임원 선임, 위원회, 사무국 등 각 조직의 구성 및 의결에 대한 기본적인 내용이 명시됐다.

국제 e스포츠 연맹은 사무국 본부를 한국에 설치하면서, 한국 e스포츠 글로벌 리더십 강화 및 e스포츠 종주국 위상 강화, 한국석 표준에 근거한 e스포츠 글로벌 스탠다드 마련 등에 기여했다.

▲ 국제 e스포츠연맹 발족식

4. 변화(제작사, 유통사, 기업 참여, 저변, 아마추어, 팬클럽, 커뮤니티, 미디어)

가. 전국 아마추어 e스포츠대회, 대통령배로 승격

지역 e스포츠 활성화, 건강한 게임문화 확산, 국산 e스포츠 종목의 육성 등을 통해 국내 e스포츠 자생력 강화를 위해 2007년부터 문화체육관광부 장관배 대회로 개최된 '문화체육관광부 장관배 전국아마추어 e스포츠 대회(KeG, Korea e-Sports Games)'가 대통령배로 승격됐다.

위상이 강화된 KeG는 2009년부터 '대통령배 전국 아마추어 e스포츠 대회'라는 공식 명칭을 사용하면서 대회를 이어갔고 전국 16개 모든 광역시도가 참여하는 국내 최고 권위 아마추어 e스포츠 대회로 거듭났다.

첫 대회를 경북 안동에서 개최한 '대통령배 아마추어 e스포츠 대회'는 이후 국내 지역 e스포츠 시장 활성화, e스포츠 종주국 위상 강화, 건강한 게임 이용 문화 확산과 대국민 e스포츠 인식 강화, 국산 종목 활성화를 통한 국산 게임 해외 진출 기반 마련 등의 가치 창출을 통해 한국 e스포츠 발전에 기여했다.

▲ 전국아마추어 e스포츠대회

e스포츠 20년사 2009년

1. 미리보기

2. e스포츠 주체(종목, 선수, 팀, 대회, 주최, 방송, 경기장)

3. 제도(협회, 제도, 정부, 기관)

4. 변화(제작사, 유통사, 기업 참여, 저변, 아마추어, 팬클럽, 커뮤니티, 미디어)

2009년

1. 미리보기

2009년은 그동안 국내에서 정식 체육 종목으로 인정받지 못했던 e스포츠가 정식 체육 종목이 되기 위한 첫 결과물을 얻은 해다. 창립 10주년을 맞이한 한국e스포츠협회가 대한체육회로부터 인정단체로 승인받았고, 실내 아시아 경기대회에 e스포츠 국가대표가 출전했으며, 'e스포츠 올림픽'이라 할 수 있는 'IESF(International Esports Federation) 챌린지'가 개최되는 등 e스포츠 위상이 높아진 해다.

한국e스포츠협회는 2008년 3기 협회 출범시 'e스포츠 글로벌화', '국산 종목 세계화', '정식체육종목화'를 3대 과제로 선언했다. 이중 '정식 체육 종목화'를 추진하기 위해 문화체육관광부, 대한체육회와 지속적인 교류를 추진해 온 한국e스포츠협회가 인정단체로 승인받으면서, 우리나라 e스포츠는 정식 체육 종목화를 추진할 수 있게 됐다.

대한체육회가 처음으로 한국e스포츠협회를 인정단체로 승인한 후, 베트남 하노이에서 개최된 '제3회 실내아시아 경기대회(Asian Indoor Games)'에 대한민국 e스포츠 국가대표가 공식 파견됐다. 우리 대표팀은 스타크래프트에서 금메달 1개, 은메달 1개를 획득했고 카운터 스트라이크에서 금메달을 땄다.

2008년 대한민국 주도로 창설된 국제e스포츠연맹(International e-Sports Federation, IESF)은 회원국들이 실제로 참가해 실력을 겨루는 'IESF 챌린지'를 개최했다. 워크래프트 3, 피파온라인 2, 아바(A.V.A) 등 3종목으로 열린 'IESF 챌린지'는 대한민국이 금메달 1개, 은메달 2개, 동메달 1개를 획득해 종합 우승을 차지하면서 마무리됐다.

연간 단일 구조로 개편된 '스타크래프트 프로리그'에서는 공군 에이스 '영웅' 박정석이 사상 첫 100승을 달성한데 이어 '폭군' 이제동, '최종병기' 이영호가 100승 기록을 세웠다.

또한, SK텔레콤 T1 김택용, 삼성전자 칸 송병구, kt 롤스터 이영호, 르까프 오즈 이제동은 서로 물고 물리는 승부를 펼치면서 '택뱅리쌍'이라는 스타 플레이어 경합을 시작했다.

이 밖에도 2009년에는 첫 국산 종목 e스포츠 리그인 '스페셜포스 프로리그'가 출범했고, e스포츠 최초로 자유계약선수(Free Agent, FA) 제도가 도입됐다.

2. e스포츠 주체(종목, 선수, 팀, 대회, 주최, 방송, 경기장)
가. 2박 3일간 광안리 달군 '두 종목' 프로리그

그동안 스타크래프트: 브루드워로만 진행됐던 프로리그 결승전이 국산 e스포츠 종목인 스페셜포스와 함께 한국 e스포츠 성지인 부산 광안리 해수욕장에서 2박 3일 동안 열렸다.

한국e스포츠협회는 부산광역시와 협약을 맺고 매년 부산 광안리에서 개최되는 프로리그 결승전을 확대해 '부산 e스포츠 페스티벌'을 개최하기로 했다. 첫 해인 2009년 프로리그는 스타크래프트로만 열렸던 단일 종목, 단일 행사 틀을 깨고 스페셜포스까지 더해져 두 종목 결승전을 3일 동안 개최하는 방식으로 진행됐다.

이를 위해 기존에 진행됐던 '스타크래프트 프로리그'는 확대 개편했고, 국산 종목으로 e스포츠 대회를 활발하게 열었던 스페셜포스는 프로리그를 출범했다. 2009년 8월 6일부터 8일까지 부산 광안리 해수욕장에서 열린 두 종목 프로리그 결승전은 사상 처음으로 시도된 콘셉트였다.

'스페셜포스 프로리그'는 2009년 2월부터 3월까지 프로e스포츠단 드래프트 선발전을 치렀고, SK 텔레콤 T1, 이스트로, STX 소울, MBC게임 히어로, 하이트 스파키즈 등 기존 프로e스포츠단 5개 팀과 더밴, nL 베스트, 아처 등 클랜팀 3개 팀을 포함해 총 8개 팀이 참가하는 리그로 진행됐다.

8월 6일 '스페셜포스 프로리그' 결승전을 치르면서 관심을 모으고, 7일부터 8일까지 열리는 '스타크래프트 프로리그' 결승을 통해 정점을 찍는 게 목적이었다. 첫 날 열린 '스페셜포스 프로리그'는 오프닝 행사에 당시 한창 인기를 끌고 있던 걸그룹 '소녀시대'를 섭외하면서 큰 관심을 끌었다.

'스타크래프트 프로리그'는 전기와 후기 우승자를 따로 선발하고 통합 챔피언 전을 치르는 방식으로 대회를 진행했지만, 2008년 10월 시작한 '신한은행 프로리그 08-09' 시즌부터 연간 리그로 확대 개편돼 1라운드에 팀당 11경기를 치르면서 총 5개 라운드를 소화하는 방식으로 변경됐다.

1, 2, 4, 5라운드는 1대1로 진행되도록 해 최종 세트에만 중복 출전이 가능하도록 했지만, 3라운드는 승자 연전 방식^(팀킬 방식)을 도입해, 한 선수가 팀 승패를 결정할 수 있도록 했다. '위너스리그'라고 이름 붙여진 3라운드는 별도로 포스트 시즌을 치르면서 보는 재미를 극대화했다.

최종 포스트 시즌은 6강 플레이오프를 도입했고, 단계별로 7전 4선승제를 두 번씩 치르고 1대1이 될 경우 최종 단판 승부를 펼쳤다. 결승전도 유례없이 이틀 동안 열리게 됐는데, 부산 광안리에서 7전 4선승제 승부를 두 번 치르고 최종 스코어 1대1이 됐을 경우에는 최종 단판 승부를 펼쳐 우승자를 가리게 됐다.

특히 스타크래프트 결승전은 역대급 명승부가 펼쳐졌다. SK텔레콤 T1과 르까프 오즈가 벌인 결승전은 첫 날인 7일에는 4대0으로 SK텔레콤이 완승을 거뒀지만 이튿날인 8일에는 7세트까지 가는 접전으로 진행됐고 SK텔레콤 T1 정명훈이 에이스 결정전에서 승리하면서 SK텔레콤 우승으로 마무리됐다.

나. 연간 리그로 확대돼 손에 땀을 쥐게 만든 프로리그

전기와 후기로 나눠 진행됐던 프로리그가 08-09 시즌을 맞아 1년 단위로 진행됐다. 이전까지 프로리그는 팀플레이가 있어야만 팀 단위 대회로 특성을 담보할 수 있다고 여겨졌지만, 08-09 시즌부터는 팀플레이가 폐지되고 개인전으로만 대회가 운영됐다.

팀플레이가 사라진 만큼, 로스터는 15명에서 12명으로 축소시켰다. 그러면서 엔트리를 예고해 팬들에게 어떤 선수가 출전하는지 미리 알 수 있도록 하는 장치는 유지했다. 한두 종족으로만 라인업을 구성하지 못하도록 종족별 의무 출전 규정이 신설돼 저그와 테란, 프로토스가 1명씩 나오도록 바뀌었고, 3라운드를 제외한 나머지 라운드들은 모두 5전 3선승제로 진행하도록 했다.

3라운드는 시즌 속 시즌과 같은 의미를 담아 특별한 방식으로 진행됐다. 선수 한 명이 한 팀 전체를 잡을 수 있는 승자 연전 방식으로 진행됐고, 별도로 포스트 시즌을 편성해 재미를 극대화했다. 위너스리그라고 불린 3라운드 정규 시즌 성적은 팀 성적에 포함되지만, 포스트 시즌 성적은 별도로 집계됐다.

정규 시즌 1라운드는 STX 소울이 8승 3패를 기록해 선두로 나섰고 SK텔레콤 T1은 4승 7패로 10위까지 떨어졌다. 그러나 2라운드에서 STX 소울이 5승 6패를 기록하면서 삼성전자 칸, 르까프 오즈, SK텔레콤 T1이 8승 3패로 치고 나갔다.

승자 연전 방식으로 진행된 3라운드에서는 CJ 엔투스가 독보적이었다. 정규 시즌에서 9승 2패로 단독 1위를 차지한 CJ 엔투스는 위너스리그 결승전에 직행했다. 다시 프로리그 방식으로 돌아온 4라운드와 5라운드에서는 SK텔레콤 T1이 최종 성적 35승 20패로 1위를 확정했다.

포스트 시즌 6강 플레이오프에서는 정규 시즌 6위 삼성전자 칸이 3위인 STX 소울에게 승리했다. 정규 시즌 5위인 CJ 엔투스와 4위인 온게임넷 스파키즈가 벌인 대결은 CJ 엔투스가 준플레이오프에 오르며 마무리됐다.

준플레이오프 삼성전자 칸과 CJ 엔투스가 맞붙은 경기는 CJ 엔투스 김정우가 삼성전자 칸 송병구를 잡으면서 플레이오프 진출을 확정하며 끝났다. 플레이오프 1차전에서는 르까프 오즈가 CJ 엔투스를 4대1로 격파했지만, 2차전에서는 0대4로 패배했고 최종전에서 르까프 오즈 이제동이 CJ 엔투스 김정우를 잡아내면서 결승으로 직행했다.

결승전에서는 SKT텔레콤 T1이 르까프 오즈에게 승리했다. SK텔레콤 T1은 1일차, 2일차 경기에서 모두 승리한 정명훈을 내세워 르까프 오즈 최종 카드인 이제동을 상대했다. 정명훈은 이제동을 꺾었고, SK텔레콤 T1은 최종 스코어 2대0으로 시즌 최종 우승 팀이 됐다. 결승전에서 3전 전승을 거둔 정명훈이 MVP로 선정됐다.

▲ 신한은행 프로리그 08-09 우승한 SK텔레콤 T1

다. 'e스포츠 올림픽' 실험한 IESF 챌린지, 태백서 개최

2008년 국제e스포츠연맹(International e-Sports Federation, IESF) 창설을 발표한 한국은 2009년 말(注) 회원국들이 실제로 대회에 참가해 자웅을 겨루는 무대인 'IESF 챌린지'를 개최했고, 대한민국이 금메달1개, 은메달1개, 동메달1개를 획득하며 종합 우승을 차지했다.

강원도 태백 오투리조트 그랜드볼룸에서 12월 10일부터 13일까지 진행된 '2009 IESF 챌린지'는 미국, 영국, 독일, 스위스, 스페인, 중국, 일본, 인도, 남아프리카공화국 등 20개 국에서 선수 200여 명이 참가하면서, 세계 최초로 국가가 인정하는 각 나라별 e스포츠 협 단체들이 선수를 파견해 국가 대항전으로 펼쳐졌다.

우리나라는 피파온라인 2에서 금메달을 땄다. 12월 13일 열린 결승전에서 정주영이 루마니아 대표인 파트라수크 요넛(Patrascu Ionut)을 2대0으로 완파하고 우승했다. 4강전에서 패배한 정재영도 3위로 동메달을 추가했다.

워크래프트 3는 은메달을 땄다. 결승전에 출전한 이형주는 중국 대표 수하오에게 밀리며 1경기를 내줬고, 2경기에서도 강한 압박에 이은 체제 전환에 밀려 0대2로 완패해 2위를 달성했다. 이 밖에도 시범 종목인 아바(A.V.A)에서는 한국 팀이 일본 팀을 꺾고 금메달을 목에 걸었다.

대회 기간 국제e스포츠연맹이 총회를 열고 스페인, 불가리아, 남아프리카공화국, 싱가포르, 루마니아, 영국 등 6개국을 회원국으로 승인하면서 회원국은 총 15개국으로 늘어났다. 또한, 연구개발한 심판위원회 관련 국제표준안 발표를 시작으로, 교류 확대, 협력 강화, 올림픽 창설 논의 등도 진행했다.

▲ 태백에서 개최된 IESF 챌린지

라. '영웅' 박정석, 프로리그 첫 '센추리 클럽' 가입

'영웅'이라는 별명을 가진 박정석이 공군 에이스 유니폼을 입고 프로리그 사상 첫 100승을 달성했다. 박정석은 2009년 4월 21일 열린 '신한은행 프로리그 08-09' 4라운드 2주차 4경기 kt 롤스터전 3세트에 출전해 박지수를 물리치고 프로리그 통산 100승 위업을 달성했다.

박정석은 공군에 입대하기 전까지 팀플레이 전담 선수라고 불러도 좋을 정도로 팀플레이에 치중했다. 한빛 스타즈 시절 강도경과 호흡을 맞춰 성적을 끌어 올렸고, 이적한 KTF 매직엔스^(kt 롤스터 전신)에서는 홍진호, 조용호, 임재덕 등과 짝을 이뤄 승수를 쌓았다. 통산 팀플레이 성적은 66승 31패였다.

▲ 스타크래프트 프로리그 첫 100승 달성 박정석

프로리그에서 팀플레이가 사라진 첫 시즌인 08-09 시즌에 공군 에이스에 입단한 박정석은 12승 21패를 기록하면서 100승 고지에 올랐다. 군입대 전까지 통산 90승에 멈춰 있었던 박정석은 온게임넷 스파키즈 조재걸을 꺾으면서 99승까지 달성했지만, 이후 박명수, 권수현, 김구현 등에게 연패했고 친정팀인 kt 롤스터 박지수를 꺾으면서 사상 처음으로 프로리그에서 통산 100승을 달성할 수 있었다.

박정석이 100승을 달성한 후 또다른 100승도 08-09 시즌에 탄생했다. 2009년 6월 1일 열린 '신한은행 프로리그 08-09' 5라운드 1주차 3경기에서 승리한 르카프 오즈 '폭군' 이제동이 그 주인공이다. 이제동은 팀플레이를 한 경기도 소화하지 않으면서 프로리그 최초 개인전만으로 100승을 달성했고 역대 최소 경기 100승^(143경기), 최단기간 100승^{(3년 1개월 2}^{일)} 기록까지 동시에 수립했다.

이후 kt 롤스터 '최종병기' 이영호가 이제동이 세운 기록을 깼다. 시즌은 다르지만 같은 해인 2009년 12월 6일 열린 '신한은행 프로리그 09-10' 2라운드 1주차 2경기에 출전한 이영호는 통산 세 번째로 프로리그 100승을 달성했다. 여기에 최연소 100승^(17세 5개월 1일)과 함께 이제동이 수립했던 최소 경기 100승^(139경기)과 최단 기간 100승^(2년 6개월 14일) 기록을 6개월여 만에 갈아치웠다.

감독들도 100승을 달성했다. 2008년 11월 26일 CJ 엔투스 조규남 감독이 가장 먼저 100승을 달성한데 이어, 하이트 스파키즈 이명근 감독이 2009년 4월 25일 100승을 달성했다. 이어서 4월 26일에는 삼성전자 칸 이가을 감독이 100승을 달성했고 5월 9일에는 르까프 오즈 조정웅 감독, 5월 20일에는 웅진 스타즈 이재균 감독, 6월 21일에는 STX 소울 김은동 감독이 100승 클럽에 가입했다.

마. '국산 종목' 스페셜포스 프로리그 출범

스페셜포스는 국산 종목 최초로 프로리그를 출범했다. '스페셜포스 프로리그'는 2007년 창단된 IT Bank와 2008년 창단된 온게임넷 스파키즈 프로e스포츠단, e.sports-united와 함께 프로e스포츠단 5개와 세미 프로팀 3개가 참여해 시작됐다.

kt 롤스터가 nL베스트에서 리퓨트^(RePute)로 이름을 바꾼 팀을 인수해 추가로 kt 롤스터 게임단을 창단하면서 프로e스포츠단 6개, 세미 프로팀 2개 체재가 완성됐다.

정규 시즌 1위는 11승3패, 세트 득실 +12를 기록한 kt 롤스터가 차지했다. 포스트 시즌에서는 SK텔레콤 T1이 치고 올라왔지만, 2위인 이스트로가 플레이오프에서 승리하면서 광안리 결승에 올라갔다. 이스트로는 결승에서도 kt 롤스터를 격파하면서 초대 우승을 달성했다.

국산 종목 최초 프로리그를 출범시킨 스페셜포스는 2009년 12월 9일 열린 '제4회 대한민국 e스포츠대상'에서 '올해의 종목상'을 수상하면서 3회 연속 '올해의 종목상'을 받았다. 또한, 시상식에서는 '생각대로T 스페셜포스 프로리그' 2009에서 우승을 차지한 이스트로 김현진 감독은 스페셜포스 감독상을, 주장 이호우가 스페셜포스 '최고의 돌격수상'을 각각 수상했다. 마스터리그와 프로리그에서 활약한 STX 소울 김지훈은 강력한 경쟁자였던 이스트로 조현종을 제치고 스페셜포스 '최고의 저격수상'을 차지했다.

▲ 국산 종목 스페셜포스 프로리그 출범

바. '폭군' 이제동, 2009년 최고 선수로 선정

르까프 오즈 소속 저그 '폭군' 이제동이 e스포츠 대상 올해의 선수상을 2회 연속 수상했다.

한국e스포츠협회가 2009년 12월 9일 개최한 '제4회 대한민국 e스포츠대상'은 프로게이머와 프로e스포츠단, e스포츠 관계자와 팬들이 참석한 가운데 협회 창립 10 주년 기념식과 함께 열렸다. 현장에서 이제동이 e스포츠 대상 '올해의 선수상'을 받았다.

이제동은 '신한은행 프로리그 08-09' 시즌 다승왕 과 정규시즌 MVP, '바투 스타리그'와 '박카스 스타리그 2009' 우승, '아레나 MSL' 준우승, 'WCG 2009' 스타크 래프트 부문 금메달 등 스타크래프트 전 부문에 걸친 고

▲ 르까프 오즈 '폭군' 이제동

른 활약으로 '올해의 선수상'과 스타크래프트 저그 최우수 선수상을 차지했다.

이제동은 2007년 '제3회 대한민국 e스포츠대상'에서도 '올해의 선수상', 스타크래프트 저그 최우수 선수상, 최고 승률상을 받으면서 3관왕을 기록했다.

리그	대회명 및 실적
개인리그	– BATOO 스타리그 08~09 우승 – 박카스 스타리그 2009 우승 – WCG 2009 그랜드파이널 브루드 워 부문 우승
팀리그	– 신한은행 프로리그 08-09 준우승 – 신한은행 프로리그 08-09 다승왕 – 신한은행 프로리그 08-09 정규시즌 MVP – 신한은행 위너스 리그 08-09 준우승

▲ 이제동 2009년 성적

사. 스타 플레이어 라이벌 '택뱅리쌍' 형성

2009년은 '택뱅리쌍'이라는 스타 플레이어 네 명이 본격적으로 경합을 벌였다. SK텔레콤 T1 김택용, 삼성전자 칸 송병구, kt 롤스터 이영호, 르까프 오즈 이제동은 팀 단위 리그인 프로리그는 물론, 스타리그와 MSL 등 개인리그에서도 물고 물리는 승부를 펼치면서 스타크래프트 초창기 임요환, 이윤열, 홍진호, 박정석을 일컫는 '4대 천왕' 이후 중흥기를 이끌었다.

'택뱅리쌍'은 2007년부터 형성됐다. '곰TV MSL 시즌 1'에서 김택용이 우승을 차지하면서 치고 나왔고, 시즌 2에서 김택용과 송병구가 결승에서 대결해 프로토스를 이끌어 나가는 투톱이 구성됐다.

2007년 가을 시즌에 이제동이 프로리그와 MSL 모두 결승에 진출해 우승하면서 저그 에이스로 자리 잡았고, 그 다음 시즌인 '박카스 스타리그 2008'에서 이영호가 송병구를 꺾고 정상에 오르면서 스타 플레이어 네 명이 경합하는 양상이 진행됐다.

프로리그가 1년 단위로 확장된 후에도 '택뱅리쌍'은 다승 순위 상위권을 유지하면서 경쟁했고 개인리그에서도 다투듯 결승전에 오르면서 팬들에게 깊은 인상을 줬다.

이름	OSL			MSL		
	우승	준우승	3위	우승	준우승	3위
이영호	3	1	2	3	1	1
이제동	3	1	0	2	3	3
김택용	0	0	3	3	1	0
송병구	1	3	2	0	1	1

▲ 택뱅리쌍 스타크래프트 양대 개인리그 4강 이상 달성도

▲ '택뱅리쌍', 왼쪽부터 이제동, 이영호, 송병구, 김택용

3. 제도(협회, 제도, 정부, 기관)
가. 대한체육회 제3차 이사회서 e스포츠협회 인정단체로 승인

대한체육회는 2009년 9월 15일 3차 이사회를 통해 한국e스포츠협회를 대한체육회 인정단체로 승인했다.

한국e스포츠협회는 대한체육회 가맹·탈퇴규정 제5조(가맹요건)에 의거 시도지부 설립을 단계적으로 추진했고, e스포츠를 체육 종목화 하기 위해 대국민 여론 형성과 각종 국내외 사업을 활발히 추진해 국제 e스포츠계를 대변하는 대표성을 인정받았다.

의결 내용에 따르면 한국e스포츠협회는 대한체육회 가맹, 탈퇴규정 제5조(가맹요건)에 의거 시도지부 설립을 단계적으로 추진하고 있으며, e스포츠 체육 종목화를 위해 대국민 여론 형성과 각종 국내외 사업을 활발히 추진하는 등 국제 e스포츠계를 대변하는 대표성을 인정받았다.

또한, e스포츠는 정식 스포츠로 인정받지 못해 시장 창출에 한계가 있었지만, 체육 종목으로 인정될 경우 학원 스포츠 육성 기반 학보와 우리나라 국제 경쟁력을 이끌어 가는 데 기여하리라 기대돼 인정단체 승인이 의결됐다.

2008년 3기 협회 출범 시 한국e스포츠협회는 'e스포츠 글로벌화', '국산 종목 세계화', '정식 체육 종목화' 3대 과제를 선언했는데, 이중, '정식 체육 종목화'를 추진하기 위해 문화체육관광부, 대한체육회와 지속적인 교류를 추진해 왔다. 그 결과 한국e스포츠협회는 대한체육회 인정단체로 승인됐고, 한국 e스포츠가 스포츠로 인정받으면서 대한체육회 정식 가맹을 통한 정식 체육 종목화를 추진할 수 있게 됐다.

나. e스포츠 최초 FA 실시

2009년은 스타크래프트 종목에서 자유계약선수^(Free Agent, FA) 제도가 도입된 원년이다. 2006년 3월 22일 상반기 프로게이머 정기 소양교육에서 처음 발표된 FA는 3년이 넘는 준비기간 끝에 2009년 8월 10일 한국e스포츠협회 홈페이지가 첫 프로게이머 FA 대상자 및 시행 일정을 공지하면서 시작됐다.

e스포츠 최초 FA 대상 선수 39명은 8월 11일 FA 제도 교육을 받고 8월 20일까지 원소속 게임단 우선 협상기간을 가졌다. 이를 통해 연봉 5천만 원 미만 선수는 보상 규정을 적용 받지 않는다는 내용이 공개됐다.

원소속 게임단 우선 협상기간이 마감된 8월 20일, 김준영, 박성훈, 강민 등은 은퇴와 계약중지를 통해 FA 권한을 포기했다. 르까프 오즈 이제동, 하이트 스파키즈 김창희, SK텔레콤 T1 전상욱, MBC 게임 고석현, kt 롤스터 안상원은 협상 결렬을 통해 FA를 선언하고 시장에 나왔다.

2006년 데뷔 후 최고 성적을 이어온 이제동이 시장에 나오면서 8월 21일부터 25일까지 다른 게임단이 입찰과 응찰을 진행했다. 이 과정에서 FA는 복수 게임단이 입찰했을 때 선수가 입찰한 게임단 중 하나를 선택하는 게 아니라 가장 높은 금액으로 입찰한 게임단과 계약해야 한다는 내용이 발견돼 파장을 일으켰고, 총액 최고가 낙찰이라는 또 다른 문제점도 드러났다.

FA 선수들에 대한 입찰 내역이 공개된 8월 26일, FA 5명 가운데 다른 게임단 입찰을 받은 FA는 위메이드에게 선택된 김창희가 유일했지만 협상이 성사되지는 않았다. 은퇴를 결정한 안상원을 제외한 선수 4명 모두 원소속 게임단과 추가 협상을 통해 잔류가 확정되면서 e스포츠 최초 FA는 마무리됐다.

4. 변화(제작사, 유통사, 기업 참여, 저변, 아마추어, 팬클럽, 커뮤니티, 미디어)

가. 실내아시아 경기대회에 e스포츠 국가대표 출전

대한체육회가 사상 최초로 승인한 e스포츠 국가대표가 실내 아시아 경기 대회에 파견됐다. 2009년 11월 1일부터 4일까지 베트남 하노이에서 개최된 '제3회 실내 아시아 경기대회(Asian Indoor Games)'에 파견된 우리나라 대표팀은 스타크래프트: 브루드 워, 카운터 스트라이크 종목에서 금메달 2개, 스타크래프트에서 은메달을 1개 획득했다.

한국e스포츠협회는 한국 e스포츠 공인 종목인 스타크래프트, 카운터 스트라이크, 피파 2009 등 3개 종목에 대표 선수를 차출해 내보냈다. 스타크래프트 종목에서 이영호가 금메달, 정명훈이 은메달을 따냈고, 카운터 스트라이크 종목에서 위메이드 폭스가 금메달을 얻었다.

실내 아시아 경기 대회에 대한민국 e스포츠 대표팀이 출전한 사실은 대한체육회가 한국e스포츠협회를 인청단체로 승인한 뒤 파견이 결정돼 큰 의미가 있다. 2009년 9월 15일 대한체육회는 한국e스포츠협회를 인정단체로 승인했고, 한국e스포츠협회가 공인한 종목에 대표 선수가 차출됐기 때문이다.

▲ 제3회 실내 아시아 경기 대회 출정식

나. 대통령배 승격된 전국 아마추어 e스포츠 대회 첫 포문

2007년 출범한 '문화체육관광부장관배 전국 아마추어 e스포츠 대회'는 2008년 9월 대통령배로 승격됐고, 이렇게 승격된 '대통령배 전국 아마추어 e스포츠대회(Korea e-Sports Games, KeG)'가 2009년 처음 개최됐다.

2009년 5월부터 시작된 지역 예선을 거친 '2009 대통령배 KeG'는 전국 16개 시도 순수 아마추어 선수 600여 명이 10월 경상북도 안동시에 모여 열띤 경쟁을 펼쳤고, 광주광역시가 종합우승을 차지했다.

'2009 대통령배 KeG'는 그동안 열린 아마추어 대회보다 체계적인 관리 시스템으로 진행됐다. 공식 홈페이지를 운영해 전 지자체 선수 참가 접수 창구를 하나로 통일하고, 한국 e스포츠 협회에서 직접 선수 데이터 베이스를 확보한 뒤 참가 신청을 받았다. 이를 통해 아마추어 e스포츠 대회에서 가장 문제였던 중복 신청 및 부정 참가를 방지했다.

그 결과 '2009 대통령배 KeG'에서는 종목별, 지역별로 구분된 아마추어 e스포츠 선수 총 4,215명 분 데이터 베이스가 확보됐다. 또한, 지역별 e스포츠 주체 및 관계자 정보도 등록돼 향후 지역 e스포츠 대회 활성화 및 시도지회 설립에도 기여할 수 있는 발판이 마련됐다.

2009년 대회에서는 2008년과 같이 국산 공인 e스포츠 종목별 전문 심판을 양성하면서 2007~2008년 대회 기록과 경험을 바탕으로 규정집과 사례집이 발간됐다. 한국e스포츠협회는 1급 심판 및 종목 대표 심판을 16개 지자체 지역 대표 선발전에 모두 파견해 경기를 관장했고, 아마추어 대회 종목 표준화, 경기 방식 표준화 등 보다 체계적인 지역 아마추어 e스포츠 대회 진행을 위한 기반을 형성했다.

e스포츠 20년사 2010년

2010년

1. 미리보기

2010년은 우리나라 e스포츠 발전과 함께한 스타크래프트와 얽힌 충격적인 사건이 발생한 해다. 프로게이머로 활동하는 동안 수 차례 개인리그에서 우승한 여러 선수들이 대거 승부 조작에 가담한 정황이 밝혀졌고, 여기에 스타크래프트 지식재산권 분쟁도 벌어져 e스포츠 업계에 큰 충격을 줬다.

한국e스포츠협회는 스타크래프트 프로리그와 관련된 불법 베팅 사이트 근절을 위해 지속적으로 모니터링을 실시하고 있었는데, 현역 프로게이머가 해당 사이트를 통해 승부 조작에 가담한 사실이 밝혀지면서 e스포츠 업계에 파장이 일었다.

검찰 수사 결과 불법 베팅 사이트를 운영하던 운영진들이 e메일을 통해 프로e스포츠단 관계자에게 승부 조작을 요청했고, 마재윤, 원종서, 박찬수, 박명수, 문성진, 김창희 등 인기 선수 11명이 가담한 정황이 확인됐다. 이들 11명은 한국e스포츠협회로부터 전원 영구제명 조치를 당했고, 재판 결과 대부분 집행유예를 받으면서 사건이 마무리됐다.

스타크래프트가 현역 프로게이머들이 가담한 승부 조작으로 혼란한 와중, 블리자드 엔터테인먼트(블리자드)와 인터넷 서비스 업체인 그래텍, 한국e스포츠협회, 온게임넷, MBC게임이 맞물린 스타크래프트 지식재산권 분쟁도 일어났다.

이 밖에도 2010년에는 11개로 유지되던 스타크래프트 프로e스포츠단이 이스트로 해체, 하이트-CJ 합병으로 9개로 줄었고, 처음으로 결승전이 중국에서 열리는가 하면, 좌석 예매제가 최초로 도입됐다. 또한, 스타크래프트를 잇는 후속작 스타크래프트 II가 정식 출시되고, '황제' 임요환이 스타크래프트 II로 종목을 전향했다.

2. e스포츠 주체(종목, 선수, 팀, 대회, 주최, 방송, 경기장)

가. 마재윤-원종서 승부 조작 적발 충격

스타크래프트 프로게이머로 활동하면서 수 차례 개인리그 우승을 이끈 마재윤과 함께 활동했던 다른 선수들이 승부 조작에 가담한 사실이 밝혀져 팬은 물론 e스포츠 업계 전체에도 큰 충격을 줬다.

승부 조작이 밝혀지기 전부터 한국e스포츠협회는 불법 도박 사이트 존재 사실을 파악하고 근절을 위해 모니터링을 계속했다. 그런데 당시 불법 도박 사이트를 운영하는 운영진이 e메일로 프로e스포츠단 관계자에게 승부 조작을 요청한 내용이 드러나면서, 현역 프로게이머가 개입한 승부 조작 가능성이 제기됐다.

이에 따라 프로e스포츠단은 각자 내사에 들어갔고, 한국e스포츠협회는 2010년 4월 검찰에 수사를 의뢰했다. 이를 통해 한 달 만에 밝혀진 사실은 아마추어 클랜 운영자와 마재윤, 원종서 등 프로게이머가 불법 도박 사이트를 통해 승부 조작을 부추긴 브로커 역할을 했고, 박찬수, 박명수, 문성진, 김창희 등 선수들이 가담한 정황이었다.

불법 도박 사이트를 통한 승부 조작에 연루된 혐의가 확인된 현역 프로게이머 11명은 한국e스포츠협회로부터 전원 영구제명 조치를 당했고 6월부터 재판을 받았다. 6차에 걸쳐 공판을 받은 연루자들은 10월 22일 형을 선고받았다. 마재윤은 징역 1년에 집행유예 2년, 원종서는 징역 1년 6월에 집행유예 2년 등 대부분 집행유예를 받으면서 사건이 마무리됐다.

승부 조작 사건 이후 스타크래프트 프로리그는 진행 방식이 변경됐다. 09-10 시즌 4라운드부터 상대 선수가 누구인지 알 수 있는 엔트리 예고제가 폐지되고 현장에서 직접 선수를 선발하는 현장 투입 방식으로 바뀌었다.

나. '최종병기' 이영호 천하 평정

2010년은 kt 롤스터의 이영호가 크게 활약했다. 각종 대회 결승에 모두 진출했고 개인뿐만 아니라 팀까지 최고 자리에 올려 놓았다.

이영호는 2010년 열린 개인리그 6개에서 모두 결승에 진출했다. 'EVER 스타리그 2009', '대한항공 스타리그 2010' 시즌 2 우승, '대한항공 스타리그 2010' 시즌 1 준우승으로 스타리그 3회 우승을 달성해 이윤열, 박성준, 이제동에 이어 네 번째 골든 마우스를 손에 넣었다.

MSL에서는 모두 이제동과 상대했는데, '하나대투증권 MSL' 3대0 승리, '빅파일 MSL' 3대2 승리로 2회 연속 우승을 달성했다. 여기에 WCG 스타크래프트 부문에서 이제동, 김구현 등과 함께 출전해 우승을 차지했다. 사상 처음으로 출전한 WCG에서 우승한 이영호는 2010년에만 스타크래프트 개인리그를 모두 한 번씩 우승하는 대기록을 완성했다.

팀 단위 리그인 프로리그에서도 이영호는 09-10 시즌 소속팀 kt 롤스터가 정규 시즌 우승, 위너스리그 우승, 광안리 결승전 우승 등 한 차례 위기도 없이 모든 대회를 우승하는 데 일조했다. 개인적으로는 시즌 57승이라는 역대 최다승으로 다승왕에 올랐다. 3년 연속 프로리그 다승왕을 수상하는 진기록도 세웠다.

이런 활약 끝에 이영호는 평생 라이벌 이제동을 제치고 '제5회 대한민국 e스포츠 대상'에서 '올해의 선수상'을 수상했다.

▲ kt 롤스터 '최종병기' 이영호

다. 블리자드-한국e스포츠협회, 스타크래프트 지식재산권 분쟁 발발

블리자드 엔터테인먼트^(블리자드)는 2010년 4월 스타크래프트 Ⅱ 출시를 앞두고 한국e스포츠협회와 협상 중단을 선언하면서 본격적으로 스타크래프트와 관련한 지식재산권 분쟁이 시작됐다.

한국에서 블리자드는 인터넷 서비스 업체인 그래텍에게 한국e스포츠 대회 및 중계, 방송에 대한 독점적인 권리를 양도하고, 협상 대리인으로 세웠다. 이후 양사는 지식재산권 보호를 요구하면서 리그별로 블리자드에 1억 원씩 내야 한다는 조건을 제시했다.

그런데 조건에 따르면 1년 단위로 열리는 프로리그는 큰 문제가 없다 해도, 1년에 3번씩 대회를 여는 온게임넷 스타리그, MBC게임 MSL은 대회를 열 때마다 1억 원씩 내야 했다. 여기에 VOD 등 서브 라이선스 비용과 후원사 선정 시 블리자드와 그래텍에도 비용까지 들어가면 상당한 액수가 됐다.

이런 조건이 제시되자, 한국e스포츠협회, 온게임넷, MBC게임은 공조 체제를 형성했는데, 2010년 5월 31일 기자회견 현장에서 "스타크래프트가 스포츠로 성장하면서, 보는 스포츠로 정착된 만큼 스포츠가 가지는 공공의 성격 역시 가지고 있다고 봐야한다"고 주장했다. 다만 이 주장이 원저작자의 IP권리를 무시하고 공공재를 주장하는 것으로 오보돼 논란이 확산됐다.

이후 블리자드 협상 대리인인 그래텍과 한국 e스포츠협회는 9차에 걸친 협상을 진행했지만, 타협점이 나오지 않았다. 협상이 한창 진행 중이던 10월 말, 미국 애너하임에서 열린 블리자드 자체 게임쇼 '블리즈컨'에서 블리자드 폴 샘즈 COO가 MBC게임과 온게임넷을 상대로 소송을 제기했다고 발표했다. 실제로 11월 1일과 5일 각각 소장이 접수되면서 지식재산권 분쟁은 법정에서 판단이 이뤄지게 됐다.

해당 소송은 2010년 12월 10일 첫 변론이 열렸다. 서울중앙지방법원 제12민사부는 블리자드, 그래텍, MBC게임 변호인을 불러 변론을 진행했다. MBC게임 측은 "조정에 불응하는 건 아니지만, 이미 소송이 제기된 상황이고 게임이라는 저작물에 대한 사용^(권리) 범위가 명확하지 않으므로, 이에 대해 법원으로부터 판결로 판단을 받고 싶다"는 뜻을 밝혔다.

이런 과정으로 블리자드와 그래텍이 제기한 소송은 2011년 1월과 3월 공판이 열렸고, 양측이 2년 동안 라이선스 계약을 맺기로 합의하면서 지식재산권 분쟁도 마무리됐다.

라. 블리자드 스타크래프트 II 공식 출시

블리자드 엔터테인먼트^(블리자드)는 2010년 7월 27일 스타크래프트 II를 공식 출시했다. 한국에서는 e스포츠라는 문화가 형성될 수 있도록 기여한 스타크래프트 뒤를 잇는 차세대 e스포츠 종목으로 기대를 받았고, 전 세계적으로도 관심이 집중됐다.

스타크래프트 II: 자유의 날개는 출시된 후 세계관과 스토리, 유닛 구성 등은 스타크래프트를 계승하면서, 워크래프트 3에서 선보인 인터페이스를 접목시켰다. 이를 통해 RTS^(Real-Time Strategy, 실시간 전략) 게임으로 새로운 장을 개척했다는 평가를 받았고, 발매 1개월 만에 300만 장 이상이 판매됐다.

하지만 한국에서 인기 게임을 평가하는 잣대인 PC방 순위에서는 큰 반향을 일으키지 못했다. 초기에는 10위 권에 들어오기도 했지만, 원작인 스타크래프트를 한 번도 넘어서지 못했다. 블리자드가 한국에 서비스되는 스타크래프트 II를 온라인 다운로드 방식으로만 판매하며 PC방 흥행 몰이는 실패했다.

블리자드와 그래텍, 한국e스포츠협회와 온게임넷, MBC게임 등이 지식재산권 분쟁을 벌이는 와중에 스타크래프트 II는 공식리그인 '글로벌 스타크래프트 II 리그(Global Starcraft 2 League, GSL)' 막을 올리고 세 번이나 대회를 개최하면서 기반을 닦았다.

TG 삼보와 인텔이 후원한 첫 시즌은 2010년 8월 27일과 28일 이틀간 예선을 진행했는데, 참가자가 2천여 명이 몰려 화제가 됐다. 9월 4일부터 64강을 진행한 GSL은 10월 2일 KBS 88체육관에서 결승전을 치렀고, 스타크래프트 시절 프로선수로 활동했던 김원기와 김성제가 맞붙어 4대1로 김원기가 승리, 초대 챔피언이 됐다.

소니 에릭슨 후원으로 시작한 두 번째 시즌은 휴식기 없이 곧바로 시작됐다. 10월 9일부터 12일까지 예선이 열렸고 스타크래프트 프로 선수로 활동한 임요환, 이윤열, 정종현, 박성준 등이 참가했다. 여기에 워크래프트 3 선수였던 장재호, 김성식, 박준, 윤덕만도 출전했다.

당시 SK텔레콤 T1 소속으로, 64강 본선에 진출한 임요환은 이 대회 참가 후 팀을 나왔고, 이윤열, 정종헌, 박성준은 스타크래프트 프로게이머 은퇴를 선언했다. 임요환이 진출한 본선은 실시간으로 경기를 보기 위해 77만 명이 몰리면서 서버가 불안정해지기도 했다.

이후 임요환은 8강에서 이윤열을 꺾었지만, 4강에서 임재덕에게 0대4로 완패했다. 이를 통해 결승에 진출한 임재덕은 11월 13일 장충체육관에서 열린 결승전에서 이정훈을 4대3으로 물리치고 데뷔 10년 만에 첫 우승을 차지했다.

세 번째 시즌도 곧바로 이어졌다. 11월 22일 본선을 시작한 GSL 시즌 3에서는 임요환이 32강에서 탈락하고 시즌 2 우승자인 임재덕이 8강에서 떨어지면서 박서용, 조나단 월시, 안홍욱, 장민철 등 신예들이 4강에 올랐다. 12월 18일 열린 결승전에서는 장민철이 박서용을 4대1로 꺾고 첫 우승을 거머쥐었다.

▲ 스타크래프트 Ⅱ: 자유의 날개

마. '황제' 임요환, 스타크래프트 Ⅱ로 종목 전환

스타크래프트 역사를 시작했고, e스포츠가 태동하는 요인을 만든 '황제' 임요환이 스타크래프트 Ⅱ 선수로 전환했다. 2009년 공군 에이스 제대 이후 SK텔레콤 T1으로 복귀해 프로리그 우승을 달성한 임요환은 팬카페를 통해 스타크래프트 Ⅱ로 종목 전향을 공식 선언했다.

2010년 10월 초 팬카페를 통해 전향 의사를 밝힌 임요환은 "상황이 여의치 않아 침묵하고 있었으나 이제는 새로운 도전을 시작할 때"라며 "팬들과 약속했던 30대 프로게이머라는 길을 계속 가겠다"고 포부를 밝혔다.

▲ SK텔레콤 T1 '황제' 임요환

임요환은 GSL 시즌 2에서 전승으로 예선을 통과한 뒤 본선 4강까지 올라 녹슬지 않은 실력을 과시했다. 64강에서 경기했을 때에는 경기를 보기 위해 77만 명이 동시 접속을 시도해 화제가 됐다. 이후 이윤열, 박성준 등 스타크래프트 우승자들이 차례대로 스타크래프트 II로 종목을 전환하면서 도전장을 던졌다.

이름	종족	시즌	전체			개인			팀플		
			승	패	승률	승	패	승률	승	패	승률
임요한	Terran	정규	51	65	44.0%	43	53	44.8%	8	12	40.0%
		포스트 시즌	5	5	50.5%	3	3	50.0%	2	2	50.5%

▲ 임요환 스타크래프트 양대 개인리그 통산 전적

바. 해단-합병으로 프로e스포츠단 감소

'신한은행 프로리그 09-10'시즌까지 11개로 유지되던 기업 프로e스포츠단 숫자가 이스트로 해단, 하이트-CJ 합병 등으로 9개까지 감소했다.

이스트로를 운영하던 IEG는 2010년 8월 이사회를 통해 e스포츠를 활용한 수익 사업을 위해 게임단을 운영했지만, 경기 불황 등 여러 요인으로 인해 더 이상 끌고 가기 어렵다고 판단해 게임단 운영을 포기하고 한국e스포츠협회에 경영을 맡겼다.

창단 4년 만에 사실상 해체를 선언한 이스트로를 맡은 한국e스포츠협회는 대기업과 연결해 새롭게 팀을 꾸려나갈 수 있도록 힘을 썼지만, 불발되고 말았다. 이후 IEG는 공식적으로 게임단 해단을 선언했고 이스트로 소속 선수들은 다른 팀에 드래프트가 결정돼 선수 생활을 이어갔다.

하이트 스파키즈와 CJ 엔투스는 기업 합병으로 인해 프로e스포츠단까지 합병된 특이한 케이스다. 2010년 5월 CJ미디어가 온미디어를 흡수하면서, 하이트 스파키즈 게임단과 CJ엔투스 게임단도 언젠가 합쳐질 가능성이 생겼고, 실제로 합쳐졌다.

온게임넷은 모기업인 온미디어가 CJ 미디어에 합병되면서 운영 중이던 하이트 스파키즈를 하이트 엔투스라는 이름으로 운영했다. CJ 프로e스포츠단을 운영하던 CJ스포츠단은 이 과정에서 스타크래프트 선수단과 스페셜포스 팀을 고용 승계했다.

CJ 엔투스 김동우 감독 대행이 총괄 감독직을 수행하게 됐고, 이재훈, 주진철, 전태규 코치가 이를 보좌했다. 기존 하이트 스파키즈 이명근 감독은 고문을 맡았다. 이후 하이트 엔투스는 2011년 5월 하이트 맥주와 네이밍 후원 계약이 만료되면서 CJ 엔투스라는 이름을 되찾았다.

사. 서든어택 명문팀의 탄생

강건, 방민혁, 이한울 등으로 구성된 서든어택 팀 e.sports-united는 2008년 서든어택 마스터리그 1차 우승을 시작으로 같은 해 4차, 5차 리그를 우승하고, 서든어택 슈퍼리그 1, 2차까지 우승하면서 강팀으로 떠올랐다. 2009년에는 1차 슈퍼리그 우승과 함께 대한민국 e스포츠 대상 서든어택 부문에서 최우수 팀상을 수상하기도 했으며, 2010년에는 서든 어택 2차 슈퍼리그를 우승하며 오랫동안 강호의 면모를 유지했다.

3. 제도(협회, 제도, 정부, 기관)
가. 조기행 사장 한국e스포츠협회장 선임 및 국제 e스포츠 심포지엄 개최

▲ 국제e스포츠연맹 조기행 회장

한국e스포츠협회는 2010년 3월 4일 열린 '제1차 정기 이사회 및 총회'에서 SK텔레콤 조기행 GMS 사장을 새로운 협회장으로 선임했다. SK텔레콤 사내 보직 변경으로 한국e스포츠협회장에서 물러난 서진우 전임 협회장을 대신해 조기행 GMS 사장을 새로 선임했다.

한국IT비지니스 협회장을 맡아 IT 관련 업계에도 인지도가 높았던 조기행 협회장은 SK에너지 경영지원부문장, SK네트웍스 경영서비스컴퍼니 사장 등을 역임했고, 2009년 1월 SK텔레콤 사내독립기업인^(Company In Company, CIC) GMS^(Global Management Service)부문 사장에 취임했다.

국제e스포츠연맹 회장에도 취임한 조기행 한국e스포츠 협회장은 이후 한국콘텐츠진흥원, 국제e스포츠연맹이 주최하고 문화체육관광부, 대구광역시, 대구 디지털산업진흥원이

후원하는 '2010 국제 e스포츠 심포지엄'을 10월 30일 대구전시컨벤션센터 국제회의실에서 개최했다.

5회째를 맞은 국제 e스포츠 심포지엄은 한국, 네덜란드, 중국, 인도 외 11개국 e스포츠 관련 단체, 정부, 미디어 관계자가 참석했고 국내에서도 e스포츠 학계, 게임업체 등 150여 명이 참석해 e스포츠 지속성장을 위한 토론을 진행했다.

'하나의 e스포츠 세상을 위해'라는 슬로건 하에 'e스포츠가 디지털 사회에서 근대 스포츠를 뛰어넘는 문화 자본이 되기 위해서는 사회문화적 가치를 창출해야 한다'는 주제 발표를 시작으로, 'IESF가 국제경기연맹총연합회 성격을 가진 스포츠어코드 회원이 돼야 한다', 'e스포츠가 발전하려면 개발사, 퍼블리셔, 스폰서의 화합을 통해 리그의 자립성을 확보해야 한다', '선수 초상권은 보장돼야 하지만 실연자로서 권리는 인정될 수 없다' 등 5가지 주제가 발표됐다.

▲ 2010 국제 e스포츠 심포지엄

4. 변화(제작사, 유통사, 기업 참여, 저변, 아마추어, 팬클럽, 커뮤니티, 미디어)

가. 중국 개최 스타리그 결승 '화제 만발'

한국 e스포츠 리그인 '대한항공 스타리그 2010' 시즌 2 결승전이 중국에서 개최돼 화제가 됐다. 온게임넷은 2010년 9월 11일 중국 상하이 동방명주 앞 광장에서 결승전을 개최했다. 지금까지 국제 e스포츠 대회 결승전이 해외에서 열린 적은 있지만, 국내 개인리그 결승전이 해외에서 개최된 적은 처음이라 관심이 집중됐다.

온게임넷은 시즌이 한창 진행 중이던 8월에 결승전을 중국 상하이에서 개최한다고 전했다. 최종 장소는 아시아에서 가장 높은 송수신탑이자, 중국으로 들어오는 세계 소식이 가장 먼저 모이고 중국 소식이 세계로 전파되는 '동방명주(東方明珠)'로 정해졌다. 동방명주는 정보 수집소이므로, 중국에서도 행사를 개최하기 매우 어려운 장소였다.

중국 관중들이 보낸 열기도 대단했다. 이영호와 이제동을 인터넷으로만 접하던 중국 팬들은 비가 내리던 악천후에도 경기 시작 5시간 전부터 인산인해를 이뤘다. 이렇게 화제가 된 결승전 우승자는 kt 롤스터 이영호다. 이영호는 이제동을 3대1로 제압하고 2회 연속 스타리그 우승, 네 번째 3회 우승자라는 기록을 달성했다.

나. 프로리그 결승전 사상 첫 유료 좌석 예매제 시행

프로리그에서 처음으로 광안리 결승전에 온라인 좌석 예매제가 시행됐다. 2010년 8월 7일 광안리에서 개최된 '신한은행 프로리그 09-10' 시즌 결승전은 7월 20일부터 온라인 입장권 예매를 시작했고 좌석당 3천 원에 판매했다.

이전까지 프로리그 결승전은 선착순 입장이었기에 현장에서 경기를 보려는 팬들은 오랜 시간 대기해야 했지만, 예매 제도가 도입되면서 불편함을 줄일 수 있었다. 한국e스포츠협회는 발권 시스템 비용 및 수수료 등을 제외한 수익금 전액을 e스포츠 팬과 프로리그 이름으로 사회공헌 기금으로 사용했다.

e스포츠 20년사 2011년

1. 미리보기

2. e스포츠 주체(종목, 선수, 팀, 대회, 주최, 방송, 경기장)

   가. 스타크래프트 지식재산권 법정 공방 마무리

   나. '폭풍 저그' 홍진호, 은퇴 선언

   다. 프로리그 결승전, 中 상하이 개최 무산

   라. kt 롤스터, 프로리그 2연패

   마. 프로e스포츠단 연이은 해단과 제8게임단 창단

   바. 공식전 통산 400승 달성한 이제동과 우승 후 수술대 오른 이영호

   사. 스타테일, 한국 첫 LoL 프로e스포츠단 창단

   아. 한국, WCG 4연패 및 통산 7회 우승 달성

3. 제도(협회, 제도, 정부, 기관)

   가. e스포츠진흥법 본회의 통과

   나. SK텔레콤, 4기 협회장사 연임

4. 변화(제작사, 유통사, 기업 참여, 저변, 아마추어, 팬클럽, 커뮤니티, 미디어)

   가. GSL 결승전, 블리즈컨 2011서 개최

   나. MBC게임, 음악 채널로 변경

2011년

1. 미리보기

2011년은 한국 e스포츠와 10년 이상 함께한 블리자드 엔터테인먼트 스타크래프트 지식재산권 분쟁이 마무리된 해다. 이와 함께 스타크래프트 프로리그는 참가했던 프로e스포츠단이 잇따라 해단되면서 조금씩 불안한 모습을 보여줬다.

블리자드 엔터테인먼트와 그래텍, 한국e스포츠협회와 온게임넷, MBC게임이 얽혀있던 스타크래프트 지식재산권 갈등이 2년 농안 유지될 라이선스 계약 제결로 일단락됐다. 계약 체결을 통해 양측은 반목을 해소하고 협력 체계를 구축하기로 했다.

지식재산권 분쟁은 잘 마무리됐지만, 스타크래프트 프로리그에 참가하던 프로e스포츠단 위메이드 폭스, 화승 오즈, MBC게임 히어로가 해단됐다. 한국e스포츠협회는 해단한 게임단을 인수, 창단할 기업을 물색했으나 잘 되지 않았고, 결국 '제8게임단'이라는 이름으로 관련 선수들을 프로리그에 출전시켰다.

제8게임단으로 스타크래프트 프로리그에 나선 '폭군' 이제동은 사상 처음으로 공식전 400승이라는 신기록을 달성했다. 400승을 달성할 동안 이제동은 스타리그 3회, MSL 2회 등 개인리그 5번 우승과 2번에 걸친 '올해의 선수상' 수상, 프로리그 정규시즌 MVP와 개인 다승왕을 동시에 수상하는 저력을 보였다.

2000년 데뷔한 후 적지 않은 대회에서 준우승을 차지해 온 '폭풍 저그' 홍진호는 공군 에이스로 활동하다 전역한 후 kt 롤스터로 복귀했지만, 뚜렷한 성적을 내지 못하고 은퇴를 결심했다. 2001년 겜비씨라는 이름으로 개국한 MBC게임도 MBC뮤직이라는 음악 채널 개국을 이유로 폐국됐다.

이 밖에도 정보화시대에 새로운 문화로 부각되고 고부가가치 문화산업임에도 법적, 제도적 근거가 미비해 장기적이고 체계적인 진흥 정책이 마련되기 어려웠던 e스포츠를 위해 2009년 발의된 e스포츠 진흥에 관한 법률안이 국회 본회의를 통과하면서, 국내 e스포츠 환경 개선에 여력이 생겼다.

2. e스포츠 주체(종목, 선수, 팀, 대회, 주최, 방송, 경기장)
가. 스타크래프트 지식재산권 법정 공방 마무리

2010년 법정 분쟁까지 확산됐던 블리자드 엔터테인먼트(블리자드)와 그래텍, 한국e스포츠협회와 온게임넷, MBC게임 간 지식재산권 갈등이 라이선스 협약 체결로 해결됐다.

한국 e스포츠협회와 온게임넷, MBC게임, 블리자드는 2011년 5월 17일 스타크래프트 라이선스 협약을 체결하고 협력 체계를 구축하기로 했다. 이를 통해 각 방송사는 지식재산권에 따른 대회 개최 비용에 대한 부담 없이 리그를 진행할 수 있게 됐다.

스타크래프트 지식재산권 사건 일지
- 2006년
   11월 1일: 한국e스포츠협회, 연말 회의에서 스타크래프트 리그 중계권 공개입찰 방식 결정
- 2007년
   2월 5일: 한국e스포츠협회, IEG와 스타크래프트 프로리그 중계권 계약, 방송사 반발
   3월 16일: 한국e스포츠협회 주도로 일부 게임단, MBC게임 개인리그 예선 보이콧
   3월 20일: 온게임넷–MBC게임, 한국e스포츠협회 중계권 요구 수용
   9월: 블리자드, 한국e스포츠협회, 온게임넷, MBC게임 스타리그 협상 시작
- 2008년
   2월 17일: 그래텍, 블리자드 공인 스타리그 '곰TV 인비테이셔널' 개최
   4월 13일: 그래텍 곰TV 인비테이셔널, 곰TV 클래식으로 명칭 변경
- 2009년
   9월: 그래텍, 게임단 잇따른 불참으로 곰TV 클래식 개최 포기.
- 2010년
   4월 25일: 블리자드 마이크 모하임 대표, 한국e스포츠협회와 스타크래프트 Ⅱ 협상 중단 발표
   5월 3일: 한국e스포츠협회, 협상 내용 공개
   5월 26일: 블리자드, 그래텍과 e스포츠 독점계약 및 기존 스타리그8월까지 허용, 이후 협상 그래텍 담당 선언

5월 31일: 한국e스포츠협회, 기자회견에서 'e스포츠가 가지는 스포츠적 공공의 성격을 지녔다' 발언

7월 20일: 한국콘텐츠진흥원, 협상 중재자로 참가

8월 10일: 온게임넷, 그래텍과 대한항공 스타리그 방송권 계약

10월 7일: 국회 e스포츠 콘텐츠 공청회 개최, e스포츠법 입법 시사

10월 12일: 그래텍, 한국e스포츠협회에 "프로리그 강행 시 협상 없다" 최후통첩

10월 16일: 한국e스포츠협회 스타크래프트 프로리그 10-11시즌 강행, 그래텍 중계료 1억 원 조건 공개

10월 23일: 블리자드 COO(최고운영책임자) 폴 샘즈, 블리즈컨 2010에서 MBC게임 대상 소송 준비 중 발표

10월 26일: MBC게임, 스타크래프트 개인리그 MSL 강행

10월 27일: 한국e스포츠협회, 스타크래프트 이외 게임도 협상 대상 주장

11월 1일: 블리자드와 그래텍, MBC게임에 소송 제기

11월 3일: 온게임넷, 스타크래프트 개인리그 2010 시즌 강행

11월 4일: 블리자드와 그래텍, 온게임넷에 소송 제기

12월 2일: 블리자드 COO 폴 샘즈 방한, "한국만 e스포츠 분쟁 겪고 있다" 비판

12월 10일: 블리자드-그래텍 vs MBC게임 지식재산권 침해 소송 1차 공판 진행

▪ 2011년

1월 28일: 블리자드-그래텍 vs MBC게임 지식재산권 침해 소송 2차 공판 진행

3월 18일: 블리자드-그래텍 vs MBC게임 지식재산권 침해 소송 3차 공판 진행, 양측 반박 서한은 4월 30일까지 제출 유도

5월 13일: 블리자드 vs MBC게임 지식재산권 침해 소송 4차 공판 진행 예정, 공판 연기

5월 17일: 블리자드 vs 방송국-한국e스포츠협회 공조 지식재산권 분쟁 종료, 2년간 라이선스 계약 합의

나. '폭풍 저그' 홍진호, 은퇴 선언

'폭풍 저그'라는 별명으로 큰 사랑을 받았던 홍진호가 선수 생활 10년을 마무리했다. 홍진호는 2011년 6월 25일 '신한은행 프로리그 10-11' 시즌 6라운드 4주차 위메이드 폭스와 경기에 앞서 은퇴식을 가졌다.

2000년 데뷔한 홍진호는 2001년 '한빛 소프트 온게임넷 스타리그'에서 8강에 오르면서 이름을 알렸다. 2011년

▲ KTF매직엔스 당시 '폭풍 저그' 홍진호

'코카콜라 온게임넷 스타리그'에서 결승에 진출해 임요환과 풀세트 접전을 펼쳤지만, 아쉽게 패하면서 준우승을 차지했다.

이후 홍진호는 'MSL' 전신인 'KPGA 투어' 1차 시즌에서 준우승을 차지했고, 2차에서도 이윤열에게 패하면서 준우승에 머물렀다. 2002년 WCG 스타크래프트 종목에서도 임요환에게 패해 준우승을 달성했고 2003년 '올림푸스 스타리그'에서 서지훈에게 패해 준우승, 'TG삼보 MSL'에서도 최연성에게 패하면서 준우승했다.

홍진호는 이후에도 공식 개인리그에서 계속 준우승을 차지했고 소속 팀도 팀 단위 리그에서 연이어 준우승을 차지해 '2위의 아이콘'으로 자리 잡았다. 마지막 공식전이었던 2009년 'IESF 스타 인비테이셔널 클래식'에서도 이윤열에게 패하면서 준우승에 머물렀다.

공군 에이스 소속이던 2010년, kt 롤스터가 숙적 SK텔레콤 T1을 격파하는 모습을 지켜본 홍진호는 2010년 12월 전역 이후 kt 롤스터로 복귀했지만, 이렇다 할 성적을 내지 못하면서 은퇴를 결심했다.

연도	대회명 및 실적
2001	– 2001 코카콜라배 온게임넷 스타리그 준우승 – KPGA TOUR 1차 리그 준우승
2002	– 2002 KPGA TOUR 1차 리그 준우승 – 리복배 KPGA TOUR 2차 리그 준우승 – WCG 브루드 워 부문 준우승
2003	– Olympus배 온게임넷 스타리그 준우승 – TG삼보 MSL 준우승
2004	– SKY 프로리그 3Round 준우승
2005	– SKY 프로리그 전기리그 준우승

▲ 홍진호 역대 성적

다. 프로리그 결승전, 中 상하이 개최 무산

중국 상하이에서 열릴 예정이었던 '신한은행 프로리그 10–11 시즌 결승전'이 태풍을 우려한 중국 측 반대로 무산됐다. 그동안 부산 광안리 해수욕장에서 매년 개최된 프로리그 결승전은 SK텔레콤 T1과 kt 롤스터라는 이동 통신사 라이벌 대결이었기에 중국 팬 시선을 끌어올 수 있다는 판단 하에 중국 개최가 진행됐다.

이에 따라 결승에 출전하는 두 팀 선수단은 물론, 프로리그에 참가한 팀 대표 선수와 감독, 사무국까지 모두 중국으로 건너갔다. 8월 6일 열릴 결승에 앞서 8월 4일부터 상하이 세기 광장에서 행사를 준비했다.

하지만 상하이 시 정부는 9호 태풍 '무이파' 상륙으로 큰 피해를 입을 수 있다는 가능성을 보고 8월 6일 오후 2시부터 대규모 인원이 모이는 모든 행사에 취소 명령을 내렸다. 실제로 상하이 남쪽에 위치한 저장성에서는 20만 명을 사전에 대피시키는 등 강력한 조치를 취했다.

상하이 세기 광장에서 행사를 준비해 온 한국e스포츠협회와 온게임넷은 상하이 시 정부를 수 차례 설득했지만, 상하이 시 정부는 완고한 입장을 고수했다. 그러나 결국 비 한 방울 내리지 않은 상황에서도 결승전은 열리지 못했다.

스타크래프트 프로리그 해외 결승 개최는 굉장히 중요한 일이었다. 2010년 발생한 승부 조작 사건과 지식재산권 분쟁으로 e스포츠 업계에 대한 시선이 곱지 않은 상황이었고, 이스트로의 몇몇 프로게임단도 운영 중단 의사를 내비쳤기 때문에 꼭 성공시켜야 하는 중요한 경기였다.

한국e스포츠협회에서도 2010년 중국 동방명주에서 열린 대한항공 스타리그 시즌 2 결승전과 같이 e스포츠 대회가 외국에서 큰 관중을 몰 수 있는 핵심 콘텐츠라는 사실을 보여주고 싶어 추진했다. 그러나 중국 정부 반대로 결승은 무산되고 말았고, 한국 e스포츠 콘텐츠가 외국에서도 통할지 확인할 기회를 놓치고 말았다.

이후 스타크래프트 프로리그 결승전은 8월 19일 서울 광진구 어린이대공원 숲 속의 무대에서 열렸다. 경기 결과 kt 롤스터는 창단 후 처음으로 2년 연속 우승을 달성했고 사상 최초로 SK텔레콤 T1이라는 같은 팀을 상대로 연속 우승을 달성했다.

라. kt 롤스터, 프로리그 2연패

kt 롤스터는 이영호를 앞세워 09-10 시즌에 이어 10-11 시즌에도 프로리그 정상에 올라 명문 게임단으로 입지를 다졌다.

'신한은행 프로리그 10-11' 시즌은 09-10 시즌보다 참가팀이 2개나 줄었다. IEG가 운영하던 이스트로는 해단됐고 하이트 스파키즈와 CJ 엔투스는 기업 합병으로 합쳐졌다. 그 결과 10-11 시즌에는 10개 팀으로 리그가 진행됐다.

팀은 줄었지만, 경기 수는 비슷한 수준으로 유지됐다. 5라운드로 진행됐던 09-10 시즌과 달리 6라운드로 한 라운드를 늘렸고 승자 연전 방식 위너스리그도 3, 4라운드에 배치됐다. 1대1 매치업 방식 경기를 5전 3선승제에서 7전 4선승제로 늘리면서 정규 시즌과 포스트 시즌이 모두 7전 4선승제로 진행됐다.

정규 시즌에서는 SK텔레콤 T1이 1위를 기록했다. 프로리그 단일 시즌 최다승을 기록한 프로토스 김택용을 앞세워 승승장구했다. 1라운드 시작부터 배정된 9경기를 모두 승리한 SK텔레콤 T1은 10연승으로 이어나갔고, 5라운드 마지막 경기부터 6라운드까지 또다시 연승을 기록하면서 두 차례 10연승을 달성했다.

이 과정에서 SK텔레콤 T1은 10-11 시즌에 배정된 54경기 가운데 39승을 달성하면서 역대 최다승으로 정규 시즌 1위에 올랐다. 팀 상승세를 주도한 김택용은 09-10 시즌 kt 롤스터 이영호가 달성한 57승을 훌쩍 넘긴 63승으로 역대 최다승 기록을 세웠다.

kt 롤스터는 정규 시즌 1, 2라운드에서 최하위를 기록했다. 그런데 승자 연전 방식으로 진행된 위너스리그에서 1위를 달성해 상승세를 탔고, 5, 6라운드에서도 안정적으로 승수를 보태면서 정규 시즌을 3위로 마무리했다.

이후 포스트 시즌에 진출한 kt 롤스터는 STX 소울, 웅진 스타즈, CJ 엔투스를 격파하고 결승전에서 SK텔레콤 T1마저 꺾으면서 포스트 시즌 최강자에 등극했다. 09-10 시즌 정규 시즌 1위, 위너스리그 우승, 시즌 최종 우승 등을 달성한 kt 롤스터는 10-11 시즌 정규 시즌 3위, 위너스리그 준우승에 그쳐 하락세를 보이는 듯했지만, 포스트 시즌에서 집중력을 살리면서 2년 연속 패권을 거머쥐었다.

▲ 스타크래프트 프로리그 09-10 시즌 우승한 kt 롤스터

마. 프로e스포츠단 연이은 해단과 제8게임단 창단

2011년은 프로리그에 참가하고 있던 프로e스포츠단들이 연쇄적으로 해단을 선언하면서 판세가 변화했다. '신한은행 프로리그 10-11' 시즌 결승전이 끝난 직후 위메이드는 프로e스포츠단 폭스를 해단했고 이후 화승 오즈, MBC게임 히어로가 프로e스포츠단 운영을 중단했다.

게임 개발사인 위메이드는 사실 2010년 말 게임단 해단을 언급했었다. 경기도 파주에서 열린 프로e스포츠단 축구 대회를 마친 후 사무국 모임에서 해단 의사를 밝혔지만, 한국e스포츠협회와 다른 게임단이 10-11 시즌까지 유지해 달라는 요청을 받아들여 시즌을 완주했다.

화승 오즈는 오프라인 마케팅에 주력하려는 이유로 프로e스포츠단 운영을 중단하기로 했고, MBC게임은 채널을 음악 쪽으로 개편하면서 게임단까지 포기하기로 결정했다. 실제로 MBC게임은 2011년 11월 30일자로 방송심의위원회에 채널 변경을 신청했고, 게임 방송국을 폐국시킨 뒤 음악 채널을 개설했다.

이렇게 게임단이 3개나 해단되면서 e스포츠 업계는 술렁였다. 스타크래프트를 중심으로 리그를 꾸려 왔고 기업팀들이 연이어 게임단을 창단해 호황을 맞았던 e스포츠 업계였지만, 더 이상 파괴력을 갖지 못하는 게 아니냐며 우려하는 목소리가 나왔다.

이에 한국e스포츠협회는 해단된 게임단을 인수, 창단할 기업을 물색했으나 작업이 원활하게 되지 않았다. 일부 기업들과 접촉이 이뤄졌지만 최종적으로 결정되지 않으면서 프로리그 개막이 늦춰졌다.

한국e스포츠협회는 해단된 3개 게임단 선수 가운데 화승 오즈 이제동, 박준오, MBC게임 염보성, 김재훈, 박수범, 위메이드 폭스 전태양 등 프로리그 10-11 시즌 성적이 우수한 선수들을 보호 선수로 묶어 놓고 선수 32명을 포스팅하면서 다른 게임단으로 이적을 허용했다. 이후 보호 선수들은 전 SK텔레콤 T1 주훈 감독, 화승 오즈 한상용 코치를 선임해 '제8게임단'이라는 이름으로 프로리그 출전이 허용됐다.

▲ 제8게임단

바. 공식전 통산 400승 달성한 이제동과 우승 후 수술대 오른 이영호

제8게임단 이제동이 공식전 통산 400승 대기록을 세웠다. 이제동은 2011년 12월 21일 SK플래닛 스타크래프트 프로리그 시즌 1 삼성전자 칸과 경기에서 두 번째 선수로 출전해 신노열을 제압하고 스타크래프트 최초 공식전 400승 신기록을 달성했다.

데뷔 첫해 '스카이 2006 프로리그'에서 전기, 후기 통합 16승 6패를 기록하고 '2007 e 스포츠대상'에서 신인상을 수상한 이제동은 5년 7개월 15일 만에 스타크래프트 공식전 400승을 달성했다. 이 과정에서 이제동은 스타리그 3회, MSL 2회 등 개인리그 우승 5번 과 2007년, 2009년 e스포츠대상에서 '올해의 선수상'을 차지했다. 2009년에는 프로리그 정규시즌 MVP와 개인 다승왕을 동시에 수상하기도 했다.

이에 앞서 kt 롤스터를 프로리그 2연속 우승으로 이끈 주인공인 '최종병기' 이영호는 수술대에 올랐다. 이영호는 2011년 9월 19일 건국대학교 병원에서 신경감압술을 받았다. 요골 신경 포착 증후군이라는 병을 얻은 이영호는 3월부터 손목과 어깨 등 오른팔 전반에 통증을 호소했고 MRI 촬영도 수 차례 받았다.

요골 신경은 목에서 어깨를 거쳐 손목으로 신경을 보내는 기관인데, 이영호는 중간 삼두박근 근육이 신경을 누르고 있어 신경이 원활하게 이루어지지 않아 통증을 유발했다. 당시 이영호는 프로리그 결승전 현장에서도 통증이 계속되면서 전담 마사지사를 대동해 결승전을 치르기도 했다.

수술 후 이영호는 kt 롤스터에서 지원을 받아 강원도 횡성의 휘닉스파크 JDI 센터에서 재활 훈련을 받았고 상태가 호전돼 선수 생활을 이어갔다.

사. 스타테일, 한국 첫 LoL 프로e스포츠단 창단

스타크래프트 Ⅱ 프로e스포츠단인 스타테일이 한국에서 처음으로 리그 오브 레전드 프로e스포츠단을 창단하고 '꼬마' 김정균, '비타민' 이형준, '마파' 원상연, '조커' 고동빈, '류' 류상욱 등을 선수로 선발했다. 고동빈은 탑, 주장인 김정균은 정글러, 류상욱은 미드 라이너, 이형준은 원거리 딜러, 원상현은 서포터이다.

▲ 스타테일

스타테일은 라이엇 게임즈가 리그 오브 레전드를 한국에 정식 서비스하지 않은 시점에서 창단돼 화제가 됐다. 또한, 스타크래프트 Ⅱ 중심인 당시 게임단 중에 유일하게 2가지 종목을 운영하는 첫번째 팀이었다. 그러나 스타테일은 1년이 채 되지 않아 선수들을 다른 팀으로 이적시킨 후 해단됐다.

아. 한국, WCG 4연패 및 통산 7회 우승 달성

8년 만에 한국에서 열린 월드 사이버 게임즈(WCG)에서 주최국인 한국이 4연패를 달성했다. 한국은 역대 최고 성적인 금메달 4개, 은메달 2개, 동메달 1개로 WCG 4연패와 통산 7번째 WCG 종합 우승을 차지했다

우리나라는 2011년 11월 8일 부산 벡스코에서 개최된 'WCG 2011 그랜드 파이널'에서 11월 10일 워크래프트 3 박준이 획득한 금메달을 시작으로 스페셜포스 어널, 월드 오브 워크래프트의 OMG, 스타크래프트 Ⅱ의 정종현이 금메달을 따면서 역대 최고의 성적으로 우승을 확정했다.

전통적인 효자종목 스타크래프트가 빠지고 스타크래프트 Ⅱ가 포함된 이번 대회에서 한국은 스타크래프트 Ⅱ는 물론 워크래프트 3 종목에서도 우승하면서 2001년, 2002년, 2006년, 2008년, 2009년과 2010년에 이어 통산 7회 우승을 달성했다.

3. 제도(협회, 제도, 정부, 기관)
가. e스포츠진흥법 본회의 통과

한나라당 허원제 의원이 발의한 'e스포츠 진흥에 관한 법률안^(e스포츠진흥법)'이 2년 만에 본회의를 통과했다.

2009년 5월 한나라당 허원제 의원이 발의해 공청회를 가진 'e스포츠진흥법'은 문화체육관광방송통신위원회를 통과한 후 2년 동안 진전을 보지 못했다. 그러나 2011년 11월 관련 위원회 검토를 마친 'e스포츠진흥법'은 같은 달 법제사법위원회에 회부돼 최종 검토를 마치고 12월 30일 본회의를 통과했다.

본회의를 통과한 'e스포츠진흥법'에서는 지방자치단체가 연 1회 이상 e스포츠 대회를 개최하거나 지원해야 한다는 강제 조항이 삭제됐고, 논란이 일었던 '출처를 밝히기만 하면 e스포츠 대회에서 공표된 게임물을 사용할 수 있도록 한 규정'이 빠졌다.

'e스포츠진흥법'은 e스포츠 종주국이자 선진국인 대한민국이 성장 잠재력이 매우 큰 고부가가치 문화산업임에도 불구하고 지원할 수 있는 법적, 제도적 근거가 미비하다고 판단해 장기적이고 체계적인 e스포츠 진흥 정책을 마련하기 위해 제안됐다.

이렇게 'e스포츠진흥법'이 국회 본회의를 통과하면서, 공공기관이나 e스포츠 단체, 관련 분야 사업자가 경쟁력 강화를 위한 조치를 취할 경우 예산 범위 내에서 문화체육부장관이 경기 전부 또는 일부를 보조할 수 있게 됐고, e스포츠 시설을 지방자치단체장과 협의해서 구축할 수 있게 됐다.

또한, e스포츠 진흥에 필요한 경기, 방송, 연구 등 전문 인력을 양성하고 이를 위한 대학이나 기관 등을 양성 기관으로 만들 수도 있고, 국제e스포연현맹 등을 통한 국제 교류 활성화를 위해 정부가 기관에 지원을 해줄 수도 있고, 국내 e스포츠 경쟁력 강화와 해외시장 진출 활성화를 위한 홍보도 정부가 도울 수 있게 됐다.

나. SK텔레콤, 4기 협회장사 연임

SK텔레콤이 2, 3기에 이어 4기 한국e스포츠협회 회장사를 연임했다. SK텔레콤은 이사회 만장일치로 제4기 한국e스포츠협회 회장사를 맡게 됐고, 협회장으로 SK텔레콤 김준호 GMS CIC 사장을 임명했다. 이에 따라 SK텔레콤은 2005년 2기 한국e스포츠협회 회장사를 맡은 이후 2008년에 연임했고 2011년까지 세 번 연속 회장사를 맡았다.

4기 한국e스포츠협회는 프로리그 안정화라는 과제를 해결해야 했다. 09-10 시즌을 마치면서 참가 팀이 12개에서 10개로 줄었고 10-11 시즌을 끝내고 나서는 화승 오즈, 위메이드 폭스, MBC게임이 게임단을 해단하면서 임시방편으로 제8게임단을 구성해 협회가 직접 운영했지만, 새로운 후원사를 영입하고 창단 작업을 해내야 했다.

4. 변화(제작사, 유통사, 기업 참여, 저변, 아마추어, 팬클럽, 커뮤니티, 미디어)

가. GSL 결승전, 블리즈컨 2011서 개최

스타크래프트 Ⅱ로 진행되는 개인리그 GSL 결승전이 미국 블리즈컨 현장에서 열렸다. 블리자드 엔터테인먼트는 2011년 10월 21일과 22일 이틀 동안 미국 캘리포니아 애너하임에 위치한 애너하임 컨벤션 센터에서 자사 게임쇼 블리즈컨 2011을 개최하기로 했는데, 현장에서 GSL 결승전도 열기로 결정했다.

당시 진행 중이던 '소니 에릭슨 GSL 옥토버'에서 결승전에 오른 'MMA' 문성원과 'MVP' 정종현은 블리즈컨 2011 현장으로 이동해 결승전을 치렀다. 경기 결과 문성원이 4대1로 승리하면서 GSL 역사상 처음으로 외국에서 우승컵을 들어 올린 선수가 됐다.

나. MBC게임, 음악 채널로 변경

온게임넷과 함께 e스포츠 방송국 양대 산맥이었던 MBC게임이 음악 채널로 변경됐다. MBC게임은 2011년 11월 30일 방송통신위원회에 채널 변경 신청서를 넣었다. 채널 변경 신청서에는 2012년 1월 31일부로 MBC게임을 폐지하고 2월 1일부터 MBC뮤직을 개국한다는 내용이 담겼다.

2001년 겜비씨라는 이름으로 개국해 온게임넷과 함께 한국 e스포츠를 이끌었던 MBC 게임은 10년 동안 개인리그 MSL과 프로리그 중계를 통해 사랑받았다. 또한, 엘리트 스쿨 리그를 통해 학원 스포츠와 연계를 시도했고 철권 리그를 꾸준히 개최하면서 새로운 종목 육성에도 기여했다.

MBC게임 폐지로 프로e스포츠단 MBC게임 히어로 스타크래프트와 스페셜포스 팀 모두 해단 수순을 밟았다.

e스포츠 20년사 2012년

2012년

가. 미리보기

2012년은 13년 동안 국내 e스포츠 주요 종목으로 자리한 스타크래프트 시대가 막을 내린 해다. 후속작인 스타크래프트 Ⅱ가 e스포츠 주요 종목 자리를 계승하는 과정에서 스타크래프트 프로e스포츠단이 여럿 해단되고, 선수도 대거 은퇴했다. 이런 상황에서 리그 오브 레전드라는 새로운 종목이 대두하게 됐다.

스타크래프트 e스포츠는 1999년 프로게이머 코리아 오픈을 통해 방송 리그로 자리잡으면서 첫 걸음을 내딛었다. 이후 국내 게임 전문 케이블 채널이 개국되고 프로e스포츠단 기업화와 대한민국을 e스포츠 종주국으로 세계에 알리는 데 기여한 콘텐츠로 자리 잡았지만, 2012년을 끝으로 공식리그가 모두 마무리됐다.

스타크래프트 프로리그는 2012년 9월 삼성전자 칸 '올마이티' 허영무를 최종 우승자로 남겨두고 마무리됐다. 그 빈 자리는 스타크래프트 Ⅱ가 메울 예정이었다. 2012년 블리자드 엔터테인먼트와 한국e스포츠협회, 온게임넷, 그래텍이 비전 선포식을 갖고 e스포츠 부활을 선언했기 때문이다.

2003년 처음 열린 후 스타크래프트로만 진행된 프로리그는 2012년 스타크래프트 Ⅱ를 도입하면서 새로운 체제로 이행했다. 스타크래프트와 스타크래프트 Ⅱ를 병행하던 프로리그는 결국 스타크래프트 Ⅱ로만 열렸고, 스타크래프트에서 활동하던 프로e스포츠단 공군 에이스가 해단됐다.

이 과정에서 서지훈, 박정석, 이윤열, 서지수, 염보성, 김윤중, 이경민 등 프로리그에서 활약한 선수들이 대거 은퇴했다. 뒤를 이어 정윤종, 원이삭, 송현덕, 김준호, 이원표, 신노열, 장현우 같은 선수들은 스타크래프트 Ⅱ 세계 대회에서 활약하면서 좋은 모습을 보였다.

또한, 2012년은 '카트 황제' 문호준이 단일 종목 최다 개인리그 우승이라는 대기록을 세우기도 했다. 2007년 만 10세라는 어린 나이로 처음 우승을 차지한 문호준은 2012년까지 총 7회에 걸쳐 공식리그에서 우승하면서, 지금까지 그 누구도 다가가지 못했던 위업을 달성했다.

이 밖에도 국산 e스포츠 종목인 스페셜포스와 스페셜포스 2로 진행된 프로리그가 폐지되고, 실시간 전략(Real-Time Strategy) 장르인 스타크래프트나 워크래프트 3가 아닌 대전 격투 게임 세계 대회에서 한국 선수들이 우승하기도 했다.

2. e스포츠 주체(종목, 선수, 팀, 대회, 주최, 방송, 경기장)
가. 막 내린 스타크래프트 개인리그 전환기 맞은 프로리그

스타크래프트: 브루드 워 시대가 막을 내렸다. 1999년 프로게이머 코리아 오픈을 통해 방송 리그로 자리를 잡은 스타크래프트는 게임 전문 케이블 채널 개국, 프로e스포츠단 기업화에 이바지했고 대한민국을 세계에 e스포츠 종주국으로 알리는 데 기여한 콘텐츠였지만, 2012년을 끝으로 공식리그가 모두 마무리됐다.

블리자드 엔터테인먼트, 한국e스포츠협회, 온게임넷, 그래텍은 2012년 5월 스타크래프트 Ⅱ: 자유의 날개를 통한 e스포츠 부활을 알렸다. 이는 스타크래프트 시대가 곧 사라진다는 의미였다. 실제로 2011년 9월 열린 진에어 스타리그 결승 이후 스타크래프트 개인리그는 1년 가까이 열리지 않았다. 온게임넷이 2012년 4월 개최한 티빙 스타리그가 마지막 개인리그가 됐다.

이미 온게임넷 스타리그와 함께 스타크래프트 개인리그를 이끌었던 MBC게임 MSL은 2011년 6월 11일 광운대학교 대강당에서 마지막 결승전을 치렀다. 결승에서는 이영호가 김명운을 상대로 3대0으로 우승하면서 막을 내린 바 있다. 이후 MBC게임이 폐국되면서, 대회도 마무리되고 말았다.

2012년 8월 4일 열린 티빙 스타리그 우승자는 삼성전자 칸 허영무였다. 2011년 진에어 스타리그에서도 결승에서 SK텔레콤 T1 정명훈을 상대로 3대2로 승리하면서 우승을 따낸 허영무는 2012년 티빙 스타리그에서도 정명훈을 상대로 3대1로 승리해 우승을 차지했다. 스타리그 2년 연속 우승을 차지한 허영무는 마지막 우승자라는 타이틀도 함께 가져갔다.

▲ 스타크래프트 II 비전 선포식

　　잠실학생실내체육관에서 열린 티빙 스타리그 결승전에는 관람객 1만여 명이 찾았다. 현장은 울음바다가 됐고, 전용준 캐스터와 엄재경, 김태형 해설 위원 등 중계진도 눈물을 보였다.

　　2003년 처음 열린 후 줄곧 스타크래프트로 진행됐던 프로리그는 2011년부터 변화를 맞았다. 지식재산권 분쟁을 마감하고 블리자드 엔터테인먼트와 상생 협약을 맺은 한국e스포츠협회는 e스포츠 사업을 차츰 스타크래프트 II로 전환했다.

　　프로리그에서도 변화가 일어났다. 1년 단위로 진행됐던 프로리그는 2011년 말 시즌 1과 시즌 2 체제로 변경됐다. 이는 스타크래프트에서 스타크래프트 II로 자연스레 이동하기 위해 단계를 만들려는 시도로, 시즌 1은 스타크래프트만으로, 시즌 2는 두 종목을 병행했다.

　　2011년 11월에 개막한 'SK플래닛 스타크래프트 시즌 1'은 스타크래프트만으로 진행된 마지막 프로리그였다. 10-11 시즌까지 10개 팀으로 리그가 구성됐지만, 시즌 마감 후 위메이드 폭스, 화승 오즈, MBC게임 히어로 3개 팀이 해단을 선언하면서 7개 팀밖에 남지 않았다. 그나마 한국e스포츠협회가 3개 팀에서 활약한 선수 중 빼어난 선수를 모아 제8게임단을 구성하면서 8개 팀으로 리그가 운영될 수 있었다.

　　시즌 1은 김택용, 정명훈, 도재욱 등이 건재한 SK텔레콤 T1이 활약해 1위에 올랐다. 13승 8패로 2위 삼성전자 칸과 승패가 같았지만 세트 득실에서 무려 13점이나 앞서면서 정규시즌 1위를 차지했다. SK텔레콤 T1이 결승에 직행한 상황에서 kt 롤스터도 승승장구했다.

정규 시즌 3위였던 kt 롤스터는 CJ 엔투스와 삼성전자 칸을 연파하고 결승에 올랐지만, 김택용이 1세트와 에이스 결정전에서 승리한 SK텔레콤 T1을 넘지는 못했다.

2012년 5월 20일부터 돌입한 시즌 2는 'SK플래닛 스타크래프트 II 프로리그 시즌 2'로 대회 이름을 바꿨고, 두 종목이 함께 운영됐다. 경기는 1세트부터 3세트까지 스타크래프트로 3전 2선승제를 치러 전반전 승패를 가리고 4세트부터 6세트까지는 스타크래프트 II로 후반전 3전 2선승제를 치러 승패를 가렸다. 전후반을 모두 치른 결과 1대1이 됐을 때 7세트에 돌입하고, 이때는 스타크래프트 II로 승부를 가리는 방식을 도입했다.

시즌 2는 스타크래프트 II를 잘하는 팀이 유리해 보이지만, 스타크래프트 II 전담 선수를 둘 수는 없었다. 스타크래프트 II에 출전하기 위해서는 스타크래프트에 한 번 나서야 했기 때문이다. 3개 라운드로 진행된 시즌 2에서는 1위부터 4위까지 4개 팀이 12승 9패로 타이를 기록하는 진기록이 세워졌다. 다만 득실 세트에서 1위였던 삼성전자 칸이 +13으로 압도적이었고, CJ 엔투스가 +3으로 2위, 제8게임단이 +2로 3위, SK텔레콤 1이 −1로 4위였다.

준플레이오프에서는 SK텔레콤 T1이 제8게임단을 2대0으로 꺾었다. 그런데 플레이오프에서 CJ 엔투스가 SK텔레콤 T1을 2대0으로 물리치면서 결승에 올랐다. 결승에서는 CJ 엔투스가 삼성전자 칸을 상대로 스타크래프트에서 이경민, 장윤철이 승리를 가져갔고 스타크래프트 II에서는 김준호와 김정우가 승리하면서 에이스 결정전 없이 우승을 차지했다.

나. 군(軍) 게임단 공군 에이스 공식 해단

세계 최초 군인 프로e스포츠단 공군 에이스도 스타크래프트와 함께 역사 속으로 사라졌다. 공군 에이스는 'SK플래닛 스타크래프트 II 프로리그'까지 참여했지만, 이후에 진행되는 프로리그에는 참가하지 않기로 결정하면서 해단 수순을 밟았다.

▲ 세계 최초 군인 프로e스포츠단
공군 에이스

2007년 창설된 공군 에이스는 스타크래프트 프로게이머들을 전산병으로 받아들였고 개인리그와 프로리그에 참가했다. 임요환, 박정석, 홍진호, 서지훈 등이 공군 에이스에서 뛰면서 현역으로 군복무를 마쳤고 팬들로부터 지지를 받았다. 공군 내부에서도 전산병이 아닌 e스포츠병이라는 별도 병과를 만들면서 실력 있는 프로게이머 입대를 적극 권장했다.

그러나 2010년 e스포츠에서 승부 조작이 일어났고 공군 에이스 소속 김성기가 연루된 정황이 드러나면서 공군 내부에서는 해단을 검토했다. 여기에 스타크래프트를 둘러싸고 지식재산권 분쟁 등 갈등 양상까지 발생해 공군은 2012년 신병 모집도 취소했다.

공군 에이스는 2007년 신한은행 프로리그 전기리그부터 2012년 'SK플래닛 스타크래프트 프로리그 시즌 2'까지 8개 시즌 프로리그에 참가해 7개 시즌에서 최하위를 기록했다. 성적은 좋지 않았지만, 2007년 창설과 동시에 세계 최초 군인 프로e스포츠단으로 기네스북에 등재되는 등 화제를 모았다.

창설 당시에는 프로게이머들이 병역 의무를 완수하고 선수 생활을 유지할 수 있는 수단으로 기대됐으나 전역병들이 대부분 현역 선수가 아니라 지도자나 해설 위원으로 전향하면서 선수 생활을 연장한다는 명분이 희석되기도 했다.

다. 아듀 스타크래프트, 굿바이 스타들

스타크래프트 시대가 종식되면서 인기를 얻었던 스타 플레이어들도 하나 둘 선수 생활을 마무리했다. 은퇴 러시 시작을 알린 선수는 CJ 엔투스 '퍼펙트 테란' 서지훈이다. 2011년 말 CJ 그룹 입사 소식을 알리면서 스포츠 마케터로 전환한 서지훈은 2012년 1월 3일 공식 은퇴식을 가졌다. 서지훈은 CJ 엔투스 프로e스포츠단 사무국에서 근무하면서 e스포츠와 인연을 이어갔다.

▲ CJ 엔투스 '퍼펙트 테란' 서지훈

이름	종족	시즌	전체			개인			팀플		
			승	패	승률	승	패	승률	승	패	승률
서지훈	Terran	정규	49	46	51.6%	43	36	54.4%	6	10	37.5%
		포스트 시즌	8	7	53.3%	4	5	44.4%	4	2	66.7%

▲ 서지훈 프로리그 성적

방송사	온게임넷 총 전적	MBC게임 총 전적	양대 리그 합산 전적
vs 테란	33전 23승 10패 (69.7%)	43전 24승 19패 (55.8%)	76전 47승 29패 (61.8%)
vs 저그	66전 38승 28패 (57.6%)	41전 21승 20패 (51.2%)	107전 59승 48패 (55.1%)
vs 프로토스	32전 17승 15패 (53.1%)	35전 15승 20패 (42.9%)	67전 32승 35패 (47.8%)
총 전적	131전 78승 53패 (59.5%)	119전 60승 59패 (50.4%)	250전 138승 112패 (55.2%)

▲ 서지훈 스타크래프트 양대 개인리그 통산 전적

이어서 kt 롤스터 '영웅 프로토스' 박정석이 3월 은퇴를 공식 발표했다. 한빛 스타즈 소속으로 프로게이머 생활을 시작한 박정석은 2004년 kt 롤스터 전신인 KTF매직엔스로 이적했고 이후 개인리그와 프로리그에서 좋은 성적을 내면서 '영웅'이라는 별명을 얻었다. 잠시 회사원 생활을 했던 박정석은 나진 e엠파이어 감독으로 자리를 옮겼고 리그 오브 레전드와 철권 팀 사령탑에 자리잡았다.

이름	종족	시즌	전체			개인			팀플		
			승	패	승률	승	패	승률	승	패	승률
박정석	Protoss	정규	109	99	52.4%	43	68	38.7%	66	31	68.0%
		포스트 시즌	4	7	36.4%	0	4	0.0%	4	3	57.1%

▲ 박정석 프로리그 성적

방송사	온게임넷 총 전적	MBC게임 총 전적	양대 리그 합산 전적
vs 테란	70전 41승 29패 (58.6%)	30전 17승 13패 (56.7%)	100전 58승 42패 (58.0%)
vs 저그	63전 30승 33패 (47.6%)	44전 21승 23패 (47.7%)	107전 51승 56패 (47.7%)
vs 프로토스	16전 9승 7패 (56.3%)	11전 4승 7패 (36.4%)	27전 13승 14패 (48.1%)
총 전적	149전 80승 69패 (53.7%)	85전 42승 43패 (49.4%)	234전 122승 112패 (52.1%)

▲ 박정석 스타크래프트 양대 개인리그 통산 전적

개인리그 최다 우승자 타이틀을 갖고 있던 '천재' 이윤열도 선수 생활을 마감했다. 스타크래프트 II가 출시된 후 종목을 전환했던 이윤열은 소속 팀이 해단되면서 외국 게임단으로 자리를 옮겼지만, 뜻대로 풀리지 않으면서 선수 생활을 그만뒀다. 이윤열은 '아주부 스타크래프트 II 팀' 매니저로 일하면서 e스포츠와 인연을 이어갔다.

▲ 위메이드 폭스 '천재' 이윤열

연도	대회명 및 실적
2002	– 리복 KGPA TOUR 2차 리그 우승 – 펩시트위스트배 KPGA TOUR 3차 리그 우승
2003	– Panasonic배 온게임넷 스타리그 우승 – 스타우트/베스킨라빈스배 KPGA TOUR 4차 리그 우승
2004	– 하나포스 센게임 MSL 준우승 – SKY 프로리그 2004 2R 우승
2005	– 당신은 골프왕 MSL 준우승 – IOSP 스타리그 04~05 우승 – SKY 프로리그 2004 그랜드 파이널 준우승
2006	– 신한은행 스타리그 2006 시즌 2 우승
2007	– 신한은행 스타리그 2006 시즌 3 우승

▲ 이윤열 역대 성적

방송사	온게임넷 총 전적	MBC게임 총 전적	양대 리그 합산 전적
vs 테란	48전 29승 19패 (60.4%)	69전 40승 29패 (58.0%)	117전 69승 48패 (59.0%)
vs 저그	60전 41승 19패 (68.3%)	77전 50승 27패 (64.9%)	137전 91승 46패 (66.4%)
vs 프로토스	50전 25승 25패 (50.0%)	67전 35승 32패 (52.2%)	117전 60승 57패 (51.3%)
총 전적	158전 95승 63패 (60.1%)	213전 125승 88패 (58.7%)	371전 220승 151패 (59.3%)

▲ 이윤열 스타크래프트 양대 개인리그 통산 전적

'여제'라는 별명으로 사랑받은 STX 소울 서지수도 은퇴했다. 프로리그 시즌 2가 진행되고 있던 7월 은퇴를 발표한 서지수는 인터넷 쇼핑몰 사장으로 변신했다. 이 밖에도 염보성, 김윤중, 이경민 등 각 팀을 대표해 프로리그에서 좋은 성적을 거둔 선수들도 선수 생활을 마무리했다.

라. 문호준, 개인리그 최다 우승 7회 '대기록'

'카트 황제' 문호준이 2012년 4월 5일 열린 '넥슨 카트라이더 15차 리그' 결승전에서 우승을 차지하면서, 단일 종목 최다 개인리그 우승 기록을 세웠다.

2007년 5월 'SK1682 카트라이더 5차 리그'에서 처음으로 우승한 문호준은 당시 만 10세였고, 정상에 오르면서 '카트 신동'이라 불렸다. 2008년 문호준은 '버디버디 카트라이더 9차 리그'와 '10차 리그'에서도 정상에 오르면서 최연소 3회 우승자 타이틀을 얻었다.

이후 1년 6개월 동안 카트 리그가 열리지 않아 설 무대가 없었던 문호준은 2010년 5월에 재개된 '넥슨 카트라이더 11차 리그'에서 네 번째 우승을 차지했고 '13차 리그'와 '14차', '15차'를 휩쓸면서 최단기 7회 우승 기록을 달성했다.

지금까지 e스포츠 역사상 공식리그에서 7회 우승을 달성한 선수는 한 명도 없었었고, 7회 우승을 차지하는 동안 문호준은 불과 15세밖에 되지 않아 더 위대한 기록이 됐다.

▲ '카트 황제' 문호준

마. 스페셜포스 2 프로리그 운영 종료

한국 e스포츠 역사상 첫 국산 종목 프로리그로 시작한 '스페셜포스 프로리그'가 막을 내렸다. 2009년 스페셜포스 종목으로 프로리그를 시작한 뒤 2012년 스페셜포스 2로 종목을 바꾸면서 명맥을 이어왔지만, '4G LTE 스페셜포스 2 프로리그 시즌 2'를 끝으로 폐지됐다.

스페셜포스 2로 진행된 프로리그는 버그와 서버 불안정 등 여러 문제점을 드러냈다. 2012년 4월 8일 벌어진 '생각대로T 스페셜포스 2 프로리그 시즌 1' 결승전에서 세 차례나 경기가 중단되는 사태가 벌어졌고 현장을 찾은 관람객은 경기를 본 시간보다 대기 화면을 보거나 해설진 중계를 들은 시간이 더 길었다.

당시 스타크래프트와 스페셜포스 2 프로리그 결승전은 같은 장소인 잠실학생실내체육관에서 치렀고 스페셜포스 2 결승 후에 스타크래프트 프로리그가 진행돼야 했지만, 스페셜포스 2에서 계속 접속 오류가 발생하면서 스타크래프트 프로리그 결승전 경기 시간이 뒤로 밀리기도 했다.

이렇게 스페셜포스에서 스페셜포스 2로 넘어오는 과정에서 게임 서비스가 제대로 되지 않으면서 국산 종목 사상 처음으로 시행된 프로리그도 운영이 종료됐다.

3. 제도(협회, 제도, 정부, 기관)

가. 스타크래프트 II 비전 공유

블리자드 엔터테인먼트와 그래텍, 한국e스포츠협회와 온게임넷은 2012년 5월 2일 '스타크래프트 II e스포츠 공동 비전'을 선포했다. 4자 협력 관계가 수립되면서, 한국e스포츠협회는 프로리그를 스타크래프트 II로 진행할 수 있는 라이선스를 획득했고 온게임넷은 개인리그를 주최하고 방송할 수 있는 권리를 얻었다. 이와 함께 스타크래프트 II는 한국e스포츠협회 공인 종목으로 선정됐다.

새로운 스타크래프트 II 리그가 열릴 수 있는 여지가 마련되면서, 한국e스포츠협회의 프로리그와 온게임넷의 스타리그, 개인리그인 GSL, 팀 단위 리그인 GSTL 등이 운영될 기반이 잡혔다.

비전 선포식 후 한국e스포츠협회는 프로리그를 스타크래프트 II로 진행하기 위해 단계를 밟아 나갔다. 온게임넷은 스타크래프트 II로 종목을 바꾼 스타리그를 개최했다. 한국e스포츠협회 소속 선수들도 그동안 참가하지 않았던 그래텍 개인리그 GSL에 출전하면서 기존 선수들과 기량을 겨뤘다.

4. 변화(제작사, 유통사, 기업 참여, 저변, 아마추어, 팬클럽, 커뮤니티, 미디어)

가. LoL, 한국 e스포츠 핵심으로 급부상

2012년 대한민국을 가장 뜨겁게 달군 게임은 라이엇 게임즈 리그 오브 레전드(League of Legends, LoL)다. 2011년 12월 정식 서비스를 시작한 LoL은 3개월 만에 PC방 점유율 1위에 올랐고 2012년 11월 PC방 점유율 30%를 돌파하며 장기 집권 체제를 형성했다.

게임이 인기를 끌면서, e스포츠 리그도 흥행했다. MiG(이후 아주부 프로스트), OP, EDG(이후 나진 화이트 실드), 스타테일, CLG.NA, 월드 엘리트가 출전한 'LoL 인비테이셔널'은 인산인해를 이뤘다. 세계 최초 LoL 정규 리그로 열린 '아주부 LoL 더 챔피언스 스프링 2012'는 매 경기마다 용산 e스포츠 상설 경기장을 가득 채웠고 일산 킨텍스에서 개최된 결승전에는 관람객 8천여 명이 몰렸다.

CLG.EU, NA, 디그니타스, 월드 엘리트, 나투스 빈체레 등 외국 팀 5개가 참가해 규모가 커진 '아주부 LoL 더 챔피언스 서머 2012'는 경기 시작 4시간 전부터 관람을 위해 줄이 형성됐다. 결승전은 1만여 명이 넘는 관람객이 운집해 성황을 이뤘고 자리가 없어 돌아간 관람객만 3천여 명에 달했다.

당시 LoL은 경기가 늦어지면 종료 시간이 자정을 넘겼지만, 팬들은 끝까지 자리를 지키는 모습을 보였다. 이처럼 LoL은 그동안 국내에서 e스포츠를 이끌어가던 스타크래프트가 스타크래프트 II 체제로 전환되는 과정에서 갈등을 겪는 사이, 급부상해 국내 e스포츠 중심 종목으로 자리매김했다.

나. 첫 출전한 'LoL 월드 챔피언십'에서 한국 깜짝 준우승

리그 오브 레전드(League of Legends, LoL) 공식리그가 2012년에 정식 출범한 한국은 2011년에 열린 국제 대회인 'LoL 월드 챔피언십'에는 나서지 못했지만, 2012년에는 아주부 프로스트와 나진 블랙 소드 2개 팀이 참가할 자격을 얻었다.

아주부 프로스트는 LoL 더 챔피언스 서머에서 우승하면서 한국 지역 시드로 참가 자격을 얻었고 나진 블랙 소드는 한국 대표 선발전 1라운드에서 인크레더블 미라클과 제닉스 스톰, 아주부 블레이즈를 제압하고 2012년 10월 4일부터 13일까지 미국 로스앤젤레스 팩스 프라임(pax Prime)에서 개최된 월드 챔피언십에 진출했다.

이렇게 'LoL 월드 챔피언십'에 출전한 한국 팀은 빼어난 활약을 보였다. 아주부 프로스트는 그룹 스테이지 A조에 속해 인빅터스 게이밍, 카운터 로직 게이밍 프라임, SK게이밍을 모두 격파하고 전승으로 1위를 차지했고 B조에 속한 나진 블랙 소드는 카운터 로직 게이밍 유럽, 사이공 조커스, 디그니타스를 물리치고 전승으로 1위에 올랐다.

시드를 배정받은 실력 있는 팀들이 등장한 8강에서 아주부 프로스트는 북미 최강 팀 솔로미드(TSM)를 2대0으로 격파하고 4강에 올라갔지만, 나진 블랙 소드는 대만 대표인 타이페이 어새신스에게 0대2로 패하면서 탈락했다.

이후 아주부 프로스트는 카운터 로직 게이밍 유럽을 2대1로 물리치고 처음 출전한 'LoL 월드 챔피언십'에서 결승까지 올라갔으나 결승전에서 타이페이 어새신스에게 1대3으로 패하면서 준우승에 머물렀다.

하지만 아주부 프로스트가 첫 출전한 'LoL 월드 챔피언십'에서 활약하면서 한국 팀도 LoL 세계 무대에서 활약할 수 있다는 가능성을 제시했고, LoL e스포츠가 한국에 단시간에 깊숙이 뿌리내리는 원동력이 됐다.

▲ 아주부 프로스트 LoL 월드 챔피언십 준우승

다. 스타크래프트 II 세계 대회 한국 선수들 맹활약

스타크래프트 II로 진행된 최대 규모 세계 대회인 월드 챔피언십 시리즈(World Championship Series. WCS)에서 한국 선수들이 4강에 3명이나 진출했고 결승전에서 맞대결을 펼치면서 세계를 정복했다.

블리자드 엔터테인먼트는 '블리즈컨 2011'에 GSL 결승진출자들을 초청해 대결을 펼친 뒤 인기를 얻자 곧바로 스타크래프트 II 글로벌 e스포츠 대회를 준비했다. 이렇게 시작된 WCS는 지역 서버별로 챔피언십을 열어 추려내고 국가별 대표를 따로 뽑은 뒤 최종 우승자를 가리는 형식이었다.

아시아 서버에서는 정윤종, 원이삭, 송현덕, 김준호, 이원표, 신노열이 대표로 뽑혔고 장현우가 한국 대표로 합류했다. 32강에 7명이 참가한 한국은 16강 토너먼트에 5명, 8강에 4명, 4강에 3명이 진출했다.

4강에서 원이삭은 양치아쳉을 3대0으로 격파했고 장현우와 정윤종이 맞붙어 최종전까지 가는 접전 끝에 장현우가 결승에 진출했다. 원이삭은 장현우와 7전 4선승제 경기에서 1, 4세트만 내주고 4대2로 승리했다.

스타크래프트에서 세계 최강임을 증명한 한국은 블리자드 엔터테인먼트가 주최한 스타크래프트 II 세계 대회에서도 우승을 차지하면서, 또다시 RTS(Real-Time Strategy. 실시간 전략) 게임에 강한 모습을 보였다.

라. 한국 격투 게이머, EVO 2012 접수

한국 격투 게이머들이 가장 유명한 격투 게임 대회 'EVO(Evolution Championship Series) 2012'에서 세 종목을 석권했다. 2012년 7월 6일부터 8일까지 열린 EVO 2012에서 한국은 스트리트 파이터 X 철권 종목에서 '인생은잠입' 이선우와 '래프' 안창환이 한 조를 이뤄 참가했다. 8강에서 패배해 패자조로 내려갔지만, 이후 한 판도 내주지 않으면서 결승까지 진출해 우승을 차지했다.

'인생은잠입' 이선우는 슈퍼 스트리트 파이터 4에서도 우승했다. 8강에서 우메하라 다이고를, 4강에서 발로그를 압도적인 경기력으로 물리치면서 한 라운드도 뺏기지 않았다. 결승에서는 2010년부터 주목받기 시작한 'Gamerbee(게이머비)' 시앙유린을 상대로 3대0으로 완승을 거두고 우승했다.

더 킹 오브 파이터즈 13에서도 한국 대표 4명이 8강에 안착해 '매드KOF' 이광노가 1위를 차지했고 신민수가 3위에 올랐다.

마. 스포티비2, 스타크래프트 II 프로리그 생중계 개시

프로야구 등 일반 스포츠를 중계하는 케이블 방송사 스포티비(SPOTV)가 스포티비2 채널을 통해 스타크래프트 II 프로리그 생중계를 시작했다. 한국e스포츠협회는 스타크래프트 II 만으로 진행되는 첫 프로리그인 'SK플래닛 스타크래프트 II 프로리그 12-13 시즌'을 온게임넷과 스포티비가 함께 중계하기로 결정했다.

당시 온게임넷은 10년 넘도록 게임과 e스포츠 채널을 운영해 이견이 없었지만, 스포츠 채널로 알려져 있던 스포티비2에서 진행될 e스포츠 중계는 이례적인 일이었다. 온게임넷은 토요일과 일요일에 열리는 경기를 맡았고 스포티비2는 주중에 열리는 네 경기를 배정받았다. 스포티비2를 통해 송출된 경기의 중계진은 김철민 캐스터와 한승엽 해설 위원이 맡았다.

바. WCG 2012, 중국 팬 사로잡았다

'월드 사이버 게임즈(World Cyber Games, WCG) 2012'가 중국 쿤산에서 큰 인기를 모으면서 영향력을 인정받았다. 매년 개최도시를 정하던 WCG는 이런 방식을 탈피하고 2012년, 2013년 그랜드 파이널을 중국 쿤산에서 개최하기로 정했다.

당시 인구 200만 명 규모의 작은 도시인 쿤산이 개최지로 선정되자, 일각에서는 WCG가 자금이 부족하다는 의견도 나왔다. 하지만 'WCG2012'는 대성공을 거뒀다. 2012년 11월 29일부터 12월 2일까지 열린 그랜드 파이널은 나흘 동안 유료 관람객 11만 명이 방문하면서 흥행했다.

'WCG 2012'는 현지에서 가장 좋아할 만한 종목을 선택해 흥행에 성공했다. 전 세계적으로 인기를 얻고 있는 스타크래프트 II와 중국에서 엄청난 인기를 구가하던 워크래프트 3, 크로스 파이어, 도타 2, 도타 올스타즈 등을 정식 종목으로 채택하면서 중국 팬들이 쿤산으로 찾아오게 만들었다.

한국에 조직 본부를 두고 있는 WCG가 중국 쿤산에서 거둔 성공은 한국 e스포츠가 단순히 게임 실력뿐만 아니라 대회 조직력, 노하우, 운영 능력 등에서도 경쟁력을 보유하고 있음을 증명하는 사례다.

e스포츠 20년사 2013년

2013년

1. 미리보기

2013년은 라이엇 게임즈 리그 오브 레전드(League of Legends, LoL)가 국내 e스포츠 핵심 종목으로 두각을 드러낸 해다. 스타크래프트 e스포츠에서 활약한 SK텔레콤 T1이 LoL 국제 대회인 월드 챔피언십(LoL 월드 챔피언십)에서 한국 팀 최초로 우승을 차지하면서 인기는 더 높아져만 갔다. 반면, 스타크래프트 e스포츠는 점차 축소됐고 STX 소울, 웅진 스타즈 같은 명문 구단이 연이어 해단되면서 명백한 하락세를 드러냈다.

LoL은 2011년 국내 서비스를 시작해 2012년부터 e스포츠 리그로 성공 가능성을 보였다. 2012년 가을부터 PC방 점유율 1위를 차지한 LoL은 2013년 내내 한 번도 1위를 내주지 않았다. 최고 점유율은 45%에 육박했고, LoL이 점검에 들어가는 날이면 각종 포털 사이트 실시간 검색어가 LoL로 도배되기도 했다.

게임이 인기를 끌면서 e스포츠 대회도 자연스레 흥행했다. 롤챔스 결승전이 100% 유료로 진행했음에도 전석 매진이라는 성공 사례를 만들었다. 상황이 이렇다 보니, 기업들도 연이어 LoL 프로e스포츠단을 인수하고 창단했으며 선수 경쟁력도 나날이 높아졌다.

CJ 엔투스는 프로스트와 블레이즈를 영입해 명문 팀이 됐고, SK텔레콤 T1은 ESG(Eat Sleep Game)를 인수했다. 삼성전자도 MVP가 운영하던 오존 팀을 통째로 인수해 LoL 팀을 창단했다. 이 과정에서 스타크래프트 e스포츠에서 활약한 SK텔레콤 T1이 전 세계 LoL 팀이 한데 모여 겨루는 월드 챔피언십(LoL 월드 챔피언십)에서 한국 팀 최초로 우승을 차지하는 쾌거도 이뤄냈다.

이렇게 LoL이 승승장구하는 사이 스타크래프트 e스포츠는 점차 축소됐다. 특히 프로리그에서 활약한 STX 소울과 웅진 스타즈가 해체되면서 이런 성향은 더욱 가속화됐다. 후속작인 스타크래프트 II e스포츠도 기대만큼 성과를 내지 못했다. 신규 확장팩 '군단의 심장'을 출시해 반전을 노렸지만, 선수가 원하는 지역 리그에 참가할 수 있는 시스템으로 인해 리그 인기가 점차 떨어지게 됐다.

이 밖에도 한국e스포츠협회는 민주통합당 현역 국회의원인 전병헌 의원이 새로 협회장으로 추대되면서 제5기 협회 시대를 맞아 넥스트e스포츠라는 기치를 세웠다. 국제 대회 WCG 2013에서는 한국이 2년 만에 종합 우승을 달성했고, 새로운 게임 방송사 스포티비게임즈가 정식으로 개국했다.

2. e스포츠 주체(종목, 선수, 팀, 대회, 주최, 방송, 경기장)
가. 스타크래프트 II 인기 하락

스타크래프트 공식리그가 2012년 막을 내린 후 스타크래프트 II는 한국 대표 RTS(Real-Time Strategy, 실시간 전략) 장르로 입지를 굳혔고, 독주 체제를 이어갔다.

그러나 2012년부터 두각을 드러낸 LoL은 2013년부터 본격적으로 강세를 보였고 블리자드 엔터테인먼트(블리자드)가 주도한 e스포츠 리그 시스템이 혼란 속에 진행되면서 주춤했다. 스타크래프트 II는 2013년 3월 '군단의 심장' 확장팩을 출시하면서 재도약하려 했지만, 반향을 이끌어내는 데 실패했다.

당시 블리자드는 스타크래프트 II 국제 대회인 '월드 챔피언십 시리즈(WCS) 2013'부터 자생적으로 열리던 크고 작은 대회를 자사 관리 하에 배치하면서 대회별로 포인트를 부여했다. 그런데 선수 국적이나 팀 근거지 중심이 아닌 선수들이 원하는 지역 대회에 참가할 수 있도록 하면서 실력 좋은 한국 선수들이 북미, 유럽 지역에서 활약했다.

이후 지역 파이널 3번, 시즌 파이널 3번 동안 외국 국적 선수가 우승한 적은 한 번도 없었다. 이렇다 보니 지역별 대회와 시즌 파이널에서 획득한 포인트로 글로벌 파이널에 출전한 16강 진출 외국 국적 선수는 한 명뿐이었다.

이렇게 글로벌 개인리그 시스템이 무너지고 인기가 하락하자, 스타크래프트를 플레이하던 선수들은 스타크래프트 II로 넘어오기 보다는 은퇴를 결정했다.

이 과정에서 스타크래프트 공식리그가 사라진 후 스타크래프트 II로 넘어갔던 프로게이머들 가운데 유명세를 얻었던 선수들이 대거 은퇴를 선언했다. 'SK플래닛 스타크래프트

Ⅲ 프로리그 12-13' 시즌이 마무리된 8월부터 도재욱이 군입대를 이유로 팀을 떠났고, 김택용도 공식 은퇴를 선언했다. 이어서 허영무도 "선수 생활을 할 의사가 없다"고 밝히면서 이별을 고했다.

연도	대회명 및 실적
2007	– SKY 프로리그 2006 통합 챔피언전 준우승
2008	– EVER 스타리그 2008 준우승
2009	– 신한은행 프로리그 08-09 우승
2010	– 신한은행 프로리그 09-10 준우승
2011	– 신한은행 위너스리그 10-11 우승 – 신한은행 프로리그 10-11 준우승
2012	– SK플래닛 스타크래프트 프로리그 시즌1 우승

▲ 도재욱 스타크래프트 양대 개인리그 통산 전적

연도	대회명 및 실적
2006	– SKY 프로리그 2006 전기 리그 준우승 – SKY 프로리그 2006 후기 리그 우승 – SKY 프로리그 2006 통합 챔피언전 우승
2007	– 곰TV MSL 시즌 1 우승 – 곰TV MSL 시즌 2 우승 – 곰TV MSL 시즌 3 준우승
2008	– Clubday Online MSL 2008 우승
2009	– 신한은행 프로리그 08-09 준우승
2010	– 신한은행 프로리그 09-10 준우승
2011	– 신한은행 위너스리그 10-11 우승 – 신한은행 프로리그 10-11 준우승
2012	– SK플래닛 스타크래프트 프로리그 시즌1 우승

▲ 김택용 스타크래프트 양대 개인리그 통산 전적

연도	대회명 및 실적
2007	– 신한은행 프로리그 2007 전기리그 우승 – 신한은행 프로리그 통합챔피언전 준우승
2008	– Clubday Online MSL 2008 준우승 – 신한은행 프로리그 2008 우승
2009	– 로스트사가 MSL 2009 준우승
2011	– 진에어 스타리그 2011 우승
2012	– Tving 스타리그 2012 우승 – SK플래닛 스타크래프트 프로리그 시즌2 준우승

▲ 허영무 스타크래프트 양대 개인리그 통산 전적

특히 팀 사정이 좋지 않았던 STX 소울과 웅진 스타즈 선수들은 강제로 은퇴 수순을 밟았다. STX 소울은 프로리그를 제패한 뒤 1개월 만에 STX가 프로e스포츠단 운영을 포기하면서 소울이라는 이름으로 선수단을 구성했지만, 4개월도 되지 않아 주요 선수들이 은퇴하면서 막을 내렸다.

웅진 스타즈도 이재호가 먼저 은퇴했고 윤용태, 김명운 등이 웨이버공시됐지만 팀을 찾지 못해 은퇴했다. 은퇴 선수들은 스타크래프트로 개인 방송을 진행하면서 가끔씩 열리는 대회에 출전해 여전한 기량을 발휘하기도 했다.

▲ SK플래닛 스타크래프트 II 프로리그 12-13 결승전 현장

나. 스타크래프트 Ⅱ만으로 열린 첫 프로리그 우승한 STX 소울, 우승 후 해단

2012년 12월 8일 개막한 'SK플래닛 스타크래프트 Ⅱ 프로리그 12-13'은 또다시 1년 단위 리그로 전환한 시즌이다. 디딤돌 시즌인 'SK플래닛 시즌 2'를 건너온 12-13 시즌은 스타크래프트 Ⅱ만으로 프로리그를 진행했다. 총 6라운드로 진행된 12-13 시즌은 2, 5라운드를 승자 연전 방식인 위너스리그로 만들었는데, 과거처럼 별도로 포스트시즌을 진행하지는 않았다.

MBC게임이 폐국하면서 2012년 열린 'SK플래닛 프로리그 시즌 1'과 '시즌 2'는 온게임넷이 단독으로 중계했지만, 스포티비가 e스포츠 중계에 뛰어들면서 양 방송사 체제로 바뀌었다. 토요일과 일요일은 온게임넷이 중계를 맡아 용산 e스포츠 상설 경기장에서 경기를 치렀고 주중에는 신도림에 위치한 인텔 e스타디움에서 경기가 진행됐다.

신도림 인텔 e스타디움은 규모가 용산 상설 경기장 1/10에도 미치지 못해 관전 환경이 좋지 않다는 평가를 받았지만, 그래도 프로리그가 열린다는 사실이 팬들로부터 감사하다는 평가를 이끌어냈다.

공군 에이스가 해체하면서 생긴 빈 자리는 외국 팀 연합체인 EG-TL이 메웠다. 스타크래프트 Ⅱ 팀을 이끌던 이블 지니어스와 리퀴드는 스타크래프트 Ⅱ로 진행되는 한국 프로리그에 참가하려는 의사를 밝혔고, EG-TL이라는 연합을 구성해 대회에 참가했다. 제8게임단 소속이었던 이제동이 이블 지니어스에 1년 동안 임대돼 활동하기도 했다.

정규 시즌에는 웅진 스타즈가 1, 2 라운드 모두 5승 2패로 2위 안에 들면서 치고 나갔고, 3라운드에서 6승 1패로 좋은 성적을 거두면서 1위를 유지하고 결승에 직행했다. 2008년 창단한 웅진 스타즈는 정규 시즌 1위를 12-13 시즌에 처음으로 달성했다.

포스트 시즌에는 STX 소울이 활약했다. 정규 시즌 3위에 그쳤던 STX 소울은 SK텔레콤 T1을 상대한 준플레이오프에서 1, 2차전 모두 4대 3으로 승리하면서 플레이오프에 올랐고, kt 롤스터와 대결에서는 두 경기 모두 4대 1로 완승을 거두면서 결승에 진출했다.

2013년 8월 3일 서울 잠실학생체육관에서 열린 결승전에서 STX 소울은 변현제와 이신형이 1, 2세트를 가져오면서 분위기를 끌고 왔다. 이어서 웅진 스타즈 프로토스 투톱인 김유진과 윤용태에게 연달아 패배했지만, 조성호와 김도우가 재차 승리하면서 4대2로 우승을 차지했다.

STX 소울은 김은동 감독 지휘 하에 소울이라는 이름으로 활동하던 중 2007년 STX로부터 지원을 받으면서 STX 소울로 활동을 시작했다. 그로부터 6년 만인 2013년에야 프로리그 정상에 섰다. 그러나 기쁨도 잠시였다. 모기업인 STX가 경영 상태 악화를 이유로 프로e스포츠단 운영을 중단하면서, STX 소울은 우승 직후 해단이라는 상황을 맞았다.

모기업 경영난으로 끊임없이 해단설에 시달린 STX 소울은 결국 2013년 8월 해단하고 말았다. STX는 8월 31일부로 한국e스포츠협회에 게임단 운영 중단을 전했다. 이에 따라 STX 소울은 2007년 팀을 창단한 지 6년 만에 해단됐다.

사실 STX 소울은 2012년부터 모기업 경영난이 악화돼 팀 유지가 어려운 상황이었다. 이에 선수단과 코칭스태프는 스스로 연봉을 낮추면서 예산을 줄여 겨우 팀을 유지했다. 그러나 1년이 지난 2013년에도 경영난은 계속됐고 직원 월급조차 주지 못하는 상황에서 STX는 팀 운영이 불가능하다는 판단을 내렸다.

이러한 역경 속에서도 STX 소울은 선수단과 코칭 스태프가 하나로 뭉쳐 'SK플래닛 스타크래프트 II 프로리그 12-13' 시즌에서 우승했다. 어려운 상황에서도 성과를 낸 선수단을 지켜본 STX 서충일 사장은 해단을 재검토하려 했지만, 반대에 부딪쳐 결국 해단 수순을 밟았다.

다. 2008년부터 활약한 웅진 스타즈, 5년 만에 해단

STX 소울과 함께 12-13 시즌 프로리그 결승에서 맞붙었던 웅진 스타즈 프로e스포츠단도 해단됐다.

웅진 스타즈는 2012년 말부터 모기업 경영 악화로 게임단 운영에 난항을 겪었다. 그런데도 프로리그와 개인리그에서 좋은 성적을 내면서 게임단이 유지되는 듯했지만, 재계약 과정에서 선수 계약을 일방적으로 해지했다. 김민철, 김유진과 재계약하는 과정에서 스타크래프트 II 개인리그에 집중하며 게임단을 유지할 듯했지만, 그마저도 여의치 않아 결국 선수들을 이적시키고 자연스레 팀을 해단했다.

웅진은 2008년 모기업 경영 악화로 해단 위기를 맞은 한빛 스타즈를 인수하면서 e스포츠 업계에 뛰어들었다. 스타크래프트 프로리그 시절 윤용태와 김명운을 기용하면서 개인리그와 프로리그에 출전했던 웅진 스타즈는 뛰어난 성적을 거두지는 못했다. 그러나 스타크래프트 II로 넘어오면서 상황이 바뀌었다.

'SK플래닛 스타크래프트 Ⅱ 프로리그' 12-13 시즌 1라운드부터 1위를 기록한 웅진 스타즈는 6라운드까지 1위를 지켜내면서 창단 5년 만에 프로리그 정규 시즌 1위를 차지했다. 결승전에서 STX 소울에게 2대4로 패배하면서 준우승에 머무르긴 했지만, 창단 후 최고 성적을 기록했다.

스타크래프트 Ⅱ 개인리그에서도 웅진 스타즈는 뛰어난 모습을 보였다. 자유의 날개부터 가능성을 보인 김민철과 김유진은 확장팩 군단의 심장 버전으로 넘어온 후 월드 챔피언십 시리즈(World Chamipionship Series. WCS)에서 선전하기 시작했다. WCS 코리아 시즌 1에서는 김민철이 우승, 김유진은 WCS 시즌 1 파이널에서 2위에 올랐다.

이후 WCS 시즌 3 파이널에서는 김민철이 준우승, WCS 글로벌 파이널에서 김유진이 우승을 차지하면서 2013년 최고 선수로 떠올랐다. 또한, 김유진은 2013년 6월 열린 인천 실내무도아시아경기대회 스타크래프트 Ⅱ 종목에서 우승하기도 했다.

이처럼 김유진이 WCS를 석권하는 동안 김민철은 WCG 그랜드 파이널에서 금메달을 따내면서 우리나라가 e스포츠 강국이라는 이미지를 강화하는 주역이 됐다. 웅진 스타즈 해단 이후 김민철은 SK텔레콤 T1으로, 김유진은 진에어 그린윙스로 소속을 옮겼다.

▲ 해단한 웅진 스타즈

라. 연이어 등장한 e스포츠 경기장

그래텍과 넥슨 등 e스포츠와 관련이 있는 사업자들이 2013년 들어 e스포츠 대회 중계와 개최를 위한 경기장을 연이어 개관했다. 먼저 경기장을 오픈한 곳은 그래텍이었다.

2008년부터 목동에 스튜디오를 꾸리면서 GSL과 GSTL 등 리그를 진행했던 그래텍은 목동 시대를 정리하고 삼성동 시대를 열었다.

그래텍은 2013년 3월22일 서울 삼성동에 '곰TV 강남 스튜디오'를 오픈했다. 660m² 공간에 방송 시설을 갖춘 스튜디오는 관람객 200여 명을 수용할 수 있었다. 중앙에는 풀HD 시스템으로 제작된 영상을 시청할 수 있는 LED가 마련됐고 선수별 개인 화면을 볼 수 있도록 분할돼 있다.

넥슨도 2013년 말 e스포츠 전용 경기장을 공개했다. 서울 서초동에 자리잡은 넥슨 아레나는 지하 2개 층, 전용면적 1683m², 436석 규모였다. 메인 무대에는 폭 19m, 높이 3.4m의 대형 LED 스크린을 설치해 관람 편의성을 높였다. 실내 스포츠에서 경기를 관전할 때 사용되는 접이식 관전석을 갖췄고 2층에서도 경기를 볼 수 있도록 설계됐다.

여기에 중계실과 통신실 등 첨단 방송 설비를 갖췄고, 인기 모바일 게임을 시연해볼 수 있는 모바일 라운지, 개발 게임을 홍보할 수 있는 프로모션 라운지도 운영한다. 넥슨 아레나는 공식 첫 경기로 12월 28일 피파온라인 3 챔피언십 본선 개막전을 열었고, 12월 29일에는 SK텔레콤 스타크래프트 II 프로리그 개막전도 진행했다.

넥슨 아레나를 개관하면서 넥슨은 한국e스포츠협회, 스포티비게임즈와 한국 e스포츠 활성화를 위한 전략적 업무협약을 체결했다. 이에 따라 넥슨과 한국e스포츠협회는 넥슨 아레나에서 진행되는 리그 게임 종목 아마추어 리그를 전국 각지에 소개한 지회에서 유치하고, 스포티비게임즈는 현장 중계와 다양한 콘텐츠를 제작해 유통하게 됐다.

▲ 넥슨 아레나 개관일 이벤트 매치 피파온라인 3 챔피언십 본선 개막전 현장

3. 제도(협회, 제도, 정부, 기관)
가. 한국 e스포츠 협회 전병헌 협회장 취임

한국e스포츠협회는 2013년 1월 29일 민주통합당 현역 국회의원인 전병헌 의원을 회장으로 추대했다. 이후 넥스트e스포츠라는 기치를 내세우면서 소통 체계 다변화, 스포츠 가맹단체 현실화, e스포츠 대중스포츠화, 협회 재정 내실화 등 4대 비전을 선포했다.

전병헌 협회장 취임 후 8월에 발표된 넥스트e스포츠 액션플랜#1 기본 방향은 협회 조직 및 의사결정 구조 혁신이었다. 프로e스포츠단을 보유하고 있는 기업들이 이사사를 중심으로 협의체를 구성했던 기존 방식에서 탈피해 회원사와 이사사, 부회장사 등 다양한 층위를 만들어 e스포츠계에서 활동하는 모든 주체에게 입회할 수 있는 기회를 준다는 데 주안점을 두고 있었다.

이 과정에서 협회는 회장사와 이사사 시스템에서 회장사와 부회장사 체제로 변화한다. SK텔레콤, KT, CJ, 삼성전자 등이 부회장사를 맡아 협회 운영위원회에서 결정된 주요한 사안에 대해 협회장과 함께 논의하는 핵심 임원 역할을 수행하게 됐다.

방송사는 미디어 협약을 통해 회원으로 가입하는데, 협회는 직접 주최하는 대회, 정부 공식 e스포츠 행사, 아마추어 e스포츠를 방송으로 제작 송출하는 과정에서 미디어협약 파트너가 적극적으로 참여할 수 있도록 행정적으로 지원하도록 했다.

11월 부산에서 열린 지스타에서 발표된 넥스트e스포츠 액션플랜#2를 통해 전병헌 협회장은 서울, 경기 지회 설립 마무리와 대한체육회 정식가맹단체 신청, 세계e스포츠연맹(IESF) 스포츠어코드 가맹, 한국e스포츠협회 대한체육회 가맹 등과 함께 2013년을 e스포츠 정식 종목화 원년으로 삼겠다는 뜻을 발표했다.

두 차례 액션플랜이 발표된 이후 눈에 띄는 효과가 나타났다. 우선 후원사가 없던 제8게임단은 진에어와 네이밍 후원 계약을 맺고 진에어 그린윙스로 다시 태어났다. 포털 사이트 네이버에는 e스포츠 섹션이 신설됐고 게임 채널인 스포티비게임즈가 개국했다. 넥슨은 강남에 e스포츠 전용 경기장인 넥슨 아레나를 오픈했고 방송사–종목사–협회 3자 협약을 통해 리그가 신설되기도 했다.

또한, 정부가 2014년에 배정한 e스포츠 예산은 16억 원으로 이전 해보다 10억 원이 늘어났다.

나. e스포츠 실태조사 보고서 최초 발간

문화체육관광부와 한국콘텐츠진흥원은 2013년 12월 23일 한국을 포함한 세계 e스포츠 동향과 국내 e스포츠 이용자 인식조사, 트렌드 등을 종합적으로 조사해 분석한 'e스포츠 실태조사 보고서'를 처음으로 발간했다.

실효성 있는 e스포츠 산업지원 정책 수립을 위한 정확한 시장상황과 이용자 동향 등 기초 통계자료를 담고 있는 '2013 e스포츠 실태조사 보고서'는 한국 e스포츠 기관, e스포츠 종목, 프로e스포츠단, e스포츠 미디어, e스포츠 대회, 해외 e스포츠 등 전반적인 e스포츠 산업 현황에 대한 조사 결과와 프로·아마추어 게이머, 커뮤니티 회원, e스포츠 경기 관람객 등 e스포츠 이용자 약 5천7백 명을 대상으로 한 설문조사로 구성됐다.

조사 내용에 따르면 e스포츠 시청 매체는 컴퓨터가 39%, 스마트폰이 28.8%로 TV가 기록한 28.2%를 앞섰다. 이는 과거 TV 위주에서 벗어나 다양한 매체를 활용하는 시장 트렌드가 반영된 부분으로 밝혀졌다.

선수 대상으로 한 애로사항 조사에서는 불투명한 미래가 38.9%로 가장 높은 비율을 차지했다. 뒤를 이어 군복무가 16.7%, 생계를 위협하는 보수 수준이 16.7%로, 안정적인 선수활동에 대한 지원책이 필요한 문제가 드러났다.

이 같은 e스포츠 트렌드 변화 및 산업방향에 대한 조사 결과 그동안 우리나라 e스포츠는 스타크래프트 프로리그 종료, 잇따른 프로e스포츠단 해체, 프로게이머 수 감소, e스포츠 관련 지자체 예산 축소 등 전제적인 산업 구도가 축소된 부분이 확인됐다.

하지만 이러한 축소에도 불구하고 e스포츠 중계매체가 케이블TV, 인터넷 방송, 모바일 앱 등으로 다양화되고, 30대 남성 시청률이 증가해 e스포츠 시청 인구가 늘어났으며, e스포츠 유료 관람화가 성공하는 등 e스포츠 시장 생태계 변화와 그에 따른 시장 가능성도 보여줬다.

4. 변화(제작사, 유통사, 기업 참여, 저변, 아마추어, 팬클럽, 커뮤니티, 미디어)

가. LoL 국내외 e스포츠 핵심 종목 등극과 프로e스포츠단 창단 러시

리그 오브 레전드(League of Legends, LoL)는 2013년 인기검색어 종합 부문 2위를 차지하면서 막대한 영향력을 과시했다. 네이버가 발표한 2013년 인기검색어 결산에 따르면 LoL은 다음에 이어 2위에 올랐다. 10위권 내 포함된 인기검색어는 포털 사이트, 은행, SNS, 소셜커머스 사이트 등으로 온라인 PC게임은 LoL이 유일했다.

LoL은 업데이트 및 점검이 진행될 때마다 '롤점검', '롤 북미서버', '롤서버' 등이 실시간 검색어를 점령했고, 높은 관심을 받고 있음이 드러났다. 또한, 'LoL 올스타전', 'LoL 월드 챔피언십', '롤챔스' 등 굵직한 경기가 있을 때마다 실시간 검색어 순위를 점령하기도 했다.

PC방 점유율 데이터를 봤을 때도 LoL은 2012년 중반 이후 계속 점유율 1위를 차지했고 2013년에는 한 번도 1위 자리를 내주지 않으면서 1위를 지켜냈다. 이로써 LoL은 70주 1위를 지켜내며 PC방 트렌드를 주도하는 게임으로 입지를 다졌다.

이처럼 2013년은 LoL이 e스포츠 주류로 안착한 해다. 2011년 말 한국에서 서비스를 시작한 LoL은 2012년 e스포츠 리그로서 성공 가능성을 드러냈고 2013년에는 확실하게 e스포츠 주류 종목으로 자리 잡았다.

LoL은 이용자들의 전폭적인 지지를 발판 삼아 인기를 끌었다. 2012년 가을 시즌부터 PC방 점유율 1위를 차지한 LoL은 2013년 내내 한 번도 1위를 내주지 않으면서 패권을 이어갔다. 최고 점유율 45%에 육박하며 대세로 떠올랐고, LoL이 점검에 들어가는 날에는 각종 포털 사이트 실시간 검색어가 LoL로 도배되는 등 대한민국은 'LoL 공화국'으로 변했다.

e스포츠 대회도 흥행했다. '올림푸스 LoL 챔피언스' 윈터 시즌과 스프링 시즌, '핫식스' 서머 시즌은 계속해서 만원 사례를 이어갔고 용산 e스포츠 상설 경기장은 관람객으로 가득 찼다. 스타크래프트: 브루드 워로 리그가 한창 인기를 끌 때 이상이라는 평가가 나올 정도였다. 여기에 라이엇 게임즈 코리아와 온게임넷이 결승전을 100% 유료로 진행했음에도 전석 매진이라는 성공 사례도 만들었다.

기업들이 LoL 프로e스포츠단 인수와 창단을 이어가면서 선수 경쟁력도 강화됐다. 2012년 10월 kt 롤스터가 LoL 게임단을 꾸린 뒤 2012년 거품 게임단을 인수하면서 LoL

팀을 꾸렸던 CJ 엔투스는 2013년 초 아주부와 계약이 해지된 프로스트와 블레이즈를 영입했다. 당시 1, 2위를 달리던 팀이었던 프로스트와 블레이즈를 영입하면서, CJ 엔투스는 단숨에 LoL 명문 구단 반열에 올랐다.

SK텔레콤 T1도 LoL 팀을 만들었다. 2012년 말 ESG(Eat Sleep Game)를 인수한 후 곧바로 국제 e스포츠 대회 '인텔 익스트림 마스터즈(Intel Extreme Masters, IEM)'에 출전해 우승을 차지하며 화제를 모았던 SK텔레콤 T1은 2팀까지 만들었다. 삼성전자는 2013년 중반까지 별다른 움직임이 없었는데, MVP가 운영하던 오존 팀이 'LoL 월드 챔피언십' 출전을 확정하자 팀을 통째로 인수하면서 창단했다.

나. SK텔레콤 T1 K, 한국 팀 사상 첫 'LoL 월드 챔피언십' 우승

SK텔레콤 T1 K 리그 오브 레전드 팀이 한국 팀 최초로 'LoL 월드 챔피언십'에서 우승을 차지했다. '임팩트' 정언영, '벵기' 배성웅, '페이커' 이상혁, '피글렛' 채광진, '푸만두' 이정현으로 구성된 SK텔레콤 T1 K는 2013년 9월 15일부터 10월 4일까지 열린 '리그 오브 레전드 월드 챔피언십(LoL 월드 챔피언십)' 시즌 3에서 정상에 올랐다.

SK텔레콤 T1 K는 올림푸스 리그 오브 레전드 챔피언스 코리아(롤챔스) 스프링에 처음으로 등장했다. 첫 공식 대회부터 선수 전원이 빼어난 기량을 발휘한 SK텔레콤 T1 K는 4강에 오르면서 화제를 모았지만, MVP 오존에게 패배하면서 로열 로더가 되지는 못했다. 그러나 CJ 엔투스 블레이즈를 3대0으로 물리치면서 3위를 차지했다.

다음 시즌인 핫식스 롤챔스 서머는 SK텔레콤 T1이 'LoL 월드 챔피언십'에 나갈 수 있는 발판을 마련한 대회다. SK텔레콤 T1 K는 16강부터 8강까지 한 세트도 내주지 않으면서 4강에 올랐고, 지난 시즌에 패배했던 MVP 오존에게 3대1로 되갚아주면서 결승에 진출했다.

결승전에서는 이동 통신사 라이벌인 kt 롤스터 B(Bullets, 불리츠)팀과 대결했는데, 풀 세트 접전 끝에 3대2로 승리했다. 이렇게 'LoL 월드 챔피언십' 서킷 포인트에서 3위에 오르면서 한국 대표 선발전 최종전에 진출한 SK텔레콤 T1 K는 kt 롤스터 B팀을 다시 한번 잡아내면서 처음으로 'LoL 월드 챔피언십'에 나섰다.

'LoL 월드 챔피언십'에서도 SK텔레콤 T1 K는 기대 이상으로 활약했다. 4개 팀이 한 조를 이뤄 두 번 대결하는 조별 풀리그에서 A조에 속한 SK텔레콤 T1 K는 중국 OMG에게는 패배했지만, 이후 7경기를 모두 승리하면서 조 1위로 8강에 올라갔다.

▲ SK텔레콤 T1 K LoL 월드 챔피언십 우승

이후 대만 감마니아 베어스를 2대0으로 격파해 4강 티켓을 따냈고, 4강에서는 한국 팀인 나진 블랙 소드를 만나 한 세트씩 주고받는 치열한 접전 끝에 3대2로 승리했다. 결승에서는 중국 팀 스타혼 로얄클럽을 상대로 압도적인 실력 차이를 보이면서 3대0으로 완승을 거두고 한국 팀 최초로 'LoL 월드 챔피언십' 우승을 차지했다.

다. 또 다른 게임 방송사 스포티비게임즈 개국

게임 전문 채널인 스포티비게임즈가 2013년 12월 28일 개국하면서 양대 게임 방송 체제가 갖춰졌다. 기존에 e스포츠와 게임을 다루는 채널은 온게임넷과 MBC게임이 존재했지만, 2011년 말 MBC게임이 음악 채널로 바뀌면서 폐국돼 10년 동안 이어오던 양대 게임 방송 체제가 무너

▲ 2013년 12월 28일 개국한 스포티비게임즈

지고, e스포츠 및 게임 전문 채널은 온게임넷 하나만 남은 상황이었다.

그러던 중 2012년 말 스포티비2 채널에서 'SK플래닛 스타크래프트 Ⅱ 프로리그 12-13' 시즌을 중계했고 스포티비가 스포티비게임즈라는 채널을 만들면서 2년 만에 양대 게임 채널 시대가 돌아왔다.

스포티비게임즈는 12월 28일 넥슨이 주최하는 피파온라인 3 챔피언십 방송과 12월 29일 한국e스포츠협회가 주최하는 SK텔레콤 스타크래프트 Ⅱ 프로리그 2014 시즌 방송을 시작으로 본격적인 행보를 이어갔다.

라. 한국, 실내무도 AG e스포츠 출전 4개 종목 모두 金

한국은 2013년 6월 29일부터 7월 2일까지 인천에서 열린 '제4회 실내무도 아시안게임' e스포츠 여섯 종목 가운데 네 종목에서 금메달을 따면서 e스포츠 강국이라는 사실을 다시 한번 보였다.

7월 1일 열린 리그 오브 레전드에서 한국(kt 롤스터 블리츠)이 중국을 제압하고 정상에 올랐고, 스페셜포스 종목에서도 한국 선수들이 대만을 꺾고 금메달 2개를 따냈다. 7월 2일에는 스타크래프트 Ⅱ 종목에서 kt 롤스터 이영호와 웅진 스타즈 김유진이 결승에서 맞붙었고 김유진이 2대1로 승리, 금메달을 목에 걸었다. 철권 종목에서는 배재민과 김현진이 결승에 진출했고 배재민이 2대0으로 승리하면서 우승했다.

이 밖에도 피파 13과 니드 포 스피드까지 6가지 종목으로 경기가 진행됐지만, 한 국가별로 최대 4개 종목에만 참가할 수 있는 규정이 있어 우리나라는 두 종목에는 참가하지 않았다. 피파 13은 우즈베키스탄 사프리킨이 금메달을 땄고, 니드 포 스피드는 카자흐스탄 크라브첸코가 금메달을 따냈다.

▲ 제4회 실내무도 아시안게임 한국 팀 단체 사진

마. WCG 2013 한국 2년 만에 종합 우승

'월드 사이버 게임즈(World Cyber Games, WCG) 2013' 그랜드 파이널에서 한국이 2년 만에 종합 우승을 달성했다. 2013년 11월 28일부터 12월 1일까지 중국 쿤산에서 열린 WCG 2013 그랜드 파이널에는 15만5천여 명이 현장을 방문해 성황을 이뤘다.

WCG는 2013년을 끝으로 워크래프트 3를 정식 종목에서 제외하기로 했고, 이때문에 WCG 2013에는 2012년 11만여 명보다 더 많은 관람객이 몰렸다. 여기에 한국 대표로 '제5종족'이라 불리는 장재호가 출전하면서, 중국 팬들은 장재호를 보기 위해 쿤산으로 몰렸다.

결승까지 오른 장재호는 후앙시앙에게 1대2로 패하면서 준우승에 머물렀다. 마지막 무대에 오른 장재호에게 WCG는 특별 트로피와 반지를 선사했고 장재호 또한 감사의 말을 전하면서 눈물을 보였다.

한국은 스타크래프트 II와 리그 오브 레전드(League of Legends, LoL)에서 금메달을 획득하면서 2012년 중국에게 내줬던 종합 우승타이틀을 되찾았다. 스타크래프트 II에서는 김민철이 금메달, 김정훈이 은메달, 원이삭이 동메달을 따면서 메달을 싹쓸이했고, LoL에서는 CJ 엔투스 블레이즈가 정상에 오르면서 금메달을 더했다.

중국은 워크래프트 3와 '크로스 파이어'에서 금메달을 가져갔지만 한국이 은메달 숫자에서 하나 앞서면서 종합 우승을 차지했다. 2011년 이후 2년 만이자 역대 8번째였다.

e스포츠 20년사 2014년

2014년

1. 미리보기

2014년은 우리나라 e스포츠 주요 종목이 완전히 리그 오브 레전드(League of Legends, LoL)로 바뀐 해다. 전 세계 주요 LoL 팀이 실력을 겨루는 'LoL 월드 챔피언십'이 한국에서 열렸고 삼성 갤럭시 화이트가 우승하면서 세계 최강 입지를 다졌다. 이와 함께 국내 LoL 리그가 단일 체제로 개편되면서 우수한 국내 선수들이 해외 팀으로 이적하기도 했고, LoL 승부 조작 사건이 발생해 국내 e스포츠 업계 간담을 서늘하게 만든 해다.

'LoL 월드 챔피언십'은 라이엇 게임즈가 1년에 한 번 개최하는 대회다. 2011년 스웨덴에서 열린 첫 번째 대회를 시작으로 2012년, 2013년에는 모두 미국 로스앤젤레스에서 열렸고, 특히, 2013년 결승전은 미국 프로 스포츠 핵심 장소인 스테이플스 센터에서 개최돼 주목받았다.

이런 와중에 2013년 11월 한국e스포츠협회와 라이엇 게임즈 코리아가 SK텔레콤 T1 K가 2013년 'LoL 월드 챔피언십'에 우승한 상황을 기념하고 소환사컵을 공개하기 위해 마련된 자리에서 2014년 'LoL 월드 챔피언십' 개최지를 한국으로 발표하면서 국내 팬들은 물론 e스포츠 업계에서도 관심을 가질 수밖에 없었다.

2014년 라이엇 게임즈는 동남아시아 지역인 대만과 싱가포르에서 16강을 분산 개최하고 8강 이후부터 한국에서 개최하는 방안을 발표하고, 이에 한국 팬들은 실망할 수밖에 없었다. 결국 8강부터 한국에서 진행된 'LoL 월드 챔피언십'은 삼성 갤럭시 화이트와 블루, 나진 화이트 실드 등 한국 대표 세 팀이 모두 8강에 진출해 적지 않은 국내 팬을 모을 수 있었다.

'2014 LoL 월드 챔피언십'은 8강전에만 총 관객 9천여 명이 모였는데, 4강전에는 1만 5천여 명이 모여 관객이 늘어나는 양상을 보였다. 이후 삼성 갤럭시 화이트와 스타혼 로얄 클럽이 벌인 결승전에는 관객 4만 명이 운집해 성황을 이뤘다.

'LoL 월드 챔피언십'이 열리기 직전인 2014년 10월부터 11월까지, 한국e스포츠협회, 라이엇 게임즈, 온게임넷으로 구성된 3자 협의체는 LoL 챔피언스(롤챔스)를 2015년부터 리그제로 변경하기로 합의했다. 이 과정에서 e스포츠 전문가, 팬이 한자리에 모여 의견을 나누는 공청회도 진행했다. 이를 통해 최저 연봉제 구축, 1년 의무 계약 기간 확정, 리그제 도입 등 선수 처우 개선이 확립됐다.

삼성 갤럭시 화이트가 우승한 2014 롤드컵이 끝난 후에는 우리나라 선수들이 중국, 북미, 유럽 등으로 대거 빠져나가는 현상이 일어났다. 국제대회에서 한국 선수들이 보인 빼어난 실력과 리그제로의 개편 등 여러 요인이 맞물려 해외 진출이 집중적으로 이뤄졌다.

2014년 라이엇 게임즈는 동남아시아 지역인 대만과 싱가포르에서 16강을 분산 개최하고 8강 이후부터 한국에서 개최하는 방안을 발표했고, 이에 한국 팬들은 적지 않은 불만을 표출할 수밖에 없었다. 라이엇 게임즈는 한국 팬들에게 실망을 안겨드린 점에 대해 사과하고, 롤드컵은 8강부터 한국에서 진행됐다.

이 밖에도 ahq 코리아 소속 '피미르' 천민기가 코칭 스태프 협박에 못이겨 승부 조작에 가담한 사실을 유서로 남기고 투신 자살을 시도해 e스포츠 업계 전체에 큰 충격을 줬고, LoL 외에도 다양한 e스포츠 종목들이 탄생했으며 13년 동안 열렸던 글로벌 e스포츠 대회 WCG가 해체되기도 했다.

2. e스포츠 주체(종목, 선수, 팀, 대회, 주최, 방송, 경기장)
가. 4만 관중 몰린 'LoL 월드 챔피언십'과 LoL 세계 최강 입지 다진 한국

2014년은 한국에서 '리그 오브 레전드 월드 챔피언십(LoL 월드 챔피언십)' 결승전이 처음 열린 해다. 'LoL 월드 챔피언십'은 라이엇 게임즈가 1년에 한 번 개최하는 대회로, 2011년부터 2012년, 2013년까지 모두 서구권에서 열렸다. 특히 2013년 결승전은 미국 프로 스포츠 핵심 장소인 스테이플스 센터에서 개최돼 주목받았다.

그런데 2013년 11월 한국e스포츠협회와 라이엇 게임즈 코리아가 '2013 LoL 월드 챔피언십'에서 우승한 SK텔레콤 T1 K를 기념하고 소환사컵을 공개하는 자리에서 '2014 LoL 월드 챔피언십' 개최지를 한국으로 발표하면서, 국내 e스포츠 업계와 팬은 물론 해외에서도 큰 관심을 갖게 됐다.

하지만 라이엇 게임즈는 2014년 들어 동남아시아 지역인 대만과 싱가포르에서 16강을 분산 개최하고 8강 이후부터 한국에서 개최하는 쪽으로 방향을 바꿨고, 이에 한국 팬들은 적지 않은 불만을 표출할 수밖에 없었다. 라이엇 게임즈는 분산 개최 전환에 대해서는 사과했지만, 결국 'LoL 월드 챔피언십'은 8강부터 한국에서 진행됐다.

처음으로 한국에서 열린 'LoL 월드 챔피언십'은 출전한 한국 팀들이 선전하고, 외국 팀에 속한 한국 선수들이 분전하면서 흥행했다. 삼성 갤럭시 화이트, 삼성 갤럭시 블루, 나진 화이트 실드 등 한국 대표 세 팀은 모두 8강 진출에 성공했고, 한국에 많은 팬을 보유한 '인섹' 최인석이 속한 중국 스타혼 로얄클럽, 북미에서 활동 중인 '러스트보이' 함장식이 속한 팀 솔로미드도 8강에 오르면서 적지 않은 팬을 모았다.

8강에 오른 한국 팀 세 팀은 모두 조 1위로, 8강전에서는 만나지 않았다. 이에 따라 서로 다른 팀과 대결하게 됐는데, 삼성 갤럭시 화이트는 북미 팀 솔로미드를 3대1로 꺾었고, 삼성 갤럭시 블루는 북미 클라우드 나인을 3대1로 제압, 나진 화이트 실드는 중국 OMG에게 3대0으로 패하면서 4강 진출에 실패했다.

4강에서는 삼성 갤럭시 화이트와 블루가 맞대결을 펼친 '삼성 내전'이 성사됐다. 그 결과 삼성 갤럭시 화이트가 3대0으로 블루를 격파하면서 결승에 선착했다. 중국 스타혼 로얄클럽을 만난 OMG는 2대3으로 아쉽게 패하면서 결승 문턱에서 고배를 마셨다. 이어서 열린 결승전에서는 삼성 갤럭시 화이트가 더 높은 기량을 선보이면서 중국 스타혼 로얄클럽을 3대1로 격파하고 SK텔레콤 T1에 이어 두 번째로 'LoL 월드 챔피언십'에서 우승한 한국 팀이 됐다.

▲ LoL 월드 챔피언십 4만 관중 운집

2014년 10월 3일부터 6일까지 나흘간 열린 8강전에는 관람객 총 9천여 명이 모였고 10월 11일과 12일 이틀간 개최된 4강에는 관람객 1만5천여 명이 운집했다. 삼성 갤럭시 화이트와 스타혼 로얄클럽이 벌인 결승전에는 관람객 4만 명이 모여 성황을 이뤘다. 한국에서 열린 8강부터 결승전까지 모든 행사는 유료 입장을 시도했으므로, 결승전 4만 관중은 역대 e스포츠 사상 유례를 찾을 수 없는 일로 기록됐다.

이렇게 'LoL 월드 챔피언십'에서 우승을 차지한 한국은 2014년 한 해 열린 다른 국제 대회에서도 두각을 드러냈다. 2014년 3월 14일부터 16일까지 열린 인텔 익스트림 마스터즈(Intel Extreme Masters, IEM) 시즌 8 월드 챔피언십에서는 kt 롤스터 불리츠가 정상에 올랐다.

kt 롤스터는 초반부터 승승장구했다. 듀얼 토너먼트 방식으로 진행된 그룹 스테이지에서 밀레니엄을 꺾은 뒤 승자전에서 중국 인빅터스 게이밍을 물리치고 4강에 진출, 유럽 전통 강호 갬빗 게이밍을 2대0으로 격파하고 결승에서 프나틱을 3대0으로 완파하면서 우승했다.

이어서 2014년 5월 8일부터 11일까지 열린 LoL 올스타 인비테이셔널에 한국 대표로 출전한 SK텔레콤 T1 K는 중국 OMG, 유럽 프나틱, 북미 클라우드 나인, 홍콩/대만/마카오 타이페이 어새신스와 풀리그를 치렀다. 이 과정에서 한 번도 패배하지 않으면서 조 1위를 차지한 SK텔레콤 T1 K는 3강에서도 유럽 프나틱을 2대0으로 제쳤고 결승에서는 중국 OMG를 3대0으로 완파하면서 정상에 올랐다.

이렇게 한국은 'LoL 월드 챔피언십'에서 삼성 갤럭시 화이트가 우승, IEM 시즌 8 월드 챔피언십에서 kt 롤스터 불리츠가 우승, 올스타 인비테이셔널에서 SK텔레콤 T1 K가 우승을 차지하면서 2014년 한 해 열린 각종 LoL 관련 국제 e스포츠 대회를 모두 석권했다.

나. 'LoL 월드 챔피언십'보다 더 뜨거웠던 국내 리그

'LoL 월드 챔피언십'에서 한국 팀이 2년 연속 우승을 차지하고, 2014년 한 해 열린 LoL 국제 e스포츠 대회에서도 모두 한국 팀이 우승할 수 있었던 배경에는 한국에서 진행된 리그, 즉 LoL 챔피언스 코리아(롤챔스)가 큰 몫을 했다.

2013년 'LoL 월드 챔피언십'에서 우승하고 한국에 돌아온 SK텔레콤 T1 K는 곧바로 열린 판도라TV 롤챔스 윈터 시즌에서 위력을 발휘했다. 형제팀인 SK텔레콤 T1 S가 마련돼 이름을 SK텔레콤 T1 K라고 이름을 붙이고 참가한 이 대회에서 SK텔레콤 T1 K는 16강 A조 풀리그에서 3전 전승으로 기분 좋게 출발했다.

이어진 8강에서 SK텔레콤 T1 K는 삼성 갤럭시 블루를 3대0으로, 4강에서는 kt 롤스터 불리츠를 3대0으로 꺾었고 결승에서도 삼성 갤럭시 화이트를 3대0으로 제압하면서 롤챔스 역사상 최초로 무실 세트, 전승 우승이라는 기록을 달성했다.

스프링 시즌에는 판세가 달라졌다. SK텔레콤 T1 K가 형제 팀인 SK텔레콤 T1 S와 한 조에 속하면서, 서로 1승1무1패를 기록해 순위 결정전을 치른 끝에 8강 진출에 성공했지만, 윈터 때와 같은 파괴력을 보여주지는 못했다.

결국 8강에서 삼성 갤럭시 화이트에게 패배하면서 SK텔레콤 T1 K는 떨어졌고, 삼성 갤럭시 화이트도 삼성 갤럭시 블루에게 1대3으로 덜미를 잡히면서 전 대회 우승, 준우승 팀이 모두 떨어지는 파란이 일어났다. 이런 상황에서 삼성 갤럭시 블루는 결승전에서 나진 화이트 실드를 격파하고 첫 우승을 차지했다.

서머에서도 판세는 바뀌었다. kt 롤스터가 운영하던 팀 가운데 연령이 낮은 선수들로 구성된 kt 롤스터 애로우즈는 16강 D조에서 2승1무로 조 1위를 차지했고, 8강에서는 나진 화이트 실드를 3대2로 격파하면서 어렵게 8강에 올라갔다. 이후 SK텔레콤 T1 S를 상대로 5세트 접전 끝에 3대2로 승리한 kt 롤스터 애로우즈는 결승전에서 스프링 우승자인 삼성 갤럭시 블루를 상대로 5세트 접전 끝에 3대2로 승리, 우승컵을 거머쥐었다.

이렇게 시즌마다 우승 팀이 바뀌는 2014 롤챔스 중에서도, 'LoL 월드 챔피언십' 한국 대표 선발전은 특히 손에 땀을 쥐게 했다. 당시 'LoL 월드 챔피언십' 직행 티켓은 각 대회별로 차별화된 포인트를 제공하고 합산해서 상위 1, 2위에게 직행권을 주는 방식이었는데, 스프링 우승, 서머 준우승을 차지한 삼성 갤럭시 블루고 675점으로 1위였고, 삼성 갤럭시 화이트, SK텔레콤 T1 K가 525점으로 타이였다.

그런데 'LoL 월드 챔피언십' 직행을 놓고 벌인 5전 3선승 경기에서 삼성 갤럭시 화이트가 3대0으로 승리하면서 SK텔레콤 T1 K는 지역 대표 선발전 최종전을 치러야 했다. 지역 대표 선발전에서는 나진 화이트 실드가 kt 롤스터 불리츠와 애로우즈를 각각 3대0으로 연파하고 SK텔레콤 T1 K도 3대1로 격파하면서 전 시즌 'LoL 월드 챔피언십' 진출팀을 제치고 롤드컵 출전권을 얻어냈다.

다. LoL 선수들 외국으로

2014년 한 해 동안 한국 리그 오브 레전드(League of Legends, LoL) 선수들이 중국과 북미, 유럽 등으로 대거 빠져나가는 '엑소더스' 현상이 일어났다. 2014년 이전에도 외국팀에서 온 러브콜을 받고 소속을 옮기는 일이 있긴 했지만, 2014년 'LoL 월드 챔피언십' 이후 이는 본격화됐다.

시발점은 최인석과 윤경섭이었다. kt 롤스터에서 활동하던 '인섹' 최인석과 '제로' 윤경섭은 김선묵 코치와 함께 중국 스타혼 로얄클럽으로 자리를 옮겼다. 2014년 5월 출국해 6월부터 중국에서 활동한 두 선수는 스타혼 로얄클럽을 중국 'LoL 월드 챔피언십' 대표로 만들었다. 9월부터 열린 'LoL 월드 챔피언십'에서 두 선수는 스타혼 로얄클럽을 2년 연속 'LoL 월드 챔피언십' 결승전에 올려 놓는 성과를 이뤘다.

비슷한 시기에 북미 지역 명문 게임단인 팀 솔로미드(Team Solo Mid, TSM)로 자리를 옮긴 '러스트보이' 함장식도 'LoL 월드 챔피언십' 8강까지 진출하면서 한국 선수들에 대한 시선이 좋아졌다.

'LoL 월드 챔피언십' 이후 외국팀들은 본격적으로 한국 선수 영입을 시도했다. 외국 팀들은 한국 선수 실력이 빼어나고 게임은 콘텐츠 특성상 언어 장벽이 그리 높지 않다는 점에 착안해 여러 선수들에게 러브콜을 보냈다.

한국 지역 대회가 2015년부터 단일팀 체제로 운영된다는 점도 이 현상을 부추겼다. 당시 한국은 기업팀을 비롯한 대부분 팀들이 1,2팀 체제를 고수하면서 연습 효율성을 높이고 세계적인 수준으로 실력을 성장시켰는데, 기존 토너먼트제에서 리그제로 개편되며 참가팀 수를 비롯한 다양한 변화가 일어나면서 위기 의식을 가진 선수들은 외국 팀과 적극적으로 연락을 취했다.

'엑소더스' 결과 중국에 진출한 선수가 가장 많았다. 'LoL 월드 챔피언십' 우승과 4강에 오른 삼성 갤럭시 선수들은 선수 전원이 중국행을 택했다. 특히 삼성 갤럭시 화이트 '마타' 조세형, '맨디' 최인규, 삼성 갤럭시 블루 '하트' 이관형, 연습생 출신 '스캐치' 변세훈은 비시 게이밍으로 이적했다.

삼성 갤럭시 화이트 '폰' 허원석과 삼성 갤럭시 블루 '데프트' 김혁규는 에드워드 게이밍, 삼성 갤럭시 화이트 '임프' 구승빈과 삼성 갤럭시 블루 '에이콘' 최천주는 LGD 게이밍, 삼성 갤럭시 화이트 '루퍼' 장형석, 삼성 갤럭시 블루 '스피릿' 이다윤, '다데' 배어진은 이 월드 엘리트로 팀을 옮겼다.

삼성 갤럭시 외에도 나진 화이트 실드 '세이브' 백영진, 진에어 스텔스 '플라이' 송용준이 인빅터스 게이밍으로 자리를 옮겼고 CJ 엔투스 블레이즈 '플레임' 이호종과 CJ 엔투스 프로스트 '스위프트' 백다훈도 중국에 자리 잡았다.

미국과 유럽으로 넘어간 선수도 많았다. SK텔레콤 T1 K '피글렛' 채광진은 커즈 게이밍으로, 진에어 팰컨스 '미소' 김재훈도 같은 팀으로 옮겼다. CJ 엔투스 프로스트와 kt 롤스터 애로우즈에서 뛰었던 '막눈' 윤하운과 빅파일 미라클 '후히' 최재현은 퓨전 게이밍으로 건너갔다. kt 롤스터 불리츠 출신 '류' 류상욱과 SK텔레콤 T1 S 출신 '호로' 조재환은 유럽으로 갔다.

삼성 갤럭시 화이트 '옴므' 윤성영이 비시 게이밍으로, '훈' 김남훈이 중국 월드 엘리트로 건너가면서, 지도자 해외 진출도 늘었다.

라. 2015 시즌부터 단일 팀 체제 리그제로 개편되는 롤챔스

국내 리그 오브 레전드(League of Legends, LoL) 프로리그인 롤챔스가 2015년부터 단일 팀 체제 리그제로 변경되는 안건이 공개됐다. 한국e스포츠협회, 라이엇 게임즈, 온게임넷으로 구성된 3자 협의체는 2014년 10월 28일 공식 대회를 토너먼트에서 리그 방식으로 변경하고 상반기와 하반기 2개 리그가 진행되는 1차 개편안을 발표했다.

개편안에 따르면 참가 팀을 정하는 방식은 과거 롤챔스 성적을 고려해 상위 6개 팀에 시드를 제공하면서 2개 팀은 별도 선발전을 진행하기로 했다. 이렇게 2015 시즌부터는 총 8개 팀이 참가하게 되고, 향후 리그에 참가하는 팀 숫자를 늘리기로 했다.

또한, 팀별로 유지해야 하는 의무 엔트리도 10명으로 변경하면서 기존 2개 팀 체제 인원을 모두 수용하고, 상위 리그가 8개 팀으로 축소되는 과정에서 리그가 위축되는 일이 없도록 2군 리그 신설과 의무 엔트리 10명이 챔피언스는 물론 2군 리그 모두 출전이 가능하도록 했다. 여기에 선수 처우 개선을 위해 최저 임금제 도입도 확정됐다. 최저 임금은 선수당 연봉 2천만원으로, 팀당 5명에 대한 최저 연봉 1억원은 라이엇 게임즈가 전액 지원하기로 했다.

10월 29일 발표된 추가 방안에서는 서머 시즌에 2개 팀을 증원해 롤챔스에 참가하는 팀을 총 10개 팀으로 확대하는 내용과, 2015년부터 단기 컵 대회 개최 가능, 2군 리그 창설과 별도로 챌린저 시리즈와 승강제도 도입이 담겼다.

그런데 두 차례에 걸쳐 발표된 개편안은 팬들로부터 반응이 크게 엇갈렸다. 선수들이 해외로 대거 이적한 상황에서 10인 로스터를 제대로 갖출 수 있는 팀이 많지 않으리라는 의견이 압도적이었다.

이에 따라 3자 협의체는 11월 14일 e스포츠 전문가와 팬이 한자리에 모여 의견을 수렴하는 공청회를 진행했다. 3시간 30여 분 동안 진행된 공청회에서는 대부분 1차 운영안을 변경해야 한다는 쪽으로 의견이 모였다.

공청회 이후 3자 협의체는 11월 11일 보다 현실적인 의견을 반영한 최종안을 공지했다. 1차 운영안에서 공개된 리그제 도입, 최저 연봉제 구축, 1년 의무 계약 기간 확정 등 선수 처우 개선 항목은 유지하면서, 효용성 측면에서 의문을 낳던 10인 로스터는 5인으로 줄였고, 승강전 도입 시기도 '2015 롤챔스' 서머 시즌으로 앞당겼다.

최종 개편안이 나오기까지 의견을 조율하는 과정에서 시간이 걸리기는 했지만, 3자 협의체가 e스포츠 업계 관계자와 팬들로부터 의견을 받아들이고 이를 반영해 적극적으로 개편안을 수정한 점은 적극적인 e스포츠 업계는 물론 팬들에게 좋은 의사 소통으로 높은 평가를 받았다.

마. 롤챔스 유료 지정좌석제 도입

2014년 롤챔스 정규 시즌부터는 유료 좌석제가 도입됐다. 라이엇 게임즈와 온게임넷은 롤챔스 스프링 8강부터 인터넷 예매를 통해 좌석을 지정할 수 있도록 시스템을 갖춰 팬들이 대기 시간 없이 경기 시간에 맞게 경기장에 도착해 경기를 즐길 수 있도록 했다.

4월 14일부터 개시된 롤챔스 8강 사전 예매는 10분 만에 매진될 정도로 결승전 못지 않은 반응을 이끌어냈다. 롤챔스는 그동안 관람석에 앉기 위해 상당히 이른 시간부터 자리를 지켜야 입장권을 받을 수 있었고, 인기 팀 경기는 대기열이 야외까지 이어지는 일이 빈번했다. 이는 혹서기나 혹한기에 안전 문제로 이어질 가능성도 있어 유료 지정좌석제를 통해 이런 문제를 완전히 해결했다.

유료 지정좌석제는 팬들로부터 지속적인 요구를 받아 이뤄졌다. 롤챔스 스프링 시즌을 시작하기 전 관람 편의성을 높이기 위해 '이용자 대상 간담회'를 개최했고 간담회 참석자들은 비용을 지불하더라도 불편함 없이 관람을 하고 싶다는 의견을 내면서 예매 시스템 도입을 촉구했다. 이렇게 이뤄진 예매는 영화관처럼 지정좌석제로 이뤄졌고, 1인 2매, 가격은 3천 원으로 책정됐다.

바. '피미르' 천민기 승부 조작 후 자살 시도

리그 오브 레전드가 인기 가도를 달리면서 빛을 발했지만, 그림자도 함께 나타났다. ahq 코리아에서 활약하면서 롤챔스 본선까지 오른 '피미르' 천민기는 코칭 스태프 협박에 못이겨 승부 조작에 가담한 사실을 유서를 통해 털어놓고 투신 자살을 시도해 e스포츠 업계는 물론 팬들에게도 큰 충격을 줬다.

ahq 코리아 노대철 감독은 소속 선수들에게 "온게임넷 관계자로부터 대기업팀에게 져주라는 협박을 받았다"며 패배를 강요했는데, 실제로는 사설 도박에 빠진 감독이 만들어낸 거짓말이었음이 드러났고, 돈을 챙기려고 선수들에게 공갈과 협박을 일삼으면서 승부 조작을 강요한 정황이 밝혀졌다.

이에 한국e스포츠협회는 즉시 대책마련 팀을 구성해 상황 파악에 나섰고 경찰 등 수사 기관에 고발하면서 강하게 대처했다. 자살 기도로 큰 부상을 입은 천민기는 다행히 병원으로 옮겨져 목숨을 건졌고 관계자 및 팬 모금 운동으로 치료를 받아 상태가 호전됐다.

▲ 롤챔스 스프링 결승전 전경

3. 제도(협회, 제도, 정부, 기관)
가. 전병헌 의원, 한국e스포츠 협회장 사퇴

2013년 한국e스포츠협회 회장직을 맡은 민주통합당 전병헌 의원이 2년을 다 채우지 못하고 한국e스포츠협회장에서 물러났다. 2014년 12월 16일 서울 넥슨 아레나에서 열린 'SK텔레콤 스타크래프트Ⅱ 프로리그 2015' 시즌 미디어데이 현장에서 전병헌 의원은 사퇴 의사를 밝혔다.

이 배경에는 국회의장 사직 권고 요청이 있었다. 10월 31일 정의화 국회의장은 국회 윤리심사자문위원회의 심사 결과를 검토한 결과 겸직 및 영리 업무를 하고 있는 국회의원 중 43명에 대해 업무 금지 통보를 내렸다. 여기에는 한국e스포츠협회를 맡고 있는 전병헌 의원도 포함됐다.

나. 한국e스포츠협회 이스포츠 종목선정기관 지정

2014년 2월 11일에 문화체육관광부가 협회를 이스포츠 종목선정 기관 및 산업 지원 센터로 지정했다.

사단법인 한국e스포츠협회는 문화체육관광부가 『이스포츠(전자 스포츠)진흥에 관한 법률』상 지정할 수 있게 되어있는 '이스포츠 산업 지원 센터' 및 '이스포츠 종목선정 기관'으로 선정됐다.

『이스포츠(전자 스포츠)진흥에 관한 법률』
제12(종목다양화 지원)①문화체육관광부장관은 이스포츠의 종목 다양화를 촉진하기 위하여 종목선정 기관을 지정하여 그 종목선정 기관으로 하여금 이스포츠의 종목선정을 실시하게 할 수 있다.

제13조(이스포츠 산업 지원 센터의 지정 등) ①문화체육관광부장관은 이스포츠 산업의 발전을 위하여 다음 각 호의 어느 하나에 해당하는 기관을 이스포츠 산업 지원 센터(이하 "지원센터"라 한다)로 지정할 수 있다.

문화체육관광부는 『이스포츠(전자 스포츠)진흥에 관한 법률』에 따라, 협회를 '이스포츠 산업 지원 센터' 및 '이스포츠 종목선정 기관'으로 선정했다.

한국e스포츠협회는 이번 '이스포츠 산업 지원 센터' 지정 목적에 따라 대회, 경기장, 시설 등 제반 사항에 대한 모델 연구 및 현황조사와 경기장 시설 구축과 운영 지원 등 이스포츠 산업 경쟁력 강화를 위한 연구 및 지원 사업을 통해 산업 발전과 고도화에 이바지할 것이며, 현직에 종사하는 업계 전문 인력의 육성과 권익 보호를 위해 적절한 지원과 정책을 마련할 예정이다.

또한, 한국e스포츠협회는 '이스포츠 종목선정 기관' 지정으로 이스포츠 종목의 다양성 및 활성화를 촉진하기 위하여 국내 유통 게임물 중 이스포츠로 적합한 종목을 선정할 수 있도록 합리적인 기준과 절차를 마련하고 심의를 통해 종목을 선정하게 된다. 학계, 언론계, 관계기관 및 시민단체의 인사로 전문성을 갖춘 심의위원회를 구성하며 향후 활성화 상태에 따라 적절한 지원 방안 마련과 조언 등 사후 관리를 할 예정이다.

다. KeSPA컵, 스타크래프트 II 종목으로 7년 만에 부활

2007년 2회 대회 이후 폐지됐던 KeSPA(한국e스포츠협회)컵이 2014년부터 다시 열렸다. '2014 KeSPA컵'은 스타크래프트 II 글로벌 티어1 대회(총 7,000 WCS 포인트)로, 9월 12일부터 14일까지 3일 동안 진행됐다.

총 상금은 8천만 원, 우승 상금은 3천만 원으로 SK텔레콤 스타크래프트 II 프로리그 정규 시즌 다승 상위 2명과 GSL 및 WCS 북미, 유럽 시즌 2 우승, 준우승 선수들에게 16강 자동 진출권이 부여됐다.

한국 국적이 아닌 선수들을 위해 온라인 글로벌 예선을 통해 북미 서버 1명, 유럽 서버 1명을 선발했고 그 외 전 세계 모든 스타크래프트 II 이용자들이 참가할 수 있는 공개 온라인 예선(한국/대만 서버 진행)을 통해 6명을 뽑았다. 이렇게 7년 만에 부활한 KeSPA컵은 kt 롤스터 '제스트' 주성욱이 우승을 차지했다.

주성욱은 16강에서 진에어 그린윙스 '피그베이비' 양희수를 3대0으로 꺾었고 8강에서는 진에어 그린윙스 'sOs' 김유진을 3대2로 제쳤다. 이어진 4강에서는 SK텔레콤 T1 '클래식' 김도우를 3대1로 잡아낸 후, 결승에서 CJ 엔투스 '히어로' 김준호를 4대1로 격파하면서 우승컵을 안았다.

4. 변화(제작사, 유통사, 기업 참여, 저변, 아마추어, 팬클럽, 커뮤니티, 미디어)

가. 종목 다변화 원년

2014년은 e스포츠 역사상 가장 많은 종목 리그가 열린 해로 기록될 정도로 e스포츠 리그가 풍년이었다. 특히 강남에 넥슨 아레나라는 e스포츠 경기장을 오픈한 넥슨은 자사가 서비스하는 종목 e스포츠 리그를 한데 모아 개최하면서 열정적인 모습을 보였다.

넥슨은 월드컵을 맞아 피파온라인 3 챔피언십 리그를 론칭했다. 개인전과 팀전로 나뉘어 총 두 시즌이 진행된 대회는 3일 내내 결승전을 진행하는 피파온라인 파이널 위크 시스템을 도입하면서 한 주 전체를 축제로 만들어 e스포츠 리그를 한 층 발전시켰다는 평가를 받았다.

카트라이더 리그는 실제 레이싱 대회에 출전하는 프로 레이서와 레이싱 모델인 매니저가 한 팀을 이뤄 선수들을 드래프트를 통해 선발하는 방식으로 진행됐는데, 기존 리그 틀을 깨는 새로운 방식으로 e스포츠와 엔터테인먼트를 접목시키는데 성공하면서 차차 리그다운 면모를 갖춰 나갔다.

서든어택 리그는 세대 교체가 이뤄지면서 이벤트로만 여겨졌던 여성부 리그가 일반부 리그만큼 경기력이 향상됐다는 평가를 받았고 일반부에서는 '그들만의 리그'라는 오명을 벗고 서든어택 이용자 관심을 이끌어 냈다.

던전앤파이터와 사이퍼즈로 치러지는 액션토너먼트는 국산 종목 가운데 처음으로 유료 좌석제를 도입했다. 그런데도 매 경기마다 매진을 기록하면서 국산 종목도 충분히 유료화가 가능한 점을 보여줬다.

도타 2로 공식리그를 시작한 코리아 도타 2 리그(KDL)는 2014년부터 시즌제를 도입하면서 안정감을 가졌다. 2014년 2월16일 시즌 1 개막을 시작으로 4개 시즌을 진행한 KDL은 7월 미국 시애틀 키아레나에서 열린 도타 2 세계 대회 디 인터내셔널 4 선수 선발전도 겸했다.

엔씨소프트는 블레이드 & 소울 e스포츠 리그인 '블레이드 & 소울 비무제'를 출범하고 8월 천하제일비무 프리시즌을 개최하면서 본격적으로 활동했다. 이후 아이덱스가 처음으로 게임단을 만들면서 프로e스포츠단 창단이 이어졌다.

프리시즌을 성공적으로 마친 엔씨소프트는 10월 하반기 대회인 비무제 한국 최강자전과 한·중 최강자전을 개최했다. 비무제는 유료 관중 시스템을 시도했는데, 16강 1일차 100

석, 한국 최강자전 결승 300석, 한·중 최강전 결승 300석 총 700석이 4분 만에 매진됐다.

블리자드 엔터테인먼트는 2014년 출시된 하스스톤으로 2014 인비테이셔널과 한국 마스터즈 등 e스포츠 대회를 개최했다. 이후 월드 챔피언십 종목으로 하스스톤을 포함시켰고 첫 대회는 미국 출신 '파이어뱃(Firebat)' 제임스 코스테시치가 우승을 거머쥐었다. 한국 선수는 '크라니시' 백희준이 3위를 차지했다.

나. e스포츠, 전국체전 첫 참가

2014년에는 e스포츠가 체육인 축제인 전국체전에 처음으로 참가했다. 2014년 10월 29일부터 30일까지 열린 전국체전에서 e스포츠는 정식 종목이 아닌 동호인 종목으로 참여했는데, 대회 공식 홈페이지를 마비시키고 가장 많은 팬을 경기장으로 불러 모으는 등 큰 성과를 냈다.

전국체전에서 e스포츠는 리그 오브 레전드(League of Legends. LoL), 스타크래프트 II, 카트라이더, 피파온라인 3 등 네 개 종목으로 경합을 벌였고 서울이 LoL, 스타크래프트 II, 카트라이더 등 세 개 종목에서 금메달을 획득하며 종합 1위로 가장 좋은 성적을 거뒀다.

첫날부터 LoL 프로게이머 팬사인회를 열면서 관심을 모은 e스포츠 대회는 지상파 KBS 9시 뉴스에 소개되기도 하면서 전국체전에서 가장 많은 관심을 받았다. 또한, e스포츠 경기 결과를 확인하기 위해 팬들이 몰리면서 전국체전 공식 홈페이지가 마비되는 사건이 발생하기도 했다.

▲ 전국체전 개회식

다. 국제 종합 e스포츠 대회 WCG, 13년 만에 폐지

글로벌 e스포츠 대회 월드 사이버 게임즈(World Cyber Games, WCG)가 13년 만에 폐지됐다. 2000년 시뮬레이션 대회인 챌린지를 시작으로 2001년부터 본격적으로 대회를 연 WCG는 삼성전자가 타이틀 후원사로 나서고 한국 정부가 2005년까지 지원금을 대면서 글로벌 e스포츠 대회로 입지를 다졌다.

이후 WCG는 e스포츠 개념이 다져지지 않았던 2000년대 초반, 전 세계에 e스포츠를 알리는 홍보 대사 역할을 했다. 첫 대회부터 37개국 선수들을 모집했고 이후 세를 불려가면서 2008년 독일 쾰른에서 개최된 그랜드 파이널에서는 78개국 선수들이 모여 세계 최대 규모 e스포츠 축제로 자리매김했다.

2003년까지 한국에서 대회를 열었던 WCG는 올림픽이나 월드컵처럼 개최지(호스트시티) 개념을 도입해 세계 각지 도시로부터 후보 신청을 받았다. 그 결과 2004년 미국 샌프란시스코를 시작으로, 2005년 싱가포르, 2006년 이탈리아 몬자, 2007년 미국 시애틀, 2008년 독일 쾰른, 2009년 중국 청두, 2010년 미국 로스앤젤레스, 2011년 한국 부산, 2012년과 2013년 중국 쿤산에서 그랜드 파이널을 열었다.

WCG는 개최되는 곳마다 수많은 e스포츠 팬들을 불러모았다. 그러면서 한국이 글로벌 e스포츠 대회 운영, 선수 선발, 종목 선정 등 경쟁력을 키우는 데 크게 공헌했다. 그러나 WCG가 폐지되면서, 한국이 가진 글로벌 e스포츠 경쟁력도 약화됐다.

라. 중앙대, e스포츠 특기 전형 신설

한국e스포츠협회는 넥스트 e스포츠 1차 액션플랜을 통해 e스포츠 선수 권익보호와 재사회화 교육을 약속했다. 이에 따라 중앙대학교는 e스포츠 선수를 특기 전형으로 선발하기로 했고, '샤이' 박상면과 '앰비션' 강찬용이 대학에 진학했다.

중앙대학교 이용구 총장을 비롯한 교육계 인사들에게 한국e스포츠협회 전병헌 회장은 디지털시대 새로운 스포츠 종목으로 e스포츠가 가진 위상 제고와 필요성을 역설해 왔다. e스포츠는 1020세대로부터 압도적인 지지를 받고, 국내뿐만 아니라 해외에서도 큰 인기를 얻고 있는 만큼, e스포츠 특기전형이 대학 이미지 제고와 국적 인지도 확산에도 큰 도움이 될 수 있다는 뜻을 수 차례 전달했다.

그 결과 중앙대학교는 e스포츠 선수를 특기전형으로 선발하기로 했다. 중앙대학교 e스포츠 특기전형 모집 학부는 스포츠과학부로, 전형방법은 적성실기 20%, 수상실적 80%로 이뤄지며 수능 최저학력 기준은 없었다. 2017년까지 운영된 e스포츠 특기전형은 미국 대표 일간지 뉴욕타임즈에서 조명되기도 했고, '캡틴 잭' 강형우, '러스트보이' 함장식, '모글리' 이재하, 정세현 등이 대상자로 선정됐다.

중앙대학교 2015학년도
입학전형 기본계획

[특기형]

모집단위		적성 실기(%)	수상실적(%)
체육교육과	단체, 개인		
공연영상창작학부	연기(연기), 영화, 문예 창작		
디자인학부	공예	20	20
스포츠과학부	단체(축구, 농구, 야그)		
	개인(골프, 볼링, 테니스, 배드민턴, 스노보드, 스쿼시, 사격, 수상스키, E-Sports)		

※ 적성 실기 : 기초실기 및 면접을 병행하여 실시할 수 있음

▲ 중앙대학교 e스포츠 특기 전형

e스포츠 20년사 2015년

2015년

1. 미리보기

2015년은 한국e스포츠협회가 대한체육회 준가맹단체 승인을 받고, 막을 내린 스타크래프트 리그가 부활했지만, LCK에서는 복수 중계권 논란이 발생하고 스타크래프트 Ⅱ에서는 또다시 승부 조작이 밝혀져 e스포츠 업계에 큰 파장을 준 해다.

한국e스포츠협회는 2015년 1월 30일 대한체육회로부터 준가맹단체 승인 공문을 받으면서 e스포츠 정식 스포츠화에 한 걸음 다가갔다. 2000년 설립된 한국e스포츠협회는 2007년부터 국내에서 e스포츠를 정식 스포츠로 인정받기 위해 꾸준히 노력해 왔고, 2009년 인정단체 승인 후 6년 만에 준가맹단체로 승인받았다.

리그 오브 레전드 챔피언스 코리아(LCK)는 복수 중계권 논란으로 시끄러웠다. 논란은 라이엇 게임즈가 2016년 서머 시즌부터 LCK를 중계하는 방송사로 스포티비게임즈를 참여시키고 OGN과 복수 중계를 발표하면서 빚어졌다.

논란은 해외 매체가 갑작스레 소식통을 인용해 보도하면서 불거지기 시작했다. 라이엇 게임즈는 논란이 이어지자 이에 대해 2016년 서머 시즌부터 LCK를 중계하는 방송사로 스포티비게임즈를 참여시키고 OGN과 복수 중계 계획을 담은 입장문을 발표했다.

이에 대해 OGN은 논의되지 않은 일방적 통보라면서 유감을 표했고, 리그 제작 비용 등 문제를 제기하면서 진실 공방으로 번지기도 했다. LCK 복수 중계 논란은 2007년 e스포츠 업계를 뒤흔든 스타크래프트 지식재산권 분쟁을 떠올리게 했고, e스포츠 관계자는 물론 팬들까지 '시장 위축'에 대한 우려를 하게 만들었다.

스타크래프트 Ⅱ에서는 프로e스포츠단 감독과 에이스 선수, 전직 프로게이머가 공모한 승부 조작 사건이 발생해 e스포츠 업계를 뒤흔들었다. 특히 2010년 스타크래프트에서 스타 선수들이 승부 조작에 가담해 리그를 파멸로 몰고 갔기에, 충격은 더 클 수밖에 없었다.

이 밖에도 SK텔레콤 T1이 처음으로 'LoL 월드 챔피언십'을 2회 제패했고, 아마추어 LoL 선수 실력을 공개적으로 시험하는 트라이아웃이 국내 최초로 개최되기도 했다. 또한, kt 롤스터 '최종병기' 이영호가 은퇴를 선언하는가 하면, 국방부에서는 병영 내 게임 방송이 차단되는 헤프닝이 벌어져 논란이 됐다.

2. e스포츠 주체(종목, 선수, 팀, 대회, 주최, 방송, 경기장)
가. 스타크래프트 II에서도 등장한 승부 조작

2010년 스타크래프트에서 대형 스타들이 가담한 승부 조작 사건이 발생해 e스포츠 업계를 뒤흔들었고, 2014년에는 승부 조작 가담을 양심 선언한 리그 오브 레전드 선수가 투신 자살을 시도해 e스포츠 업계에 충격을 줬다.

그런데 이런 승부 조작 사태가 2015년에는 스타크래프트 II에서도 나타났다. 이번에는 프로e스포츠단 감독과 에이스 선수, 전 프로게이머가 모의한 정황이 밝혀지면서 e스포츠 업계는 이전보다 더 큰 충격에 빠졌다.

스타크래프트 II 승부 조작 혐의는 프라임 감독 박외식과 팀 에이스였던 최병현, 최종혁 등 9명에게 적용됐다. 여기에 전직 프로게이머 성준모가 브로커로 활동했고 조직 폭력배까지 개입해 체계적으로 승부 조작이 일어난 정확이 포착됐다.

창원지검 특수부가 2015년 10월 19일 발표한 내용에 따르면 브로커들은 게임단 후원을 빙자해 팀에 접근했고, 운영비를 지원하는 방식으로 승부 조작을 제의했다. 이후에는 선수들에게 승부 조작을 폭로하겠다고 협박하면서 대가를 지불하지 않고 승부 조작을 시도했다. 사건이 밝혀지고 난 후 프라임 팀은 공중분해됐다.

이후 한국e스포츠협회는 "승부 조작 가담자들이 개인 방송을 통해 게임을 하며 수익을 내지 못하게끔 해달라"고 호소하기도 했다. 이에 트위치TV, 아주부TV 등 개인 방송 채널은 즉각 해당 의견에 동조하면서 승부 조작 가담 경력이 있는 선수들이 개인 방송을 송출하지 못하도록 감시하겠다고 나섰다.

하지만 아프리카TV는 "승부 조작 선수들도 자연인이기 때문에 이를 인위적으로 막지 못하겠다"라고 의견을 냈지만, 여론이 안 좋자 의견을 철회했다.

나. 사상 첫 'LoL 월드 챔피언십' 2회 제패한 SK텔레콤 T1, 스타크래프트 Ⅱ에서도 맹활약

▲ 사상 첫 LoL 월드 챔피언십 2회 제패한 SK텔레콤 T1

SK텔레콤 T1이 '리그 오브 레전드 월드 챔피언십 2015^(이하 LoL 월드 챔피언십)'에서 정상에 오르면서 세계 최초로 'LoL 월드 챔피언십' 2관왕을 차지했다. SK텔레콤 T1은 2015년 10월 1일부터 31일까지 유럽을 돌면서 열린 'LoL 월드 챔피언십' 결승전에서 KOO 타이거즈를 꺾고 1위에 올랐다.

'2013년 LoL 월드 챔피언십' 이후 2년 만에 두 번째 우승을 차지한 SK텔레콤 T1은 역사상 처음으로 'LoL 월드 챔피언십'에서 2회 우승한 팀이 됐다. 사실 SK텔레콤 T1은 리그 오브 레전드 챔피언스 코리아^(LCK)에서 스프링, 서머 시즌에서 우승을 차지하면서 전 세계에서 가장 먼저 'LoL 월드 챔피언십' 본선에 진출해 전문가들로부터 우승 확률이 가장 높은 팀으로 손꼽혔다.

'2015 LoL 월드 챔피언십' 본선에 진출한 SK텔레콤 T1은 16강 C조에서 에드워드 게이밍, H2k 게이밍, 방콕 타이탄즈를 만났지만, 큰 위기 없이 6전 전승으로 8강에 올랐다. 8강에서는 Ahq e스포츠 클럽을 3대0으로 제압했고, 4강에서는 유럽 대표 오리진^(Origen)을 3대0으로 무너뜨리면서 사상 첫 무실 세트 우승을 눈 앞에 두기도 했다.

결승에서 한국 대표 중 하나인 KOO 타이거즈를 만난 SK텔레콤 T1은 1세트와 2세트를 따내면서 무실 세트에 한 발짝 다가가지만, 3세트를 내주면서 전승 우승은 실패하고 말았다. 그러나 세트별 결과로 15승 1패를 기록, 승률 93.7%로 우승한 SK텔레콤 T1은 2014년 우승팀인 삼성 갤럭시 화이트가 세운 15승 2패 우승 기록을 넘어섰다.

SK텔레콤 T1이 우승하면서 미드 라이너 '페이커' 이상혁과 정글러 '벵기' 배성웅은 전 세계에서 'LoL 월드 챔피언십'을 두 번 들어 올린 선수로 기록됐다.

▲ SK텔레콤 T1 스타크래프트 Ⅱ 우승

SK텔레콤 T1은 2015년 한 해 리그 오브 레전드(League of Legends, LoL) 뿐만 아니라 스타크래프트 Ⅱ에서도 활약했다. 2015 시즌 내내 스타크래프트 Ⅱ 프로리그에서 포스트 시즌 진출에 실패하지 않았다.

라운드별 포스트 시즌을 치르고 포인트를 누적해 최종 포스트 시즌 진출팀을 가리는 방식으로 진행된 프로리그에서, 1라운드 우승, 2라운드 4강, 3라운드 우승, 4라운드 준우승을 차지한 SK텔레콤 T1은 최종 결승전에서 진에어 그린윙스를 상대로 4대2로 승리하면서 우승을 차지했다. 이 과정에서 스타크래프트 Ⅱ로 전환한 뒤 프로리그 최다 연승인 12연승을 기록했다.

개인리그에서도 SK텔레콤 T1은 활약을 이어갔다. 스포티비게임즈 스타크래프트 Ⅱ 스타리그에서 SK텔레콤 T1은 김도우가 시즌 2 우승, 조중혁이 시즌 1, 2에서 준우승을 차지했고 GSL에서는 시즌 1과 시즌 3에서 이신형이 우승하면서 매 시즌 결승 진출자를 배출했다.

이같은 성과는 2015년 11월 24일 열린 '한국 e스포츠 대상'에도 반영됐다. SK텔레콤 T1은 '2015 대한민국 e스포츠 대상'에서 최연성 감독, 최병훈 감독이 스타크래프트 Ⅱ와 LoL 부문 최고 지도자상을 받았다. LoL팀과 스타크래프트 Ⅱ팀 간 집안 경쟁으로 예견된 '최고의 e스포츠 팀'상은 'LoL 월드 챔피언십' 우승으로 가산점을 받은 SK텔레콤 T1 LoL팀이 수상했다.

다. '최종병기' 이영호 은퇴 선언

데뷔 후부터 최고 프로게이머 자리를 지켰던 kt 롤스터 이영호가 은퇴를 선언했다. 데뷔 이래 한 팀에서만 뛰었던 이영호는 2015년 12월 1일 kt 롤스터와 재계약하지 않고 은퇴하겠다는 의사를 공식적으로 밝혔다. 이에 따라 2007년부터 약 9년간 지속했던 프로게이머 생활에 최종 마침표를 찍었다.

2006년 팬택앤큐리텔 연습생으로 e스포츠 선수 생활을 시작한 이영호는 2007년 kt로부터 드래프트를 받으면서 정식으로 프로 선수로 등록됐다. 데뷔 첫 대회인 'EVER 스타리그 2007'에서 4강에 오르면서 최연소 4강 진출자 기록을 세운 이영호는 개인리그와 프로리그에서 최연소라는 단어와 관련된 기록들을 대부분 깨면서 스타덤에 올랐다.

스타크래프트에서 이윤열에 이어 두 번째로 개인리그인 스타리그와 MSL을 3번씩 우승하면서 골든 마우스와 금배지를 모두 소유한 이영호는 WCG, 곰TV 클래식 등에서도 정상에 오르면서 우승하지 못한 대회가 없을 정도라는 평가를 받았다.

그러나 스타크래프트 개인리그가 막을 내리면서 스타크래프트 Ⅱ로 전환한 이영호는 국내 정규 개인리그에서 결승무대에 한 번도 서지 못했다. IEM 지역 대회에서 한 번 우승을 차지했을 뿐이었다.

이런 상황에서 이영호는 은퇴를 결정했고, 2015년 12월 17일 팬들과 관계자들, 프로게이머들, kt 롤스터 선수단이 모두 모인 자리에서 은퇴식을 가졌다. 현장에서 이영호는 "어디에 가서도 부끄럽지 않은 모습을 보여드리겠다"는 각오를 밝히며 눈물을 흘렸다.

연도	대회명 및 실적	비고
2008	- 박카스 스타리그 2008 우승	
2010	- EVER 스타리그 2009 우승 - NATE MSL 준우승 - 대한항공 스타리그 2010 시즌1 준우승 - 하나대투증권 MSL 우승 - 빅파일 MSL 우승 - 대한항공 스타리그 2010 시즌2 우승 - WCG 2010 그랜드 파이널 브루드 워 부문 우승 - 신한은행 프로리그 09-10 우승	- 프로리그 09-10 정규 시즌/결승전 MVP 및 다승왕
2011	- ABC마트 MSL 우승 - 신한은행 위너스 리그 10-11 준우승 - 신한은행 프로리그 10-11 우승	- 신한은행 프로리그 10 11 결승전 MVP
2012	- SK플래닛 스타크래프트 프로리그 시즌1 준우승	- 정규시즌 MVP 및 다승왕
2014	- SK텔레콤 스타크래프트2 프로리그 2014 우승	- 결승전 MVP

▲ 이영호 스타크래프트 양대 개인리그 통산 전적

라. 복고 바람 타고 스타크래프트 리그 부활

2012년 티빙 스타리그를 끝으로 온라인 대회로 진행됐던 스타크래프트: 브루드 워 리그가 2015년 본격적으로 부활을 알렸다.

스타크래프트 리그가 공식적으로 막을 내린 이후 '소닉 스타리그'라는 이름으로 꾸준히 대회를 열었던 스베누 황효진 대표는 OGN 채널을 통해 스타크래프트 리그가 중계되길 바랐고 협상이 잘 진행되면서 스베누가 직접 후원하는 방식으로 스타크래프트 리그를 개최했다.

2014년 12월 21일부터 2015년 2월 15일까지 열린 '스베누 스타리그 시즌 1'은 SK텔레콤 T1 소속으로 활동했던 최호선과 STX 소울에서 활약하던 김성현이 결승에서 맞붙었고, 최호선이 우승을 차지했다.

2015년 5월 17일부터 8월 30일까지 열린 '스베누 스타리그 시즌 2'는 '혁명가' 김택용과 현역 시절 '김택용 킬러'라 불렸던 저그 조일장이 결승에 올랐다. 경기 결과 조일장이 3대0으로 김택용에게 완승하면서 우승했다.

그러나 2015년 9월 22일 스베누 황효진 대표가 자신이 운영하는 아프리카TV 방송국 홈페이지를 통해 더 이상 차기 리그를 진행할 수 없게 됨을 알렸다. 스베누 후원 덕에 부활 신호탄을 쏘아 올린 스타크래프트 개인리그는 이후 아프리카TV가 바통을 이어받아 ASL(afreecaTV StarLeague, 아프리카TV 스타리그)이라는 이름으로 명맥을 이어갔다.

마. MVP 피닉스, 도타 2 TI5 8강 쾌거

도타 2 불모지였던 한국에서 최고 권위 e스포츠 대회인 '디 인터내셔널' 8강 진출 팀이 나왔다. 도타 2는 2014년 '코리아 도타 2 리그'가 출범했지만, 국내 기반이 빈약해 1년 만에 리그가 사라진 탓에 국내에서는 강팀을 보기 힘들어졌다.

하지만 MVP 피닉스가 예상을 깨고 도타 2 최고 대회인 '디 인터내셔널'에서 8강까지 올라가는 성과를 냈다. 2015년 7월 27일부터 8월 8일까지 열린 '디 인터내셔널 5'는 MVP 피닉스와 MVP 핫식스 두 팀이 나란히 본선 무대를 밟았고 피닉스가 8강까지 올랐다.

MVP 피닉스는 2014년 '디 인터내셔널 4'에 도전했지만, 본선 문턱에서 리퀴드에 패해 좌절한 적이 있다. 그러나 2015년에는 MVP 소속 두 팀이 보기 좋게 나란히 본선 무대를 밟으면서 한국 도타 2 자존심을 살렸다.

MVP 핫식스는 동남아시아 예선에서 TNC 게이밍, 미네스키 등 강호들을 꺾고 우승해 본선으로 직행했고, MVP 피닉스는 동남아시아 예선 패자조 2라운드에서 레이브를 2대0으로 꺾어 와일드 카드 출전권을 획득한 후, 북미 아콘과 러시아-우르카이나 연합팀 베가 스쿼드론을 격파하고 본선에 올랐다.

두 팀은 본선 입성에 만족하지 않았다. MVP 피닉스는 '디 인터내셔널 4' 우승팀인 뉴비를 꺾은 데 이어 동유럽 강호 엠파이어까지 제압하는 파란을 일으켰다. 비록 패자조 3라운드에서 중국 비시 게이밍에 패배했지만, 도타 2 불모지인 한국에서 '디 인터내셔널 5' 8강 팀을 배출했다는 사실은 대단한 일이었다.

MVP 피닉스는 상금으로 82만 달러(약 9억6천만 원)를 획득했다. 이후 외국에서 열린 대회에 꾸준히 출전하면서 국내 도타 2 팬들에게 지지받았고, 2015년 11월에는 활약을 인정받아 '대한민국 e스포츠 대상'에서 '우수 해외 활동상'을 수상하기도 했다.

그렇지만 국내에서 도타 2를 서비스 중이던 넥슨이 흥행 부진을 이유로 2015년 12월 10일부로 국내 서비스를 종료했고, KDL(Korea Dota 2 League)이나 넥슨 스폰서십 등 정규 리그도 사라지면서 국내 도타 2 팬들은 크게 아쉬워했다.

3. 제도(협회, 제도, 정부, 기관)
가. 한국e스포츠협회, 대한체육회 준가맹단체 승인

한국e스포츠협회^(KeSPA)가 2015년 1월 30일 대한체육회로부터 준가맹단체 승인을 받으면서, e스포츠 정식 스포츠화를 향해 한 벌음 다가섰다. 2000년 설립된 한국e스포츠협회는 국내 e스포츠 건전 여가 스포츠문화 정착을 위해 2007년부터 e스포츠를 국내 정식스포츠로 인정받기 위한 사업을 시행했고, 2009년 인정단체 승인 후 6년 만에 대한체육회 준가맹 단체로 승인받았다.

설립 후 준가맹 단체 승인까지 한국e스포츠협회는 한국콘텐츠진흥원 주관 '대통령배 전국아마추어 e스포츠대회'를 2007년부터 지속적으로 개최해 왔고, 2010년부터는 지역 e스포츠 기반 형성을 위해 시도지회 설립 사업을 펼쳐 2014년 대한체육회 준가맹 신청 기본 요건인 전국 11개 지회 설립을 완료했다.

부회장사인 SK텔레콤, KT, 삼성전자, CJ 등 4개사도 한국e스포츠협회가 대한체육회 가맹 승인을 받을 수 있도록 각 사에서 지원하는 스포츠 단체와 스포츠계 인사들에게 e스포츠 정식 스포츠화가능성을 적극적으로 피력했다. 이에 따라 대한체육회 이사회에서 e스포츠 준가맹이 긍정적으로 받아들여질 수 있도록 지원을 아끼지 않았다.

대한체육회 준가맹 승인으로 e스포츠는 대한체육회가 인정하는 정식 스포츠로 인정받았고, 한국e스포츠협회는 향후 대한체육회에서 시행하는 모든 정식 스포츠 사업 동참, 정식 학원 스포츠 활동 참여, e스포츠 선수 정식 스포츠 선수 인정 등 사업을 전개할 수 있는 기반을 마련했고, 2년 자격 유지 후 정가맹을 신청할 수 있는 자격도 획득했다.

4. 변화(제작사, 유통사, 기업 참여, 저변, 아마추어, 팬클럽, 커뮤니티, 미디어)

가. LCK 복수 중계권 논란

2015년 12월에는 리그 오브 레전드 챔피언스 코리아(LCK) 중계권 논란이 발생해 e스포츠 업계를 뒤흔들었다. 라이엇 게임즈는 리그 질을 높이고 현장 관중 불편을 최소화하기 위해 2016년 서머 시즌부터 LCK를 스포티비게임즈와 온게임넷(OGN)이 복수 중계하는 형태로 운영하기로 했다.

그러나 OGN이 한국e스포츠협회, 라이엇 게임즈 등 3자 협의체를 통해 논의되지 않은 일방적 통보라며 유감을 표명하면서 논란이 가열됐다.

LCK 복수 중계를 둘러싼 공방은 2007년 e스포츠 업계를 뒤흔들었던 스타크래프트 지식재산권 분쟁을 떠올리게 했다. 이에 e스포츠 팬과 관계자들로부터 '또다른 지식재산권 분쟁으로 시장이 위축되지 않을까'하는 우려를 낳았다. 당시 '스타크래프트 공공재' 발언으로 홍역을 치른 한국e스포츠협회는 "리그 오브 레전드는 공공재가 아니며 라이엇 게임즈와 OGN이 조속히 협의하기를 바란다"는 성명을 발표했다.

진흙탕 싸움으로 번질 뻔했던 LCK 복수 중계 사태는 라이엇 게임즈와 OGN, 한국e스포츠협회로 이루어진 3자 협의체가 적극적으로 사태 해결에 나서며 약 2주 만에 일단락됐다. 3자 협의체는 서머 시즌 중계에 스포티비게임즈가 합류하고, OGN이 옵저버 화면을 제작하고 중계진을 투입해 OGN 채널에서도 볼 수 있다는 쪽으로 합의했다. 또한, OGN은 '리그 오브 레전드 월드 챔피언십'이나 '올스타전' 등 큰 대회에 대한 중계를 모두 진행할 권리도 얻었다.

이에 따라 2016 스프링 시즌까지 OGN이 독점 중계했던 LCK는 2016 서머 스플릿부터는 스포티비게임즈가 1주일에 세 경기를 중계하는 방식으로 복수 중계를 하게 됐고, OGN는 협의 내용에 따라 스포티비게임즈가 중계하는 경기에 옵저버로 참가한 후 해설진을 투입해 인터넷 중계 형식으로 생중계를 진행하게 됐다.

나. 국내 게임사 e스포츠 리그 본격 가동

넥슨, 엔씨소프트, 네오위즈 등 국내 게임사들이 자사 게임을 활용한 e스포츠 리그를 연이어 개최하면서 e스포츠 활성화에 앞장섰다.

넥슨은 2015년 서든어택 리그, 카트라이더 리그, 던전앤파이터와 사이퍼즈가 함께 하는 액션토너먼트, 카운터 스트라이크 온라인 리그, 피파온라인 3 챔피언십까지 정규 리그 총 5개를 운영하면서 가장 많은 e스포츠 종목을 보유한 게임사가 됐다.

2013년 넥슨은 e스포츠 경기장 넥슨 아레나를 개관하면서 e스포츠 리그를 상시 개최하는 열의를 보였고 2015년에는 5개 종목 리그를 빠짐없이, 정기적으로 개최해 e스포츠 종목 다양화에 기여했다. 이에 따라 한국e스포츠협회는 서든어택과 피파온라인 3를 공인 종목으로 채택했고, 넥슨은 '2015 대한민국 e스포츠 대상'에서 공로상을 수상했다.

엔씨소프트는 '블레이드 & 소울 리그'를 연간 리그로 발전시켰고 '월드 챔피언십'까지 열면서 e스포츠화와 글로벌화를 시도했다. '월드 챔피언십'에는 한국, 중국, 일본, 대만이 참여했는데, 2015년 11월 14일 영화의 전당 특설무대에서 관객 3천여 명이 모인 가운데 결승전이 진행됐다.

월드 챔피언십 4강에는 한국 선수 3명, 일본 선수 1명이 올랐고, 김신겸과 윤정호가 결승에서 맞붙었다. 7전 4선승제로 진행된 결승에서는 김신겸이 4대1로 승리하면서 초대 챔피언이 됐다.

다. SSL 개최로 스타크래프트 II도 양대 리그 시대

2012년 OGN이 '옥션 올킬 스타크래프트 II 스타리그' 이후 스타크래프트 II 리그를 열지 않으면서 1년 넘도록 단일 리그로 진행되던 스타크래프트 II 리그는 스포티비게임즈가 블리자드 엔터테인먼트로부터 허가를 받아 새로운 개인리그를 개최하면서 양대 리그 체제가 됐다.

'스포티비게임즈 스타크래프트 II 스타리그'는 2015년 1월15일 개막전을 열었다. 네이버가 후원한 시즌 1에서는 진에어 그린윙스 조성주가 우승, SK텔레콤 T1 조중혁이 준우승을 차지했고 스베누가 후원사로 나선 시즌 2에서는 SK텔레콤 T1 김도우가 팀 동료 조중혁을 꺾고 정상에 올랐다. 시즌 3은 CJ 엔투스 김준호가 같은 팀 한지원을 제압하면서 트로피를 들어 올렸다.

스포티비게임즈는 스타크래프트 Ⅱ 리그에 새로운 활력을 불어넣었다. 시즌 2 결승전을 야외 무대에서 진행하기로 계획했지만, 메르스 사태로 인해 미뤄야만 했던 스포티비게임즈는 시즌 3에서는 팬들과 약속을 지키기 위해 서울 광진구 어린이 대공원에 특설 무대를 만들고 야외 결승전을 열었다.

이렇게 스포티비게임즈가 새롭게 스타크래프트 Ⅱ 리그에 진입한 반면, 스타크래프트 Ⅱ 초창기부터 GSL을 개최했던 곰eXP는 2015년 시즌 3를 끝으로 e스포츠 관련 사업을 철수했다. 서울 삼성동 스튜디오를 아프리카TV로 넘긴 곰eXP는 GSL 대회 운영과 관련된 권리도 아프리카TV로 이전하면서 e스포츠 사업에서 손을 뗐다.

라. IESF 월드 챔피언십 한국 개최

세계 유일 e스포츠 국가대항전인 'IESF 월드 챔피언십 2015'가 한국에서 개최됐고, 세르비아가 종합 우승하면서 마무리됐다. 7회째를 맞이한 'IESF 월드 챔피언십'은 당초 유치하기로 했던 폴란드 우치 시가 정치적 이슈로 대회 유치 철회를 신청하면서, 급하게 서울을 개최 도시로 재선정했다.

종합 우승은 하스스톤 우승, 리그 오브 레전드에서 3위를 차지해 147점을 따낸 세르비아에게 돌아갔다. 2위는 리그 오브 레전드에서 우승한 한국이, 3위는 리그 오브 레전드, 스타크래프트 Ⅱ에서 2위를 차지한 중국이 올랐다.

2015년 12월 2일부터 7일까지 서울 넥슨 아레나에서 열린 'IESF 월드 챔피언십 2015'는 35개 회원국에서 선수 250여 명과 e스포츠 관계자들이 모였다. 국제올림픽위원회, 아시아올림픽평의회 등 국제스포츠사회 고위 인사들이 대거 참관, e스포츠 정식 스포츠 종목화 가능성을 직접 확인했다.

특히 12월 3일 개최된 'e스포츠 서밋 2015'에서는 e스포츠의 현재를 진단하고 미래 비전에 대한 의견을 제시했고, 12월 4일 개최된 IESF 총회에서는 아르헨티나, 브라질, 캄보디아, 말레이시아 등 4개국을 신규 회원국으로 추가했다.

이를 통해 국제e스포츠연맹(IESF)은 자국에서 이미 정식 스포츠 단체로 인정 받은 캄보디아와 말레이시아를 확보하는 동시에 남아메리카 대륙 국가를 받아들여 남미 지역 진출 기반을 마련했다.

▲ IESF 개막식 전경

마. 국내 첫 LoL 트라이아웃 개최

아마추어 리그 오브 레전드(League of Legends, LoL) 선수 실력을 공개적으로 시험하는 트라이아웃이 2015년 11월 28일부터 29일까지 진행됐다.

서울 용산 나진상가 지하 1층 세미나실에서 열린 트라이아웃 첫 날은 프로 e스포츠 선수 선발 과정, 프로 팀 계약 시 유의사항 등 아마추어 선수가 꼭 알아야 할 점들에 대한 업계 관계자 강연이 진행됐다. 라이엇 게임즈 코리아 오상헌 e스포츠 팀장과 이호민 대리, kt 롤스터 이지훈 감독, KeSPA 사업국 임수라 대리가 강사로 나와 아마추어 눈높이에 맞춘 강연을 진행해 호응 받았다.

2일차에는 아마추어 선수 실력을 검증하기 위한 시범 경기가 진행됐다. 서울 강서구 아쿠아 PC방에서 아마추어 선수 40명이 참가한 가운데 열린 시범 경기는 SK텔레콤 T1, kt 롤스터, 삼성 갤럭시, 진에어 그린윙스, 롱주 IM, 나진 엠파이어, 락스 타이거즈 등 CJ 엔투스를 제외한 국내 프로팀 코칭 스태프가 빠짐없이 참석해 결과를 지켜봤다.

선수들은 무작위로 팀을 구성해 경기를 4번 치렀고, 경기 내에서 주고받은 대화는 사전 동의 하에 프로팀 코칭스태프가 모두 들을 수 있게 했다. 트라이아웃에 참가한 감독들은 관전하기를 통해 경기를 지켜보거나 현장에서 선수들의 손놀림을 직접 볼 수도 있었다. 특히 트라이아웃에 참가한 선수 정보는 생년월일과 솔로 랭크 티어, 주 포지션까지만 제공해 평가 객관성을 높였다.

LoL 트라이아웃은 한국e스포츠협회에서 아마추어 선수들에게 프로 팀에 발탁되어 뛸 수 있는 기회를 주고자 마련됐다. 아마추어 게이머가 프로 선수가 되려면 솔로 랭크에서 뚜렷하게 두각을 나타내 스카우트를 당하거나 가끔씩 나오는 프로e스포츠단 공채 모집을 노리는 방법 밖에 없었다. 이를 해결하기 위해 진행된 트라이아웃은 아마추어 선수들과 프로 팀 모두에게 필요한 행사였다는 평가를 받았다.

▲ 리그 오브 레전드 트라이아웃 개최

바. 10개 팀으로 대격변 맞이한 2015년 LoL 이적 시장

LCK는 2015 서머 시즌을 기점으로 기존 8개 팀 체제에서 10개 팀 체제로 변화하면서 참가 팀을 늘렸다. 아나키와 프라임이 새로 합류했고 프라임은 스베누 후원을 받으면서 스베누 소닉붐으로 새롭게 태어났다.

경기력 저하에 우려가 제기된 아나키는 나진 e엠파이어를 개막전에서 잡아내는 기염을 토했고, 시즌 내내 연패를 거듭하던 스베누 소닉붐은 막바지에 진에어 그린윙스를 잡고 승강전과 KeSPA컵에서 신예 정글러 '플로리스' 성연준이 뛰어난 활약을 펼치면서 차기 시즌을 기대케 했다.

2014년 겨울 리그 오브 레전드(League of Legends, LoL) 이적 시장이 '엑소더스'였다면, 2015년 이적 시장은 '대격변'이었다. 적지 않은 팀들이 대대적으로 리빌딩을 진행하면서 변화를 추구했다.

CJ 엔투스, 롱주 IM, 삼성 갤럭시, kt 롤스터는 2015년 주전 라인 가운데 최소 2~3명에게 변화를 줬고, 락스 타이거즈도 정글러 자리를 '피넛' 한왕호로 메웠다. LoL 월드 챔피언십 2연패에 성공한 SK텔레콤 T1은 '마린' 장경환과 '이지훈' 이지훈을 중국으로 떠나보내면서 빈 자리를 '듀크' 이호성으로 채웠다.

나진 e엠파이어는 모든 코칭스태프 및 선수들과 계약을 해지하면서 콩두 몬스터로 다시 탄생했다. 진에어 그린윙스는 KeSPA컵을 기점으로 2군 선수들을 주전으로 올렸고 스베누 소닉붐과 레블즈 아나키는 선수 영입 없이 차기 시즌에 돌입했다.

선수 대우도 파격적으로 좋아졌다. LoL 월드 챔피언십 MVP로 뽑혔던 '마린' 장경환은 역대 최고 대우로 중국 LGD 게이밍에 입단했고 LCK 서머 준우승과 LoL 월드 챔피언십 8강 진출에 성공한 kt 롤스터 선수 대부분은 억대 연봉 반열에 올랐다. 이 밖에도 많은 선수들이 기존보다 2~3배 가량 오른 연봉을 받게 됐다.

사. 국방부, 병영내 게임방송 차단 해프닝

국방부가 게임 중독에 빠진 국군 장병들이 총기 난사를 할 수 있다는 이유로 병영내 게임 방송을 차단하는 해프닝이 벌어졌다. 2015년 12월 1일 국방부는 하루 종일 게임만 틀어놓는다는 민원을 이유로 전군 생활관 IPTV에 게임채널 차단을 명령했다.

군내부에서 일어난 일이라 외부에 알려지는데 시간이 걸렸고, 사건이 보도되자마자 어처구니없는 명령이 비난을 받았다. 연관 기관인 한국e스포츠협회는 12월 8일 "국방부가 송출 금지 조치를 철회해 게임과 e스포츠 시청을 원하는 군 장병들에게 권리를 돌려줘야 한다."는 뜻을 발표했다.

e스포츠 20년사 2016년

2016년

1. 미리보기

2016년은 14년 동안 이어온 프로리그가 막을 내린 해다. 스타크래프트: 브루드워와 스타크래프트 II로 명맥을 이어오면서 진행된 프로리그는 한국을 대표하는 팀 단위 e스포츠 대회였다. 이와 함께 새로운 종목인 오버워치가 등장해 자리를 잡았고, OGN e스타디움이 개관해 유료 관중 시대가 본격적으로 막을 올렸다.

한국을 대표하는 팀 단위 e스포츠 대회인 프로리그는 2003년부터 14년 동안 진행됐다. 2003년 8개 팀이 참가하면서 막을 연 프로리그는 2005년 팀리그와 통합되면서 스타크래프트 종목에서 유일한 팀 단위 리그로 입지를 다졌다.

이후 스타크래프트 인기가 점차 떨어지고, 스타크래프트 II가 출시되면서 두 종목을 병행하던 프로리그는 현직 선수가 관련된 승부 조작과 블리자드 엔터테인먼트(블리자드)와 한국 e스포츠 업계 간 지식재산권 분쟁으로 인해 팬들이 갈라서면서 위기를 맞았고, 리그 오브 레전드가 인기를 얻으면서 완전히 몰락하고 말았다.

블리자드는 2016년 신작 FPS 게임 오버워치를 출시했고 빠르게 인기를 얻으면서 e스포츠 주류 종목으로 안착했다. 해외에서는 엔비어스, 프나틱, 팀 리퀴드 같은 프로e스포츠 단이 게임 출시 전부터 팀을 꾸렸고, 국내에서는 아프리카 프릭스, 콩두 컴퍼니, 루나틱 하이 등이 팀을 꾸려 성공적인 행보를 보였다.

서울시가 게임과 콘텐츠 개발자들을 위해 마포구 상암동에서 운영 중인 에스플렉스센터에 OGN e스타디움이 개관했다. 12층에서 17층 사이에 위치한 OGN e스타디움은 총 면적 7,659m²(2,320여평 규모)로 800명을 수용할 수 있는 기가 아레나와 200명을 수용할 수 있는 O-스퀘어, 인터넷 방송을 위한 N스튜디오 등 e스포츠 경기와 콘텐츠 제작을 위한 최신 시설을 갖췄다.

이 밖에도 부산시가 광역자치단체 사상 최초로 e스포츠 선수단인 GC부산을 운영해 실질적인 효과를 봤고, SK텔레콤 T1이 'LoL 월드 챔피언십' 사상 첫 2연패를 달성하면서 한국 e스포츠 위상을 드높였다. 이는 세계 각지에 흩어졌던 한국인 스타 플레이어들이 한국으로 돌아오는 회귀 현상으로 이어졌다.

2. e스포츠 주체(종목, 선수, 팀, 대회, 주최, 방송, 경기장)
가. SK텔레콤 T1, 'LoL 월드 챔피언십' 사상 첫 3회 우승

'리그 오브 레전드 월드 챔피언십(LoL 월드 챔피언십)'에는 '우승을 차지한 팀은 다음해 'LoL 월드 챔피언십'에 출전하지 못한다'는 징크스가 있었다. 2011년부터 이어져온 이 징크스는 2016년 SK텔레콤 T1 손에 깨졌다.

'2015 LoL 월드 챔피언십'에서 우승한 SK텔레콤 T1은 2016년에 미국에서 진행된 'LoL 월드 챔피언십'에 출전했다. 2년 연속 우승에 도전한 SK텔레콤은 조 1위로 8강에 진출해 중국 팀 로얄 네버 기브업과 한국 팀 락스 타이거즈, 삼성 갤럭시를 차례로 격파하면서 우승 트로피를 들어 올렸다. 사상 첫 'LoL 월드 챔피언십' 3회 우승, 2회 연속 우승이었다.

SK텔레콤 T1은 'LoL 월드 챔피언십'에 출전한 2013년, 2015년, 2016년 모두 왕좌를 차지했다. 2015년에는 세트 승률 94%를 기록했는데, 여기에는 월드 클래스 미드 라이너 '페이커' 이상혁과 '블랭크' 강선구와 번갈아가며 출전한 '뱅기' 배성웅이 보여준 활약이 뒷받침됐다.

'페이커' 이상혁은 뛰어난 기량을 발휘하면서 세계 최고 선수임을 증명했다. '뱅기' 배성웅은 경험을 앞세워 팀이 위기에 빠진 4강전에서 교체 출전해 승리를 이끌어냈다. 이상혁과 배성웅은 'LoL 월드 챔피언십' 최초로 3회 우승한 선수가 됐다.

이뿐만 아니라 SK텔레콤 T1은 2016년 3월 열린 '인텔 익스트림 마스터즈 시즌 10 월드 챔피언십'에서 프나틱을 꺾고 우승했고, 다음으로 '2016 미드 시즌 인비테이셔널'도 우승하면서 이어진 'LoL 월드 챔피언십'과 함께 트리플 크라운을 달성했다.

국내 리그에서도 SK텔레콤 T1은 뛰어난 기량을 보였다. '2015 LCK'를 평정한 SK텔레콤 T1은 '2016 LCK 스프링'에서도 우승을 차지하면서, 3회 연속 우승이라는 기록을 세웠다. '2016 LCK 서머'에서는 3위로 부진했지만, 'LoL 월드 챔피언십' 무대에서는 정상에 섰다.

한국팀 최초로 '2013 'LoL 월드 챔피언십'에서 우승을 차지한 SK텔레콤 T1 이후 2014년에는 삼성 갤럭시 화이트가 우승했고, 2015년과 2016년에 SK텔레콤 T1이 다시 'LoL 월드 챔피언십'을 제패하면서 한국 팀 'LoL 월드 챔피언십' 연속 우승 기록은 4년 연속으로 이어졌다.

▲ LoL 월드 챔피언십 사상 첫 3회 우승한 SK텔레콤 T1

나. 한국으로 유턴한 LoL 스타 플레이어들

리그 오브 레전드(League of Legends, LoL) 2016년 시즌을 마무리한 후 세계 각지에 흩어졌던 한국인 스타 플레이어들이 한국으로 돌아왔다. 전력 보강에 나선 한국 팀들은 외국에서 활동하던 선수들에게 러브콜을 보냈고, 선수들도 이에 적극적으로 응한 결과 '유턴' 현상이 일어났다.

이적 시장에서 가장 적극적인 자세를 취한 팀은 kt 롤스터였다. kt 롤스터는 중국 에드워드 게이밍(EDG)에서 뛰었던 '폰' 허원석과 '데프트' 김혁규, 로얄 네버 기브 업(RNG) '마타' 조세형을 모두 영입했다.

EDG에서 2년 가량 활동한 허원석과 김혁규는 중국 LoL 프로리그에서 우승을 두 번 차지했다. 더욱이 2년 연속 팀을 'LoL 월드 챔피언십'에 진출시키는 성과도 거뒀다. '마타' 조세형은 오더와 운영 능력을 앞세워 팀을 든든하게 보좌했다. 이렇게 선수 세 명을 잡은 kt 롤스터는 '슈퍼팀'이라고 불리면서 역대급 라인업을 구축했다.

2016년에 활동한 선수단 전원과 계약을 해지한 아프리카 프릭스도 해외에서 돌아온 선수들을 눈여겨 봤다. 중국 LGD 게이밍에서 활동했던 '마린' 장경환과 유럽 프나틱에서 돌아온 '스피릿' 이다윤을 영입했다.

장경환은 2015년까지 소속팀 SK텔레콤 T1에서 주축을 담당했고 SK텔레콤이 '2015 LoL 월드 챔피언십'에서 우승컵을 들어올리는 데 크게 기여했다. 이다윤은 2014년 삼성 롤챔스 우승과 'LoL 월드 챔피언십' 4강 진출에 일조했다.

SK텔레콤 T1은 '듀크' 이호성이 빠진 자리를 북미 임모털스 출신 '후니' 허승훈으로 메웠다. 허승훈은 공격적인 성향을 살려 북미 지역에서 인기와 성적, 두 마리 토끼를 잡은 선수였다. 진에어 그린윙스는 유럽팀 로켓에서 활동한 '레이즈' 오지환을 영입했다.

다. 서울 e스타디움 개관, 유료 관중 시대 열었다

서울 마포구 상암동 에스플렉스센터에 e스타디움이 개관하면서 유료 관중 시대가 본격적으로 시작됐다. '서울 e스타디움'은 총 면적 7,659m^2(2,320여평 규모)로 800명을 수용할 수 있는 기가 아레나와 200명을 수용할 수 있는 O-스퀘어, 인터넷 방송을 위한 N스튜디오 등 e스포츠 경기와 콘텐츠 제작을 위한 최신 시설을 갖췄다.

서울시가 운영 중인 에스플렉스센터는 게임과 콘텐츠 개발자들을 위해 제공되는 공간으로, 사용권을 얻은 OGN은 14층에는 선수들이 경기할 수 있도록 무대와 경기석 등을 배치했고 15층부터 16층까지는 관람객이 편안하게 앉아서 경기를 볼 수 있도록 극장식으로 좌석을 배치했다.

극장처럼 고정 좌석이 마련되면서 e스타디움에서 열리는 경기 대부분은 유료 예매제로 진행됐다. 가장 먼저 경기가 열린 '하스스톤 마스터즈 코리아' 시즌 5와 리그 오브 레전드 챔피언스 코리아$^{(LCK)}$ 등은 온라인 예매를 통해 관람객이 미리 원하는 자리를 지정해서 결제한 뒤 이용할 수 있도록 시스템을 갖췄다.

라. 성남 FC에 영입된 피파 선수 김정민

피파온라인 3 프로게이머인 김정민이 실제 축구팀인 성남 FC에 영입됐다. K리그 프로 축구단인 성남 FC는 2016년 8월 16일 피파 시절부터 10년 넘게 꾸준하게 게이머 생활을 해온 '피파의 전설' 김정민을 영입했다. 해외 프로 축구 팀에서 피파 선수를 영입한 적은 있었지만, 국내 프로 축구팀이 e스포츠 선수를 영입한 적은 처음이라 관심이 집중됐다.

성남 FC가 이 같은 결정을 하는 데에는 넥슨이 지원한 공이 컸다. 넥슨은 자사 종목 리그 선수들을 프로화시켜야 한다는 일념으로 노력했고, 결국 김정민을 성남 FC에 입단할 수 있게 했다. 또한, 김정민이 10년 넘게 선수 생활을 해오면서 꾸준히 정상 자리를 지켜낸 점과 한국 대표로 여러 차례 국제 대회에서 성과를 낸 점도 성남 FC로부터 좋은 평가를 받았다. 이후 김정민은 '피파온라인 3 챔피언십'을 우승하면서, 성공적인 프로 생활을 시작했다.

▲ 성남 FC에 영입된 김정민

마. 우승자 출신 이승현, 스타크래프트 II 승부 조작 가담

스타크래프트 II 종목에서 이름을 날리던 이승현과 정우용 등 현직 프로게이머가 승부 조작에 가담한 혐의가 또다시 적발됐다. 특히 이승현은 스타크래프트 II 초창기부터 '신성'이라 불리면서 GSL과 월드 챔피언십 시리즈 등에서 우승한 경력이 있고 정우용은 가장 경력이 오래된 선수였기에 e스포츠 업계에 큰 충격을 줬다.

창원지방검찰청 특별 수사부는 2016년 4월 스타크래프트 II 승부 조작 사건을 수사하면서 이승현과 정우용 등 현직 프로게이머가 가담한 사실을 확인하고, 8명은 구속 기소, 2명은 불구속 기소, 1명은 지명 수배했다. 승부 조작을 대가로 7천만 원을 수수하고 두 경기 승부를 조작한 이승현은 구속 기소됐고, 3천만 원을 수수하고 한 경기를 승부 조작한 후 자수한 정우용은 불구속 기소됐다.

이후 한국e스포츠협회는 스타 플레이어까지 승부 조작 마수가 뻗치는 상황에서 참가 팀 축소와 선수 부족, 리그 후원사 유치 난항 등 프로리그를 유지할 동력을 찾기 어렵다고 판단해 2016 시즌을 끝으로 프로리그 운영을 중단하기로 했다. 결국 진에어 그린윙스를 제외한 모든 게임단이 선수들과 계약을 종료하면서 팀을 해단했다.

3. 제도(협회, 제도, 정부, 기관)
가. e스포츠 PC 클럽 사업 본격화

한국e스포츠협회가 '공인 e스포츠 PC클럽 지정사업'을 본격적으로 시작했다. 문화체육관광부 e스포츠 진흥 중장기 계획 일환으로 실시된 '공인 e스포츠 PC클럽 지정사업'은 PC방 업소를 선별해 생활 e스포츠 시설로 지정하고, e스포츠 문화 활성화에 기여하는 기초 e스포츠 경기 시설을 확보하고자 기획된 사업이다.

한국e스포츠협회가 참여를 희망하는 PC방을 모집했고, e스포츠 PC 클럽 선정위원회가 신청서류, 업장 실사, 업주 인터뷰 등을 바탕으로 e스포츠 운영 경험, 업장 환경 등을 종합적으로 평가, 심사했다. 이를 통해 전국 49개 PC 업장이 '공인 e스포츠 PC클럽'으로 선정됐다.

이렇게 선정된 '공인 e스포츠 PC클럽'은 생활 e스포츠 활성화를 위한 e스포츠 동호인, 선수 발굴 거점이자 e스포츠 기초 경기 시설 역할을 하면서, e스포츠 아마추어 시스템을 구축하는데 중추적인 역할을 수행하고 PC방 업종에 대한 인식 개선과 건강한 PC방 이용 문화 정착에 긍정적인 영향을 미치고 있다.

▲ 공인 e스포츠 PC 클럽 출범식

4. 변화(제작사, 유통사, 기업 참여, 저변, 아마추어, 팬클럽, 커뮤니티, 미디어)

가. 14년 동안 이어온 프로리그 종료

2003년부터 14년 동안 진행된 한국 대표 팀 단위 e스포츠 대회인 프로리그가 막을 내렸다. 한국e스포츠협회는 10월18일 프로리그 공식 종료를 발표했다.

스타크래프트: 브루드 워와 스타크래프트 Ⅱ로 명맥을 이어간 프로리그는2003년 8개 팀이 참가하면서 막을 열었고, 2005년 팀리그와 통합되면서 스타크래프트 종목 유일한 팀 단위 리그로 입지를 다졌다.

2004년부터 부산 광안리에서 여름 시즌 결승전을 치른 프로리그는 10만 관중을 모으면서 전설이 됐다. 특히 10-20 세대 팬 유치를 위한 기업 니즈와 맞아 떨어지면서 기업 팀 창단도 이끌어냈다.

2007년부터 4년 동안은 신한은행과 50억 원에 달하는 메인 후원사 계약을 체결했고, 세계 최초 군(軍) 프로e스포츠단인 공군 에이스까지 참여하면서 국방 의무를 마치고 돌아온 선수들에게 생명 연장을 위한 대회로 입지를 굳혔다.

10-11 시즌까지 스타크래프트만으로 열린 프로리그는 소속 선수들이 스타크래프트 Ⅱ로 유연하게 넘어갈 수 있도록 두 종목 병행 대회로 운영됐다. 2012년 12월 막을 올린 'SK 플래닛 프로리그 12-13' 시즌부터는 완전히 스타크래프트 Ⅱ로만 대회를 진행했다. 대회는 국내 팀뿐만 아니라 외국 팀에게도 문호를 개방했고 그 결과 이블 지니어스-리퀴드 연합팀인 EG-TL이 참가하기도 했다.

그러나 스타크래프트 Ⅱ로 전환한 프로리그는 예전 만한 인기를 얻지는 못했다. 2010년 발생한 승부 조작 사건과 블리자드 엔터테인먼트와 한국 e스포츠 업계가 벌인 지식재산권 분쟁으로 팬층이 갈라선데다, 리그 오브 레전드가 흥행하면서 스타크래프트 Ⅱ에 대한 관심이 줄어들었기 때문이다.

이에 따라 프로리그는 외국 팀까지 끌어들이면서 부활을 노렸지만, 유명 프로게이머들이 스타크래프트 개인 방송으로 돌아서고 신인 유입도 줄면서 기반이 흔들렸다. 여기에 만성적인 경기 침체로 후원사를 구하기도 어려웠고, 2015년 말부터 2016년 초까지 다시 한 번 승부 조작 사건이 터져 팬들이 완전히 등을 돌리게 만들었다.

결국 한국e스포츠협회가 스타크래프트 Ⅱ 프로리그를 더 이상 개최하지 않기로 하면서 기업팀들도 대부분 게임단을 해단했다. kt 롤스터, SK텔레콤 T1, 삼성 갤럭시, CJ 엔투스, 아프리카 프릭스와 MVP 같은 클럽 팀도 선수들과 계약을 해지하면서 팀을 해단했다. 프로리그에 참가하던 팀 중에 남아 있는 팀은 2016 시즌 프로리그를 우승한 진에어 그린윙스뿐이었다.

팀이 해단된 이후 선수들도 뿔뿔이 흩어졌다. 어윤수, 김도우 등은 개인 방송 채널을 열면서 스트리머 활동과 선수 생활을 병행했고 송병구 등 일부 선수들은 '스타크래프트로' 종목을 다시 변경했다. 강민수와 김대엽 등은 외국 팀으로 이적하면서 또다른 선수 생활을 시작하기도 했다.

나. LCK, 서머부터 양대 방송사 체제로 전환

리그 오브 레전드 챔피언스 코리아(LCK)는 2016 서머 스플릿부터 OGN 외에 스포티비 게임즈를 주관 방송사로 추가 선정했다. 2012년 대회 출범 이후 4년 만이다. 스포티비게임즈는 월, 화, 수요일에 중계를 진행하게 됐고, OGN은 수, 목, 금, 토요일 중계를 맡았다. 다만 포스트시즌과 결승전은 OGN이 모두 전담해 독점으로 중계했다.

종목사인 라이엇 게임즈는 일정한 시간대에 경기를 진행해 선수 컨디션을 유지하면서 두 방송사 간 경쟁을 통한 질적 향상, OGN 편성 문제로 평일 낮에 진행되던 경기를 저녁 시간대로 옮기기 위해 양대 방송사 체제를 선택했다.

스포티비게임즈는 '전국 아마추어 e스포츠 대회(KeG, Korea e-Sports Games)'와 KeSPA컵을 통해 리그 오브 레전드를 중계했던 경험을 살려 조금 더 전문적인 중계를 지향했다. 이때문에 선수 출신인 '헬리오스' 신동진과 '캡틴잭' 강형우를 영입했고, 성승헌 캐스터가 경기를 중계하면서 이현경 아나운서가 현장에서 인터뷰를 진행해 깔끔한 진행을 보였다.

하지만 스포티비게임즈가 중계하는 날 경기가 지연되는 사태가 자주 벌어지면서, 중계 능력에 대한 비판도 끊이지 않았다. 결국 스포티비게임즈는 수차례 사과했고, 경기 지연이 발생할 경우 해당 상황에 대한 설명과 후속 조치 과정을 낱낱이 인터넷에 공개해 제작 의지에 대한 진정성을 보여주기도 했다.

OGN은 용산 e스포츠 상설 경기장을 떠나 상암동에 위치한 e스타디움에 새로이 경기장을 마련하면서 더 많은 e스포츠 팬을 유입시켰다. 새로운 경기장은 쾌적한 시설을 제공하면서 유료 좌석제가 안정적으로 도입되는 데 큰 공을 세웠지만 늦게 끝났을 경우 팬들의 안전을 도모하는 데에는 문제가 있다는 주장도 제기됐다. 전광판이 제대로 작동되지 않으면서 환불 사태가 발생하기도 했다.

다. 오버워치, e스포츠 종목으로 자리매김

블리자드 엔터테인먼트 신작 FPS 게임 오버워치는 출시와 동시에 리그 오브 레전드가 쌓아온 아성을 무너뜨리며 국내 최고 인기 게임으로 거듭났다. 이와 동시에 e스포츠 주류 종목으로 안착하면서 빠르게 시장을 형성했다.

해외에서는 엔비어스를 비롯해 프나틱, 팀 리퀴드 같은 기존 프로e스포츠단들이 게임 공식 출시 전부터 팀을 꾸렸고 로그나 리유나이티드 같은 신생팀도 탄생했다. 국내에서는 게임 출시 직후 아프리카 프릭스가 기존 프로e스포츠단 중 가장 먼저 팀을 창단했고, 콩두 컴퍼니는 판테라와 운시아를 창단했다. 국내 FPS 명문팀인 루나틱 하이도 오버워치로 전향해 성공적인 행보를 보였다.

이 밖에도 리그 오브 레전드, 사이퍼즈, 팀 포트리스 2 등 다양한 게임에서 활동하던 많은 게이머들이 오버워치로 종목을 전향했다. 이에 따라 이전까지 FPS 게임에서 약세라는 평가를 받았던 한국은 엔비어스, NRG e스포츠, 리유나이티드 등 세계 랭킹 10위 안에 드는 강호들을 꺾고 11월 블리즈컨 현장에서 열린 국가 대항전 '오버워치 월드컵'에서 무실 세트로 우승을 차지하면서, 오버워치는 완전한 e스포츠 종목으로 자리 잡았다.

라. 트위치TV, 국내 진출 가속화

2015년부터 한국 시장에 본격적으로 뛰어 든 트위치TV가 '소외받은 종목'이라 불리던 철권, 워크래프트 3 등 종목으로 대회를 개최하면서 한국 팬을 사로잡았다.

트위치TV는 세계 최대 온라인 마켓인 아마존이 1조 원을 들여 인수한 후부터 한국에서 인지도가 급상승했다. 이후 트위치TV는 2015년부터 한국 인력을 대거 영입, 한국 e스포츠 시장에 관심을 보였다.

그 결과 트위치TV는 한국에서 파격적인 행보를 보였다. 기존 개인 방송 서비스와 차별화를 두기 위해 2016년 7월 VSL 방송국과 손을 잡고 서울 금천구 독산동에 트위치 VSL 스튜디오를 설립했다. 여기에 미디어 뮤즈와 업무 제휴를 통해 일주일 내내 리그를 개최하겠다는 목표도 세웠다.

스튜디오 설립이 획기적으로 진행된 만큼, 진행된 e스포츠 리그도 독특했다. 트위치TV는 한국에서 주류 리그인 리그 오브 레전드 대신 비주류로 평가받고 있던 철권, 스트리트 파이터, 워크래프트 3, 도타 2 등으로 리그를 개최하면서 팬들을 끌어들였다. 여기에 10여 년 동안 유지된 팀이 해단되고 팀 단위 리그까지 중단돼 위기를 맞은 스타크래프트 II 개인 리그와 팀 리그까지 열면서 국내뿐만 아니라 해외에서도 많은 관심을 받았다.

마. 부산시, 광역자치단체 최초로 e스포츠팀 운영

부산시가 광역자치단체 사상 최초로 e스포츠팀을 운영하기 시작했다. 부산정보산업진흥원과 한국e스포츠협회 부산지회, 주식회사 마크오가 함께 운영 중인 부산 아마추어 e스포츠 선수단 GC부산(Game Club Busan)은 2016년 12월 19일 블레이드 & 소울(3명)에 이어 하스스톤(5명), 오버워치(7명) 종목 팀을 추가로 발족했다.

발족 첫 해부터 GC부산은 주요 e스포츠 대회에서 성과를 냈다. '트위치 하스스톤 프리미어리그 와일드'에서는 '고스트' 박수광이 우승을 차지했고, '블레이드 & 소울 토너먼트 2016 월드 챔피언십 태그매치'에서는 최성진과 황금성, 심성우로 구성된 팀이 우승을 달성했다.

e스포츠 20년사 2017년

2017년

1. 미리보기

2017년은 e스포츠가 태동한 후 20여 년 동안 외산 게임 위주였던 우리나라 e스포츠 시장에 국산 게임이면서 배틀로얄이라는 새로운 장르 게임 플레이어언노운스 배틀그라운드 (Battlegrounds)가 등장한 해다. 이와 함께 모바일 게임 위주로 재편된 국내 게임 시장에서 모바일 e스포츠도 본격화되기 시작했고, 시대를 주름잡은 스타크래프트도 리마스터라는 새 옷을 입고 무대에 올랐다.

배틀그라운드는 국내 개발사에겐 다소 생소한 글로벌 PC 게임 플랫폼 밸브 스팀(Steam)을 통해 앞서 해보기(얼리 액세스)로 출시됐고, 이때문에 국내는 물론 해외에서도 성공을 예상하는 사람이 많지 않았다.

그런데 배틀그래운드는 출시 16일 만에 100만 장이 넘는 판매고를 기록하면서 돌풍을 예고했고, 출시 13주 만에 판매량 400만 장, 누적 매출 1억 달러(약 1,070억 원)을 달성, 2017년 말에는 2,200만 장을 판매하면서 세계적인 인기를 누렸다.

이후 e스포츠화도 진행돼 북미 프로e스포츠단 팀 솔로미드를 선두로 리퀴드, 클라우드 나인이 팀을 창단했고 유럽에서는 닌자스 인 파자마스도 도전장을 내밀었다. 국내에서는 KSV, MVP, OGN 엔투스 등이 프로 게임단 운영을 시작했다. 8월 독일 게임스컴 현장에서 첫 국제 이벤트를 개최한 후 11월 인텔 익스트림 마스터즈 시즌 12 오클랜드에서 두 번째 인비테이셔널을 개최, 지스타 2017 현장에서도 카카오게임즈 2017 아시아 인비테이셔널 지스타를 열었다.

모바일 게임 위주로 재편성된 국내 게임 시장 사정에 따라, e스포츠도 모바일 종목이 대거 늘었다. 카드 게임인 섀도우버스와 실시간 대전 게임인 클래시 로얄, MOBA 게임인 펜타스톰까지 다양한 장르 모바일 게임 e스포츠 대회가 본격화됐다.

1998년 출시된 스타크래프트는 20년 만에 완전히 새로운 모습으로 탈바꿈된 리마스터로 새롭게 출시됐다. 그래픽, 인터페이스, 사운드, 언어 등만 바뀌었을 뿐, 게임 밸런스와 유닛 등은 그대로 유지하면서 기존 팬은 물론 새로운 팬에게도 어필했다.

이 밖에도 2017년에는 'LoL 월드 챔피언십'에서 우승한 삼성 갤럭시가 해외 자본 기반인 KSV에 매각되고, CJ 엔투스가 리그 오브 레전드 팀을 해체해 충격을 줬다. 또한, 한국 e스포츠협회 협회장을 역임했던 전병헌 청와대 정무수석이 뇌물 수수 및 자금 유용 혐의로 검찰 수사를 받기도 했다.

2. e스포츠 주체(종목, 선수, 팀, 대회, 주최, 방송, 경기장)
가. 3년 만에 'LoL 월드 챔피언십' 우승한 삼성 갤럭시, KSV에 매각

삼성 갤럭시가 2014년 이후 3년 만에 '리그 오브 레전드 월드 챔피언십^(LoL 월드 챔피언십)' 우승을 거머쥐었다. 'LoL 월드 챔피언십' 한국 대표 선발전을 가까스로 통과하면서 시드권을 얻은 삼성 갤럭시는 16강 조별 예선에서도 불안한 경기력을 보였지만, 결국 우승을 차지했다.

삼성 갤럭시는 8강부터 완전히 달라졌다. 한국 1번 시드였던 롱주 게이밍을 상대로 3대0 완승을 거두면서 4강 진출에 성공했다. 4강에서는 중국 대표 월드 엘리트를 3대1로 꺾고 결승에 올랐고, 'LoL 월드 챔피언십' 3연패, 4회 우승을 노리는 SK텔레콤 T1을 만났다.

한국에서 SK텔레콤 T1을 상대할 때마다 매번 고전을 면치 못한 삼성 갤럭시는 'LoL 월드 챔피언십'에서는 완전히 달라진 경기력을 보여주면서 3대0 완승을 거뒀다. 2014년 'LoL 월드 챔피언십'에서 삼성 화이트가 우승, 블루가 4강에 오른 후 선수가 모두 중국으로 이적하면서 처음부터 다시 시작한 삼성은 2015년에는 승강전 대상이었지만, 2016년에는 'LoL 월드 챔피언십' 우승까지 이뤄냈다.

그러나 '2017 LoL 월드 챔피언십' 우승팀인 삼성 갤럭시는 e스포츠 그룹 KSV에 전격 매각됐다. 11월 초 'LoL 월드 챔피언십' 우승을 차지한 삼성 갤럭시는 12월 초 KSV에 인수됐다. 2016년 스타크래프트 프로리그가 막을 내리면서 스타크래프트 프로e스포츠단을 해단한 삼성은 2017년 'LoL 월드 챔피언십'을 제패한 지 한 달밖에 지나지 않은 상황에서 팀을 매각했다.

삼성이 보여준 행보는 e스포츠 업계에 충격적으로 다가왔다. 팀을 매각하는 사례는 여럿 있었지만, 'LoL 월드 챔피언십'처럼 가장 큰 대회에서 우승 후 곧바로 팀을 파는 경우는 없었기 때문이다. 이렇게 팀을 인수한 KSV는 삼성 갤럭시에서 활동하던 선수들과 코칭 스태프를 그대로 인계 받았고, KSV라는 이름으로 2018년 리그에 참가했다. 시즌 중반에는 젠지(Gen.G)e스포츠라고 이름을 바꿨다.

▲ 3년 만에 LoL 월드 챔피언십 우승한 삼성 갤럭시

나. '춘추 전국 시대' 돌입 LoL 대회 우승팀 제각각

역대 리그 오브 레전드 리그 흐름을 보면, 한 해를 휩쓰는 팀이 항상 존재했다. 그리고 한국에서는 대부분 SK텔레콤 T1이 그 주인공이었다. 그러나 2017년은 리그 오브 레전드 챔피언스 코리아(LCK) 스프링과 서머 우승팀이 달랐고 'LoL 월드 챔피언십' 우승팀과 KeSPA컵 우승팀까지 모두 달라 '춘추 전국 시대'라 부를 만했다.

2017 LCK 스프링은 'LoL 월드 챔피언십' 연속 우승을 차지한 SK텔레콤 T1이 가져갔다. 정규 시즌에서 16승 2패로 독주하면서 결승에 직행한 SK텔레콤 T1은 포스트 시즌에서도 '슈퍼팀'이라 불렸던 kt 롤스터를 3대0으로 완파하면서 깔끔하게 우승했다.

서머에서는 롱주 게이밍이 막판 뒤집기로 정상에 올랐다. 서머 돌입 전 '프레이' 김종인과 '고릴라' 강범현을 제외한 주전 선수들을 모두 교체한 롱주 게이밍은 2라운드에서 연승을 달리면서 kt 롤스터를 추격했다. 정규 시즌에서 kt 롤스터와 14승 4패로 승패는 같았지만, 세트 득실에서 앞서면서 1위를 차지했고 결승전에서는 SK텔레콤 T1에게 첫 패배를 안기며 우승했다.

'LoL 월드 챔피언십'에서 정상에 오른 삼성 갤럭시는 한국에 돌아와서 곧바로 치른 KeSPA컵에서는 힘을 발휘하지 못했다. 시드 자격으로 8강에 오른 삼성 갤럭시는 MVP를 2대0으로 격파했지만, 4강에서는 kt 롤스터에게 1대2로 패배해 탈락했다. 롱주 게이밍은 SK텔레콤 T1을 4강에서 2대0으로 물리치고 결승에 올라왔는데, kt 롤스터는 이마저도 3대2로 역전승으로 물리치면서 우승을 차지했다.

이처럼 2017년은 LCK 스프링에서는 SK텔레콤 T1, 서머는 롱주 게이밍, 'LoL 월드 챔피언십'은 삼성 갤럭시, KeSPA컵은 kt 롤스터가 각각 우승하면서 두 대회를 석권한 팀이 하나도 없는 시즌을 맞이하며 '춘추 전국 시대'에 돌입했다.

다. '최종병기' 이영호 3연속 ASL 제패

아프리카TV가 진행한 스타크래프트 리그에서 '최종병기' 이영호가 독보적인 활약을 펼쳤다. 이영호는 아프리카TV 스타리그(ASL) 시즌 1부터 참가해 총 4개 시즌 중 3번 정상에 올라 현역 시절 못지 않은 성과를 냈다.

2016년 처음 열린 'ASL 시즌 1'에 참가했다가 8강에서 고배를 마신 이영호는 시즌 2에서는 공식 은퇴 이후 첫 대회 우승을 차지했고, 시즌 3과 시즌 4에서도 우승하면서 세 대회 연속 우승을 거머쥐었다.

ASL은 3연속 우승을 달성한 이용호에게 황금 트로피를 부상으로 제공했고, 이영호는 현역 시절 받은 스타리그 골든 마우스, MSL 금배지에 더해 ASL 골든 트로피까지 모두 손에 넣어 스타크래프트 최다 우승이라는 기록을 만들었다.

라. CJ 엔투스, LoL 팀 해단

2012년부터 리그 오브 레전드(League of Legends, LoL)에서 활동한 CJ 엔투스가 팀을 해단했다. 2017년 12월 1일 '2018 리그 오브 레전드 챌린저스 코리아' 스프링 시즌 불참을 발표하면서, 사실상 팀을 해산하고 LoL 종목에서 발을 뺐다.

CJ는 2012년 5월 팀을 창단한 후 2013년 아주부 프로스트와 블레이즈 선수들을 영입하면서 인기 팀으로 거듭났다. CJ 블레이즈는 '인텔 익스트림 마스터즈(Intel Extreme Masters, IEM)

시즌 7, '월드 사이버 게임즈(World Cyber Games, WCG) 2013'에서 우승했지만, 'LoL 월드 챔피언십'과는 인연이 없었다.

2016 LCK 서머 스플릿에서 최하위를 기록한 CJ는 2017 시즌을 앞두고 벌어진 승격강등전에서 콩두 몬스터와 bbq 올리버스(당시 ESC 에버)에 연달아 패하면서 2부 리그인 '챌린저스'로 강등됐다.

이후 CJ는 두 번이나 승격강등전 기회를 잡았지만, 번번이 승격에 실패하면서 끝내 명가로서 자존심을 회복하지 못했다. 이렇게 2018 시즌에도 CJ는 'LCK'에 오르지 못하면서, 선수단과 계약을 종료하고 LoL 팀을 해단했다.

마. 한계와 가능성 동시에 드러낸 스타크래프트 리마스터

블리자드 엔터테인먼트는 2017년 3월 26일 스타크래프트: 리마스터를 처음 공개했다. 이후 며칠 동안 각종 포털 사이트 검색 순위 상위권에 스타크래프트: 리마스터가 오를 정도로 큰 관심을 모았다.

스타크래프트: 리마스터는 원작인 스타크래프트를 그대로 따르면서 이용자들을 위해 그래픽, 인터페이스, 사운드, 언어 등만 수정됐고, 밸런스를 조정하거나 새로운 유닛을 넣지 않았다. 이때문에 완전히 새로 만드는 '리메이크'가 아닌, '리마스터'로 나온 스타크래프트: 리마스터는 6월 30일 진행된 예약 판매 수량이 1시간도 되지 않아 품절됐고, 2차 예약 판매도 12시간 만에 품절됐다.

그러나 스타크래프트: 리마스터는 오랫동안 인기를 끌지는 못했다. 블리자드 엔터테인먼트는 8월 15일 정식 발매 후 판매량을 구체적으로 밝히지 않았고, 7월 30일 진행된 PC방 서비스도 초반에만 반짝했을 뿐, 스타크래프트: 브루드 워 시즌과 비슷한 PC방 점유율을 유지했다.

e스포츠 종목으로 한계도 드러났다. 원작과 달라진 부분이 많이 없어 새로운 선수 영입을 기대하기 어려웠고, 게임을 즐기는 연령층이 2040이라 기존 프로 선수 출신이 여전히 상위권을 장악했다. 또한, 폐쇄적인 대회 개최 전략으로 OGN이나 스포티비게임즈 등 게임 방송사가 준비하던 대회 개최가 막히면서 아프리카TV만이 대회를 개최했다.

▲ 스타크래프트 리마스터

3. 제도(협회, 제도, 정부, 기관)
가. 검찰 수사, 회원 지위 상실 등 내우외환 맞은 한국e스포츠협회

한국e스포츠협회가 대한체육회 회원단체에서 제명됐다. 한국e스포츠협회는 2017년 8월 대한체육회로부터 제명 통보를 받았다. 2015년 말 대한체육회와 국민생활체육회가 통합되면서 회원 자격 요건이 강화됐고, 이를 충족하지 못한 한국e스포츠협회 및 22개 스포츠 단체가 함께 제명됐다.

2015년 1월 대한체육회로부터 준가맹 승인을 받은 한국e스포츠협회는 '시도지회 11곳 이상 설립을 완료해야 한다'는 당시 가입 조건은 충족시켰지만, 2015년 대한체육회와 국민생활체육회가 통합되면서 까다로워진 자격 요건을 충족하지 못했다.

엎친 데 덮친 격으로, 한국e스포츠협회장을 재직한 전병헌 청와대 정무수석이 협회장 재직 시절 뇌물을 수수했고 자금을 유용했다는 혐의로 검찰 수사를 받았다.

검찰은 2017년 11월 7일 뇌물 수수와 자금 유용 혐의로 서울 상암동 한국e스포츠협회 사무실과 관련자 자택을 압수 수색했다. 전병헌 정무수석이 한국e스포츠협회장으로 재직하던 2015년 홈쇼핑 재승인과 관련 비위사실이 있다며 강도 높은 수사를 진행했다.

전병헌 정무수석은 명예 회장직을 이용해, 한국e스포츠협회에 OO홈쇼핑이 후원금 3억 3천만 원을 내게 하면서 이를 대가로 4월 미래창조과학부 OO홈쇼핑 방송 재승인 심사 과정에서 봐주기를 했다는 의혹을 받았다.

이와 함께 당시 의원실 비서관이던 윤 모씨 등과 공모해 OO 후원금 중 1억 1천만 원을 돈세탁해 사적으로 사용한 혐의와 협회 자금으로 국회의원 시절 비서, 인턴 등에게 1년 동안 월 100만 원 가량을 지급하는데 개입한 부분도 의심을 받았다.

검찰 수사 과정에서 윤 모 비서관이 저지른 비위사실은 인정됐지만 전병헌 정무수석은 비서관 개인이 벌인 일탈이라며 혐의를 부인했고 11월 16일 정무수석직을 내려 놓은 후에도 검찰에 소환될 때마다 비리나 횡령 개입 사실을 인정하지 않았다. 검찰은 전병헌 전 정무무석에 대해 11월 22일과 12월 9일 두 차례 구속 영장을 청구했지만, 법원으로부터 모두 기각됐다.

전병헌 전 정무수석이 직접 구속되지는 않았지만 비서관들이 구속되면서 한국 e스포츠협회 위상이 크게 실추됐다.

4. 변화(제작사, 유통사, 기업 참여, 저변, 아마추어, 팬클럽, 커뮤니티, 미디어)

가. e스포츠 자본 투자 급증, 오버워치 서울팀 탄생

북미와 유럽을 중심으로 e스포츠에 대한 거대 자본 투자가 이어진 가운데, 한국에서도 거대 자본이 투자되기 시작했다. 서울이 지역 연고제 기반 국제 e스포츠 대회 '오버워치 리그' 연고지 중 하나로 선정되면서, 막대한 자금이 투자된 서울팀이 탄생했다.

블리자드 엔터테인먼트가 2016년 출시한 오버워치는 전 세계적으로 지역을 선정해놓고 해당 지역 게임단 운영권을 매수할 주체를 찾았다. 총 12개 지역 연고권을 판매했고 판매 금액은 정확하게 공개되지 않았지만, 한 팀당 200억 원 수준이었다.

서울도 12개 지역 연고지 중 하나였다. 한국 기업들은 투자를 망설이고 있었고, 이때 실리콘 밸리로부터 투자를 받은 케빈 추가 연고권을 구매했다. 케빈 추는 KSV라는 이름으로 게임단을 구성했고, 오버워치 에이펙스 시즌 2와 시즌 3에서 연이어 우승하고, 인텔 익스트림 마스터즈^(IEM)와 'APAC 프리미어 2016'에서 준우승을 차지한 루나틱 하이 멤버들을 중심으로 선수단을 꾸려 '서울 다이너스티' 팀을 창단했다.

이후 KSV는 히어로즈 오브 더 스톰 게임단인 MVP 블랙과 미라클을 인수했고, 플레이어언노운스 배틀그라운드 팀도 창단했다. 여기에 LoL 월드 챔피언십 우승팀인 삼성 갤럭시까지 품에 들이면서 단숨에 멀티 종목 프로e스포츠단으로 성장했다.

CDN^(Contents Delivery Network, 콘텐츠 전송 네트워크) 서비스 제공 업체인 라임라이트 네트웍스가 실시한 조사에 따르면 18세부터 25세까지 조사자들은 야구와 미식축구 등 전통 스포츠 전체보다 e스포츠를 더 많이 시청했고, 26세부터 35세 남녀도 e스포츠는 전통 스포츠를 한참 넘어섰다. 이러한 트렌드를 따라 북미에서는 e스포츠에 자본 투자가 급증하게 됐다.

▲ 오버워치 리그 서울팀

나. 배틀그라운드 인기, 하늘을 찔렀다

블루홀^(현재 크래프톤) 플레이어언노운스 배틀그라운드(PlayerUnknown's Battlegrounds, 이하 배틀그라운드)는 한국 게임이면서 세계 최대 PC 게임 플랫폼 스팀^(Steam)을 통해 출시됐고, 당시에는 배틀로얄이라는 장르 게임이 연달아 나온 시기라 국내는 물론 해외에서도 성공을 예상한 이는 많지 않았다.

하지만 앞서 해보기^(얼리 엑세스)로 스팀에 등록된 배틀그라운드는 출시 16일 만에 누적 판매량 100만 장을 넘겨 기네스북에 등재되었다. 출시 13주 만에 판매량 400만 장, 누적 매출 1억 달러^(약 1,070억 원)를 달성했다. 2017년 말까지는 2,200만 장이 넘게 팔렸다.

또한, 배틀그라운드는 스팀 최초로 글로벌 동시 접속자 수 325만 명을 돌파하는 대기록을 세웠고, 국내 PC방 점유율 순위에서는 리그 오브 레전드가 쌓은 아성을 무너뜨리기도 했다. 이렇게 '하는 재미'를 증명한 배틀그라운드는 트위치TV 기준 인기 게임 순위에서도 상위권을 유지하면서 '보는 재미'까지 인정받았다.

배틀그라운드가 인기를 구가하면서, e스포츠화에 대한 논의도 크게 일었다. 북미 지역에서는 팀 솔로미드^(TSM)을 선두로 리퀴드, 클라우드 나인 등이 팀을 창단했고, 유럽에서는 닌자스 인 파자마스가 도전장을 내밀었다. 한국에서는 KSV, MVP, OGN 엔투스 등 프로 e스포츠 구단이 나섰다.

e스포츠 대회도 틀을 갖춰 나갔다. 8월 독일 게임스컴 현장에서는 첫 국제 이벤트가 개최됐고, 11월에는 오클랜드에서 '인텔 익스트림 마스터즈^(IEM) 시즌 12' 두 번째 '인비테이셔널'이 진행됐다.

국내에서는 11월 17일 '지스타 2017' 현장에서 카카오게임즈 2017 배틀그라운드 아시아 인비테이셔널 at 지스타가 열렸다. 온라인 글로벌 동시 시청자 수는 최고 4천만 명에 달했고, 경기 현장에는 발 디딜 틈이 없어 e스포츠 종목으로 흥행 가치를 증명했다.

'아시아 인비테이셔널' 이후 아프리카TV는 '배틀그라운드 파일럿 시즌^(APL)' 스플릿을 개최했고, 많은 스타들을 배출하면서 시즌 1을 마무리했다. OGN은 '배틀그라운드 서바이벌 시리즈'를 출범하고 전용 경기장을 에스플렉스 센터 2층에 마련해 기존 리그보다 더 많은 주자를 진행했다.

배틀그라운드는 '2017 대한민국 게임대상'에서 대상 포함 6관왕을 차지했고, 얼리 액세스 게임으로는 이례적으로 '더 게임 어워드(TGA 2017)'에서 '최고의 멀티플레이상'을 수상했다. 이후 국내에서는 카카오게임즈와 협업을 통해 카카오 배틀그라운드로 PC방 정식 서비스를 시작해 인기를 이어갔다.

▲ 블루홀 배틀 로얄 게임 플레이어언노운스 배틀그라운드

다. 모바일 e스포츠도 본격화

모바일 게임으로 진행되는 e스포츠 대회들이 연달아 열려 종목 다변화뿐만 아니라 플랫폼 다변화가 이뤄졌다.

모바일 게임 가운데 e스포츠 대회가 꾸준히 열린 종목은 '섀도우버스'와 '클래시 로얄'이다. 섀도우버스는 1월 한국 서비스를 시작한 후 5월 팀 리그인 '컨커러 팀 리그 위드 투네이션'을 개최했고 9월엔 공식 대회인 '마스터즈 오브 섀도우버스 코리아(마섀코)'를 출범했다. 12월 초 시즌 2까지 마친 '마섀코'는 공식 국제전인 '레이지 섀도우버스 그랑프리'까지 상위 대회를 연이어 개최하면서 2017년을 마무리했다.

클래시 로얄도 세계 e스포츠 대회를 열었다. 전 세계에 이용자를 보유하고 있는 클래시 로얄이 세계 대회인 '크라운 챔피언십'을 개최하자, 187개국 이용자 2천 7백 50만 명이 도전했고 예선에 참가할 권리인 20승 이상을 기록한 이용자만 무려 9,989명에 달했다. 한국에서는 황신웅과 이영기가 대표로 선발돼 영국 런던 코퍼 박스 아레나에서 열린 '월드 챔피언십'에 진출했다. 최종 우승자는 멕시코 출신 세르지오 라모스였다.

넷마블도 모바일 MOBA '펜타스톰' 대회를 열었다. 7월 말에 개막한 첫 e스포츠 정규리그 '펜타스톰 프리미어 리그 서머 2017'은 9월 3일 결승전을 치렀고 뉴메타가 X6 게이밍에게 4대3으로 역전승을 거두면서 초대 챔피언에 등극했다.

라. 종합 국제 e스포츠 대회 부활 조짐

최근 몇 년 동안 e스포츠는 리그 오브 레전드로 열리는 '월드 챔피언십', 도타 2로 열리는 '디 인터내셔널' 등 게임 하나로 진행되는 국제 대회가 대세였다. 이에 따라 블리자드 엔터테인먼트는 자사 게임들을 한자리에 모아 블리즈컨 현장에서 결승전을 열었다.

이렇게 게임사들이 자사 게임을 글로벌 e스포츠화하기 전, 세계 최고 e스포츠 대회는 월드 사이버 게임즈(World Cyber Games, WCG)였다. 한국 대표 글로벌 기업 삼성전자가 포문을 연 WCG는 200년 챌린지 대회를 시작으로 2001년부터 2013년까지 한 번도 빠짐없이 국내외 개최지를 선정해 대회를 열었다.

WCG는 2013년 쿤산 대회를 끝으로 문을 닫았고, 이후 수 년 동안 대회는 열리지 않고 있었다. 그런데 다종목 국제 대회 명맥을 이으려는 스마일게이트홀딩스가 2017년 3월 WCG 상표권과 제반 권리를 인수하면서 부활할 조짐을 보였다.

스마일게이트홀딩스에 인수된 뒤 WCG는 2018년 4월 새롭게 개편된 첫 대회 개최 소식을 발표했다. 이와 함께 새롭게 출발하는 WCG는 세계 최고 글로벌 디지털 엔터테인먼트 플랫폼으로 거듭나 e스포츠와 디지털 문화 엔터테인먼트를 사랑하는 모든 사람들이 즐길 수 있는 축제로 선보일 계획도 공개됐다.

아이덴티티 엔터테인먼트가 새롭게 종합 국제 e스포츠 브랜드로 출범한 '월드 e스포츠 게임스&리그(World Esports Games & League, WEGL)'는 2017년 처음 발표됐다. 아이덴티티 엔터테인먼트는 각 국가를 대표하는 선수들이 참가하는 WCG와 차별화를 두기 위해 개최는 물론 팀과 선수 육성도 지원하면서 500억 원을 투자해 e스포츠 인프라를 직접 구축하려는 의지를 보였다.

첫 해 '지스타 2017' 현장에서 스타크래프트: 리마스터, 카운터 스트라이크: 글로벌 오펜시브, 철권, 하스스톤, 마인크래프트, 디제이맥스 등으로 진행된 글로벌 파이널은 짧은 대회 준비 기간에 비해 성공적으로 개최됐다.

PART 4
향후 e스포츠의 전망

1. 국내 및 해외 e스포츠 현황과 전망

2. e스포츠 정식스포츠화

3. 기술발전에 따라 변화하는 e스포츠

4. 가상현실 기술과 만난 e스포츠, 차세대 먹거리 노린다

5. '생활 스포츠' 노리는 차세대 e스포츠

1. 국내 및 해외 e스포츠 현황과 전망

'십 년이면 강산이 변한다'는 말처럼 1999년 태동한 한국 e스포츠가 벌써 스무 살이 됐다. 첫 번째 십 년이 스타크래프트가 주도했던 시기라고 한다면 두 번째 십 년 주기는 청소년들이 맞는 사춘기처럼 '성장'과 '혼돈'이 어우러진 시기였다.

지난 10년 동안 한국 e스포츠를 나누어보면 스타크래프트, 스타크래프트 Ⅱ가 주류를 이뤘던 시기와 리그 오브 레전드(League of Legends, LoL)가 주류로 자리잡은 시기로 구분할 수 있다. 10년이라는 시간을 고려하면 짧은 시간 안에 종목이 흥망성쇠하는 변화가 따라오면서 e스포츠가 가진 현실적인 문제를 인식시켰다. 이를 통해 대중에게 관심을 얻으면 '흥행 코드'를 충족시켜 부흥할 수 있지만, 관심이 멀어지면 종목 존립 자체가 쉽지 않다는 부작용을 확인할 수 있었다.

2010년 스타크래프트 승부 조작이 적발된 이후 위축됐던 e스포츠는 라이엇 게임즈 LoL로 다시 재도약에 성공했고, 다양한 종목으로 리그를 진행하면서 영역을 넓히고 있다. 지난 10년간 우리나라와 해외 e스포츠 현황을 살펴보고, 이후 펼쳐질 e스포츠 시장을 전망해 봤다.

스타크래프트 프로리그 단일 리그 개편

2003년 출범한 스타크래프트 프로리그는 2016년까지 한국e스포츠협회 주최로 개최된 팀 단위 대회다.

변화한 스타크래프트 프로리그는 프로e스포츠단 발전과 맞물린다. 기업팀과 클럽팀이 혼재하던 시절 프로리그는 라운드 우승팀과 정규시즌 종합 순위에서 성적이 좋았던 와일드카드 팀 4개 팀이 대결을 펼치던 2004년까지를 거쳐 2005년부터 2007년까지 전기-후기 리그 방식으로 각 챔피언을 뽑은 후 그랜드 파이널이라는 통합 챔피언 체제로 최고 팀을 가려냈다.

스타크래프트 프로리그는 2008년 전기-후기 리그 방식에서 연간 프로리그 체제로 개편됐다. 이전 해였던 2007년 한국e스포츠협회와 온게임넷 MBC게임 등 양대 게임 방송사와 갈등을 빚었던 프로리그 중계권 사태가 마무리된 후 후속조치 격으로 전반기에는 '2008 프로리그'로 반년 동안 진행됐다.

프로리그는 2008년 10월 4일부터 새롭게 출범한 2008-2009 리그부터 5라운드 방식 풀리그 체제로 거듭났다. 1, 2, 4, 5라운드는 기존 2007년 도입된 사전 엔트리 예고제로 진행됐고, 3라운드는 승자 연전 방식인 위너스리그로 진행됐다. 2007년까지 프로리그 재미 요소 중 하나였던 2대2 팀플레이가 사라지면서 전 경기가 개인전으로 치러졌고, '종족별 의무 출전 규정'이 신설돼 다양한 종족간 경기를 고루 볼 수 있게 됐다.

프로리그 포스트시즌도 4강 방식이 아닌 6강 방식으로 확대됐다. 7전 4선승제 승자 연전 방식으로 진행된 위너스리그에도 별도 순위가 적용되면서 위너스리그만 따로 포스트시즌을 개최하기도 했다.

단일리그로 펼쳐진 정규시즌 성적에 따라 1위 팀은 결승전에 직행하게 됐고, 2위 팀은 플레이오프에 진출하게 됐다. 종합성적 3~6위 팀은 4위-5위, 3위-6위 팀 간 토너먼트를 걸쳐 각 조 승리 팀이 준플레이오프에 진출했다. 프로리그 방식으로 정통성을 세우고 MBC게임에서 진행했던 팀 리그 승자 연전 방식이 가진 묘미를 살리면서, 흥행하기 위한 노력이라는 평가를 내릴 수 있다.

'사대천왕', '본좌'를 이은 키워드 '택뱅리쌍'과 FA 개막

스타크래프트: 브루드 워로 진행된 프로리그에서 최고 흥행 아이콘을 꼽는다면 '택뱅리쌍'이다. 종족별 최강자였던 김택용, 송병구, 이영호, 이제동 4명을 묶어서 부른 '택뱅리쌍'은 스타크래프트 프로리그 마지막까지 최대 키워드로 군림했다.

'택뱅리쌍' 중 가장 먼저 주목받은 선수는 마재윤을 꺾고 혜성처럼 등장한 김택용이었다. 2007년 MSL 2회 우승과 1회 준우승으로 실력과 인기를 쌓아올린 김택용은 2008년 2월 당시 역대 최고액 현금 트레이드를 거쳐 SK텔레콤으로 이적했다.

'리쌍'이 보여준 약진도 놀라웠다. 이제동은 2008년 첫 번째 개인리그였던 '곰TV MSL' 시즌 4를 우승하면서 이전 '에버 스타리그 2007' 우승이 우연이 아님을 입증했다. 뿐만 아니라 저그전 강자 김택용을 32강에서 물리치고, 결승에서는 김구현을 제압하면서 전성기가 도래했음을 확인시켰다.

다른 '리쌍' 이영호는 굉장히 빠른 성장을 보였다. 이영호는 '곰TV MSL 시즌 4' 결승 1주일 뒤인 3월 15일 광주에서 열린 '박카스 스타리그 2008' 결승전에서 송병구를 꺾고 우승트로피를 들어올렸다. 이때 나이 15세였던 이영호는 양대 개인리그를 통틀어 최연소 우승자가 되며, 8강 이제동, 4강 김택용, 결승 송병구 등 훗날 최대 라이벌이 될 '택뱅리쌍'을 제압했다.

주춤하던 송병구와 김택용도 '인크루트 스타리그 2008'과 '클럽데이 온라인 MSL 2008'을 우승하면서 '택뱅리쌍' 구도를 완성시켰다.

2010년 '리쌍' 이영호와 이제동이 양대 리그 결승에서 네 번이나 만나기도 하지만, 2011년 이영호가 '택뱅리쌍' 중 가장 먼저 양대 개인리그 여섯 번째 우승을 달성하면서 커리어에서 최고 기록을 남겼다.

그러나 '택뱅리쌍'은 스타크래프트와 스타크래프트 II가 함께 병행된 'SK플래닛 스타크래프트 II 프로리그 시즌 2'에서 급격하게 흔들렸고, 스타크래프트 II로 프로리그가 완전히 전환된 후에는 예전 같은 모습은 보이지 못했다.

좀처럼 스타크래프트 브루드 워 시절 모습을 보이지 못했던 김택용이 2013년 9월 은퇴하면서 '택뱅리쌍' 시대가 마감됐다. 뒤를 이어 이영호, 이제동, 송병구가 차례대로 은퇴를 선언했다. 은퇴 후 김택용, 이영호, 이제동, 송병구는 차례대로 게임 스트리머로 복귀해 'ASL'에서 다시 한번 스타크래프트 전성기를 열었다.

승부 조작 '파문'과 지식재산권 분쟁, 쇠락하는 스타크래프트 e스포츠

2005년 워크래프트 3 유일한 공식리그였던 '프라임리그'는 '맵 조작 사건'으로 문을 닫는다. '장 조작'이라고 불렸던 이 사건은 한국 e스포츠 첫 흑역사라고 할 수 있다. 밸런스를 조정해 오크에게 유리한 구도를 만들었던 이 시도가 만천하에 드러나면서 프라임 리그는 중단됐다. 결국 워크래프트 3는 2007년까지 2년간 공백기를 가지게 된다.

2010년에는 이전 워크래프트 3 리그 관련 사태와는 비교할 수 없는, e스포츠 역사상 최악으로 평가받는 사건이 발생한다. 방송으로 중계되는 프로 스포츠 중 최초로 벌어진 승부 조작 사건 때문에 e스포츠는 '존폐론'까지 나올 정도로 위상이 흔들렸다.

이 사건으로 전현직 프로게이머 11명을 포함해 모두 14명이 기소됐다. 개인리그 우승자뿐만 아니라 각 팀 주전급 선수들이 다수 연루되면서 그 여파는 더욱 컸다. 외부 이미지

실추로 세계 첫 군(軍) 프로e스포츠단인 공군 에이스가 해단됐고, MBC게임 역시 2011년 산하 프로e스포츠단 MBC게임 히어로 해산과 함께 문을 닫았다.

승부 조작으로 인해 시장 전체 기반이 흔들린 상황에서, 블리자드 엔터테인먼트와 지식재산권 분쟁은 사실상 스타크래프트 프로리그에 또 한번 막대한 타격을 입힌다. 1년이라는 시간이 흘러 가까스로 중재됐지만, 돌아선 팬심(心)을 쉽게 돌리지 못했고, 한국e스포츠협회와 블리자드엔터테인먼트 간 힘겨루기로 인해 자연스럽게 2010년 스타크래프트 Ⅱ: 자유의 날개 발매와 함께 시작된 스타크래프트 Ⅱ 리그, GSL 역시 영향을 받을 수밖에 없게 됐다.

스타크래프트 e스포츠에 대한 관심이 예전과 같지 않아지면서 팬들은 라이엇 게임즈가 개발하고 서비스하는 리그 오브 레전드로 향하게 됐다. 힘겹게 남아있던 스타크래프트 Ⅱ 프로리그 역시 2015년 승부 조작 사건이 다시 터지면서 프로e스포츠단은 진에어 그린윙스 프로e스포츠단 하나만을 남기고 모조리 해단됐고, 자연스럽게 리그 문도 닫겼다.

신흥 강자 LoL, 롤챔스로 단숨에 한국 e스포츠 시장 장악

지식재산권 분쟁이 마무리된 이후에도 스타크래프트 Ⅱ 관련 리그는 대중들에게 큰 관심을 끌지 못했다. 마니아층 지지가 있긴 했지만, 자연스럽게 선수 몸값이나 프로게이머 위상은 과거 스타크래프트 전성기 시절과 비교하면 대중의 기대치를 맞추기 힘들었다.

이런 혼돈기에 등장한 종목이 리그 오브 레전드(League of Legends, LoL)다. LoL은 출시 이후 치솟는 인기와 함께 게임 채널 온게임넷이 'LoL 인비테이셔널'을 개최하면서 스타크래프트 팬 층까지 흡수해버렸다.

2012년 'LoL 월드 챔피언십'에서 한국을 대표해 출전한 MIG 프로스트가 결승까지 올라가면서 LoL은 전 세계에서 한국 e스포츠 위상을 재정립하게 만들었다. 아울러 2013년 2월 28일 열린 '2012 대한민국 e스포츠 대상'에서 최우수 종목상을 거머쥔 LoL은 한국 e스포츠 대표 종목으로 자리잡게 된다.

라이엇 게임즈와 한국e스포츠협회가 주최하고 온게임넷이 주관 방송한 'LoL 챔피언스(롤챔스)'는 1년에 세 번 열리는 시즌 체제를 확립하면서 2014년까지 일관성 있게 운영됐다. '2012-2013 롤챔스 윈터'와 '2013 롤챔스 스프링'은 12강 2조 조별리그로, '2013 롤챔스 서머' 시즌부터는 16강 4조 조별리그로 개최돼 2014 롤챔스 서머까지 같은 방식을 고수했다.

국제대회에서도 한국 팀은 대단한 활약을 보였다. 2013년 SK텔레콤 T1 K가 그 해 'LoL 월드 챔피언십'에서 우승하면서 소환사 컵을 처음으로 들어올렸다. 팀에서 핵심이었던 '페이커' 이상혁은 축구 선수 리오넬 메시(Lionel Messi), 농구 선수 마이클 조던(Michael Jordan)과 어깨를 나란히 하는 세계적인 선수로 거듭났다.

성장한 롤챔스, 2015년부터 '롤챔스 코리아(LCK)' 확대 개편

2014년까지 롤챔스는 16강 조별 리그를 마친 후 8강부터는 토너먼트 방식으로 진행됐다. 경기 숫자가 절대적으로 부족했을 뿐만 아니라 인기팀들이 2부 리그인 'NLB(나이스게임TV 리그 오브 레전드 배틀NiceGameTV League of Legends Battle)'로 내려가면 1부 리그 보다 2부 리그가 관심을 끄는 웃지 못할 상황도 발생됐다.

양적인 팽창을 거듭하면서 한국e스포츠협회, 라이엇 게임즈, 온게임넷 3자협의체는 2015 시즌을 앞두고 롤챔스 리그 개편안을 발표했다. 이전 형제팀 방식이 아닌 프로e스포츠단 한 군데서 한 팀만을 출전시키는 정규 시즌 체제를 발표했다. 첫 해였던 2015 시즌은 전 시즌 성적을 토대로 6개 프로e스포츠단과 선발전을 거쳐 프로e스포츠단 2개를 선발해 8개 팀 체제로 정규 시즌을 시작했다.

'NLB'로 불렸던 2부 리그는 'LoL 챌린저스 코리아'로 개편해 풀리그 방식으로 진행됐고, 롤챔스 코리아와 챌린저스 코리아 사이에 승격강등전을 도입했다. 2015 롤챔스 서머 시즌부터는 10개팀으로 확대됐다.

체계적인 리그 포맷을 잡고 나서도 한국 LoL e스포츠는 세계에서 계속 정상을 차지했다. 2015년과 2016년 SK텔레콤이 'LoL 월드 챔피언십' 우승컵을 연달아 거머쥐었고, 2017년에는 삼성 갤럭시가 SK텔레콤의 3연패를 저지하면서 첫 우승을 달성했다. 특히 2015년부터 2017년까지 3년간 'LoL 월드 챔피언십' 결승전은 LCK 팀들끼리 대결이 성사되면서 LCK가 세계 최고 리그라는 걸 유감없이 보여줬다.

이전까지 포함하면 시즌 2 아주부 프로스트의 결승진출을 시작으로 6년 연속 'LoL 월드 챔피언십' 결승무대를 밟았고, 5년 연속 'LoL 월드 챔피언십' 우승이라는 대기록을 수립했다.

세계 최고 수준 리그, 다시 한번 도약이 필요한 시점

세계 무대를 주무르는 LCK에서 뛰는 선수 연봉 수준은 시작할 당시와 비교하면 많이 좋아졌다. LCK 간판 스타 '페이커' 이상혁은 한국 프로 스포츠에서 최고 수준 대우를 받고 있다. SK텔레콤이 구체적인 금액은 공개하지 않았지만, 업계 대다수 관계자들이 연봉을 30억 원 이상으로 파악하고 있다.

이상혁뿐만 아니라 SK텔레콤 T1, kt 롤스터, 킹존 드래곤X, 젠지 e스포츠 등 상위권 팀 선수들 연봉은 대다수가 억대 이상으로 파악된다. '2018 LCK' 서머 스플릿에서 승격한 그리핀 선수들도 2019 시즌에 맞춰서는 억대로 진입하게 됐다. 일부 팀 선수 연봉은 억대가 아니지만 LCK 최저연봉이 2,000만 원인 점을 고려하면 전체적인 평균 금액은 나쁘지 않다.

하지만 해외 시장과 비교하면 선수 기대치를 충족하지 못하고 있다. 지난 2014년 삼성 갤럭시 우승 직후 주전뿐만 아니라 연습생까지 모두 해외리그로 진출하는 엽기적인 상황이 터지기도 했다. 수준 높은 선수들이 뛰고 있지만, 매년 시즌 종료 후에는 많은 선수들이 중국, 북미, 터키 등 다양한 지역으로 진출하고 있다. 선수뿐만 아니라 지도자 해외 리그 진출도 늘어나고 있다.

앞서 이야기했던 선수 연봉 문제뿐만 아니라 전체적으로 투자와 자본력에서 한국 e스포츠는 중국, 북미, 유럽 등 타 메이저 지역과 비교해 가장 밀리고 있는 모양새다. 해외 시장은 거대 자본과 더불어 좋은 선수와 지도자들을 모으면서 성장을 거듭하고 있다.

'셀링 리그'라는 불명예를 안고 한국 e스포츠가 추격을 당할 수 있다는 전문가들과 e스포츠 팬들이 보내는 우려 섞인 목소리가 갈수록 높아지고 있다.

2018년 e스포츠 미래는 '파란불'

e스포츠가 정식 스포츠로 가는 길이 한층 가까워졌다. 인도네시아에서 열린 '2018 자카르타–팔렘방 아시안 게임'에서 e스포츠가 시범 종목으로 채택됐고, 차기 2022 항저우 아시안게임에서는 정식 종목으로 채택될 예정이다.

지난 2012년 LoL e스포츠가 본격적으로 출범한 후 지난해까지만 해도 약 275억 원 가까이 투자해 한국 e스포츠 시장 확대와 성장을 이끌었던 라이엇 게임즈가 2018년 9월에 LoL 파크를 공개했다.

라이엇 게임즈 코리아는 LoL 파크에 주경기장인 LCK 아레나를 포함해 오는 2029년까지 10년간 서울 종로 그랑서울과 사용계약을 완료했다. 2029년까지의 공간 임대료와 인테리어, 방송 장비, 방송 제작을 위한 인력 투자까지 합하면 라이엇 게임즈가 투자한 금액은 총 1,000억 원을 훌쩍 넘길 전망이다.

해외 e스포츠 현황 및 전망

한국은 'e스포츠 종주국'이다. 'e스포츠'라는 단어를 가장 먼저 사용했고 전용 방송국과 경기장, 리그 등 현재 e스포츠에서 뼈대가 되는 모든 분야가 한국에서 처음 시작됐다. 선수 실력도 뛰어나 스타크래프트: 브루드 워, 스타크래프트 II, 리그 오브 레전드(League of Legends, LoL) 등 수 많은 대회에서 우승을 휩쓸었다.

기업들도 e스포츠에 많은 관심을 나타냈다. SK텔레콤, kt, CJ 등 대기업에서 게임단을 후원하거나 팀을 창단했다. 전 세계 다양한 지역에서 한국 e스포츠를 배우기 위해 경기장을 방문했다. e스포츠 최초 단체전이라고 할 수 있는 '스타크래프트 프로리그' 결승전이 열린 부산 광안리 해수욕장에는 10만 명이 넘는 팬이 찾아왔다. 당시 부산을 연고로 하는 롯데 자이언츠 경기를 보기 위해 사직구장을 찾은 관중보다 광안리 결승전의 시청률이 더 높다는 분석도 나왔다.

그러나 한국 e스포츠는 2010년 스타크래프트 선수들이 중심이 된 승부 조작으로 휘청거리기 시작했다. 많은 관심을 두고 있던 기업들도 e스포츠에 등을 돌렸다. 그러는 사이 중국, 유럽, 미국 등 한국을 보고 배웠던 지역들이 발전하기 시작했다. 프나틱, 이블 지니이스(EG), 팀리퀴드 등 유명 게임단도 창단됐다. 게임단과 함께 메이저리그 게이밍(MLG), 드림핵, 인텔 익스트림 마스터즈(IEM) 수많은 대회가 트위치 등을 통해 중계됐다.

LoL은 해외 e스포츠가 한 단계 발전할 수 있는 계기가 됐다. 유럽, 북미뿐만 아니라 남미, 오세아니아, 터키 등 새로운 지역에서 e스포츠에 관심을 두기 시작했다. 최근에는 게임에 대한 부정적인 인식을 갖고 있던 일본도 방송을 통해 e스포츠를 소개하는 프로그램을 제작해 방영했다.

북미 지역에서 처음으로 시작한 프랜차이즈 시스템은 전통 스포츠팀들에게 e스포츠 진출을 가속시켰다. 많은 팬들이 알고 있는 NBA 휴스턴 로케츠, 클리블랜드 캐벌리어스 구단주가 LoL 팀을 창단해 들어왔다.

블리자드 엔터테인먼트의 오버워치도 지역 연고제를 시도했다. 처음 이 제도가 소개됐을 때는 많은 가입금을 내고 들어와야 했기에 부정적인 반응이 지배적이었다. 그렇지만 전통 스포츠 오너들이 투자한 팀들이 만들어졌고, 런던 스핏파이어 우승으로 끝난 시즌 1은 대성공을 거뒀다. 2019년 1월 열리는 '오버워치 리그' 시즌 2에서는 8개 팀이 늘어난 20개 팀으로 리그가 진행된다.

유럽에서는 맨체스터 시티 등 유명 축구팀이 EA스포츠 축구 게임인 피파 시리즈를 활용해 e스포츠 팀을 만들었다. EPL 최강 팀 맨체스터 시티, 프랑스 파리 생제르망(PSG) 등 이름만 들어도 알 수 있는 유명 클럽 팀이 참여했다. 이에 EPL은 2019년 1월 20개 팀이 참여하는 'e프리미어리그' 출범을 예고한 상태다.

이렇듯 'e스포츠 종주국'이라고 자부하던 한국이 주춤한 사이 한국을 제외한 나머지 지역에서는 폭발적으로 e스포츠가 발전하기 시작했다. 이제는 전통 스포츠와 접목도 눈앞에 두고 있다. 이제는 한국이 다른 지역 시스템을 적극적으로 도입하거나 배워야 하는 상황에 놓였다.

발전하는 방법을 알게 된 중국

스타크래프트로 e스포츠를 시작한 한국과 달리 중국에서는 워크래프트 3와 '도타 올스타'가 많은 인기를 얻었다. '문' 장재호와 오랜 시간 라이벌이었던 '스카이' 리샤오펑은 중국 워크래프트 3 역사상 최고 선수로 평가받고 있으며 현재도 인기를 이어가고 있다.

현재 LoL 게임단으로 인지도를 쌓은 WE는 2005년 창단 당시 워크래프트 3 팀으로 시작했다. '스카이'가 워낙 인기가 높아, '스카이=WE'라는 이미지가 강했다. 현재는 LoL이 중심이며 '클래시 로얄', 피파 등 종합 게임단으로 확대됐다.

2010년 초반까지 중국 e스포츠는 한국 쪽에 잘 알려지지 않았다. 삼성전자가 매년 주최했던 월드 사이버 게임즈(WCG), 워크래프트 3 대회를 통해 중국 선수 근황을 알 수 있을 정도였다. 리그 오브 레전드(League of Legends, LoL)가 출시된 후에는 '부자들이 하는 놀이'라는 이미지가 생겼다. 게임단주가 LoL 게임단을 5~6개 이상 갖고 있는 건 일반적이었다.

인빅터스 게이밍(IG), 에드워드 게이밍(EDG), 뉴비 등도 재벌 2세가 운영 중이다. 한국인에게도 잘 알려진 왕쓰총(현 바나나컬처 대표이사)은 완다그룹 왕젠린 회장 아들이며 IG 게임단주다. 몇 년 전만 하더라도 중국 LoL 팀은 하부 리그로 떨어지더라도 1부 리그 시드권을 인수해 새로운 팀을 만드는 게 가능했다.

대표적인 예가 2018년 국제 대회를 석권한 로얄 네버 기브 업(RNG)이다. '2014 LoL 월드 챔피언십'에서 준우승을 차지한 로얄클럽은 이후 성적 부진으로 2부 리그로 강등됐다. 당시 로얄클럽 게임단주가 1부 리그 시드권을 구입해 새로운 팀을 만들었는데, 그 팀이 RNG이며 2부 리그로 내려간 로얄클럽은 2군 팀이 됐다.

2014년 'LoL 월드 챔피언십'이 끝난 뒤 대다수 삼성 선수가 중국 팀으로 이적해 많은 이들을 충격에 빠뜨렸다. 당시 '엑소더스'라는 단어가 생겨날 정도로 한국으로서는 중국에서 나오는 막대한 자금력을 넘지 못했다. 하지만 돈을 많이 쓰면서도 성적을 내지 못한 중국 팀들은 돈으로 실력을 끌어올릴 수 없다는 걸 깨닫고 변화를 시도했다.

이들은 한국 선수 숫자를 줄이는 대신 자국 선수를 키워내기 시작했다. 중국 2부 리그인 LDL(LoL Development League) 팀은 해외 선수 영입을 금지했다. 해외 선수를 데리고 오기 위해선 1부 리그인 LPL(League of Legends Pro League) 팀에서 경험이 있어야 했다.

올해부터 도입된 지역 연고제는 중국 팀 성장을 가속했다. 한국 선수에게 많은 돈을 줬던 팀들은 수익 사업에도 관심을 두기 시작했다. 선수들이 입는 유니폼 등 MD 상품을 개발해 팬들에게 판매해 충성심을 끌어올렸다.

LoL뿐만 아니라 플레이어언노운스 배틀그라운드도 많은 인기를 얻고 있다. 관계자에 따르면 중국 내에서 배틀그라운드팀은 2~300개에 이른다. 최근에는 오버워치를 즐기는 사람도 많아졌다. LoL 모바일 버전이라고 할 수 있는 왕자영요로 진행되는 KPL(King Pro League)은 LPL을 위협하고 있으며 지역 연고제를 도입할 예정이다. 최근 중국 베이징에서 열린 국제 대회는 티켓이 고가임에도 불구하고 매진 기록을 세웠다.

방송 부분도 마찬가지다. 한국 e스포츠 방송 관계자를 영입해 노하우를 전수받아 발전 속도가 가속화됐다. 과거 OGN에서 스타리그와 LCK를 중계했던 위영광, 원석중 PD를 포함해 방송 제작 핵심 인력이 바나나컬처로 이직하는 등 많은 사람이 중국으로 자리를 옮기고 있으며 현재는 한국과 비교해 방송 제작도 별 차이가 없다는 평가다.

유럽 e스포츠 발전은 '현재진행형'

유럽 e스포츠는 워크래프트 3, 카운터 스트라이크를 중심으로 발전했다. 현재 해설자로 활동 중인 '토드' 유안 메를로(Yoan Merlo)와 '그루비' 마누엘 쉔카이젠(Manuel Schenkhuizen)은 유럽 지역을 대표하는 워크래프트 3 선수였다. 유럽 지역은 소규모 오프라인 대회를 중심으로 e스포츠가 발전하기 시작했다.

유럽 e스포츠를 이야기하기 위해선 '인텔 익스트림 마스터즈(IEM)'와 '드림핵'을 빼놓을 수 없다. 유럽 e스포츠가 발전하는 데 있어서 중추적인 역할을 했기 때문이다. 2007년 인텔이 후원을 시작한 IEM은 현재까지 시즌 13을 진행 중이다. 카운터 스트라이크: 글로벌 오펜시브, 리그 오브 레전드, 스타크래프트 II 등이 종목으로 열린 지역 대회를 거쳐 매년 2월에는 폴란드 카토비체에서 '월드 챔피언십'을 개최해 최강 팀을 가린다.

카운터 스트라이크: 글로벌 오펜시브를 많이 즐기는 폴란드, 특히 카토비체는 'IEM 월드 챔피언십'이 열리기 전에는 알려지지 않은 도시였다. 일부 사람들만 공업 도시로 인식하고 있었다. 그렇지만, 카토비체 시 지역에서 적극적인 지원을 하면서 e스포츠에서는 바르샤바를 제치고 가장 사랑받는 폴란드 도시 중 하나가 됐다.

1994년 만들어진 드림핵은 IEM과 함께 유럽을 대표하는 e스포츠 대회다. 2002년 처음으로 e스포츠 대회를 개최한 드림핵은 팬들이 직접 컴퓨터를 가지고 와서 게임을 하고 e스포츠 대회도 함께 관전하며 즐기는 문화가 유명하다.

'드림핵'은 윈터, 서머 대회를 스웨덴 옌셰핑에서 진행한다. 루마니아 부카레스트, 스페인 발렌시아, 영국 런던, 독일 라이프히치 등에서 지역 대회를 개최했다. 최근 '드림핵'은 북미에 지사를 설립해 북미 대회를 진행 중이며 지금까지 텍사스 오스틴, 애틀랜타, 캐나다 몬트리얼에서 대회가 열렸다.

e스포츠에 열정적인 유럽 지역은 한국보다 일찍 증강현실(VR) 시스템을 방송에 도입했다. IEM 대회 때 선수 소개를 일찌감치 VR 시스템을 도입해 진행했다. 대회 스폰서인 인텔은 경기장 안에 VR 부스를 설치해 팬들에게 홍보하기도 했다.

유럽에서 가장 인기 있는 팀은 프나틱(Fnatic)이다. 카운터 스트라이크: 글로벌 오펜시브 팀으로 시작한 프나틱은 현재 리그 오브 레전드와 카운터 스트라이크: 글로벌 오펜시브 최강 팀으로 평가받고 있다. 프나틱 머천다이징(MD) 상품은 전 세계적으로 인기를 얻고 있으며 최근에는 마우스와 키보드를 제작하는 업체를 인수해 프나틱 전문 브랜드로 제품을 만들어 출시하고 있다.

독일 베를린에 경기장이 있는 리그 오브 레전드도 유럽 사람들에게 사랑받는 종목 중 하나다. 북미에 이어 유럽도 2019년부터 프랜차이즈 시스템을 도입하며 축구 명가인 아스날 등 전통 스포츠팀이 리그 오브 레전드 리그에 관심을 보이고 있다.

유럽은 다른 지역과 달리 축구 게임인 EA 피파(FIFA) 시리즈가 인기를 얻고 있다. 많은 팀들이 피파 시리즈 팀을 보유하고 있을 정도다. 특히 EPL 맨체스터 시티, 프랑스 파리 생제르망(PSG), VfB 슈투트가르트 등 전통 스포츠팀이 피파 선수를 보유하고 있거나 팀을 창단했다. 특히 FC 샬케04는 피파뿐만 아니라 리그 오브 레전드 팀을 만들었는데, 2018년 '유럽 LCS(League of Legends Championship Series)' 서머에서 준우승을 차지했다.

피파 팀이 늘어나자 영국 EPL은 피파 선수를 보유하고 있는 20개 팀이 참여하는 'e프리미어리그'를 2019년에 창설하려 한다. 팀뿐만 아니라 선수도 피파 팀을 창단하는 사례가 늘어나고 있다. 아스날에서 활동 중인 세계적인 스타 메수트 외질(Mesut Ozil)은 직접 '피파19' 선수를 영입하는 모습을 보여주기도 했다.

대학에서는 e스포츠를 연구하는 학과가 생겨나는 등 유럽 지역 e스포츠 발전은 '현재진행형'이라고 할 수 있다.

전통 스포츠와 조화, 북미 e스포츠

팀리퀴드, 클라우드 나인, 이블 지니어스(EG) 등 전 세계적으로 유명한 e스포츠 게임단을 보유하고 있는 북미는 중국, 유럽과 비교했을 때 발전 속도가 늦었다. 그렇지만, 최근 1~2년 사이 전통 스포츠 자본이 들어오면서 달라진 모습을 보였다.

북미는 스타크래프트 II, 오버워치, 도타 2, 카운터 스트라이크: 글로벌 오펜시브가 인기를 얻고 있다. 2010년 중반만 하더라도 북미 e스포츠는 메이저리그 게이밍(MLG), NASL(North American Star League), IGN 프로리그 등 오프라인 대회를 중심으로 발전했다.

그러나 북미 대회들은 후원사 문제 때문에 대회가 폐지되는 사례가 많았다. 리그를 중계하는 회사가 별로 없다는 점도 단점이었다. 일례로 ESL을 주최하고 있는 터틀 엔터테인먼트가 IEM 미국 지사를 설립했지만, 적자를 본 건 북미 시장이 어렵다는 걸 보여준 예시였다.

지난해부터 전통 스포츠 오너가 e스포츠에 관심을 두고 뛰어들면서 새로운 전기를 마련했다. NBA 밀워키 벅스 공동 구단주인 웨슬리 에덴스(Wesley Edens)는 클라우드 나인이 가진 시드권을 인수해 '플라이 퀘스트(FlyQuest)'라는 e스포츠 브랜드 회사를 설립했다. NBA LA 레이커스에서 활동했던 릭 폭스(Rick Fox)는 리그 오브 레전드 팀 에코 폭스를 창단했으며 메이저리그 뉴욕 양키스로부터 투자를 끌어냈다.

클라우드 나인, 팀리퀴드 등은 몇백 억에 달하는 투자금을 유치해 게임단 하우스와 경기장 건설 등에 돈을 아끼지 않았다. 리그 오브 레전드 게임단을 구매하기 시작한 북미는 올해 초 본격적으로 프랜차이즈 시스템을 도입하며 폭발적으로 발전했다.

LoL이 성장하면서, 북미 지역에서도 많은 이들이 e스포츠를 주목하기 시작했다. 백미(白眉)는 오버워치 리그였다. 블리자드가 지난해 프랜차이즈 시스템을 도입한 오버워치 리그를 발표했을 때는 반응이 부정적이었다. 많은 돈을 내면서까지 오버워치 리그에 들어올 사람은 거의 없다고 예상됐다.

그렇지만 NFL 뉴잉글랜드 패트리어츠의 구단주인 로버트 크래프트(Robert Craft), 덴버 너기츠, 아스날 FC 사장단인 스탄 크로엔케(Stan Kroenke), 조쉬 크로엔케(Josh Kroenke) 등 전통 스포츠 투자자나 오너가 참여하면서 분위기가 달라졌다.

이뿐만 아니라 도요타, 마이크로소프트 등 대기업들이 스폰서로 들어오면서 '오버워치 리그 시즌 1'은 많은 관심 속에 진행됐으며 런던 스핏파이어가 우승하면서 마무리됐다. 2019년에는 중국 항저우, 광저우, 파리, 토론토, 애틀란타 등 8개 팀이 추가로 합류해 20개 팀이 시즌 2에 참가한다.

앞으로 해외 e스포츠는

현재 성장하고 있는 중국과 북미, 유럽 e스포츠 시장에서 볼 수 있는 공통적인 점은 '전통 스포츠와 e스포츠 간 결합'이다. 게임을 중독으로 취급하고 있는 한국과 달리 다른 지역은 e스포츠를 스포츠 중 하나로 인식해 적극적인 투자가 이어지고 있다.

적극적인 투자가 성적으로 이어진다는 건 부정할 수 없는 사실이다. 2018년 열린 'LoL 월드 챔피언십'에서도 한국 팀이 전부 탈락한 모습과 달리 북미, 유럽, 중국 팀들은 4강에 이름을 올렸다. 6년 동안 한국 팀이 강세였던 'LoL 월드 챔피언십'이 달라지고 있으며 지역별 실력 격차도 거의 좁혀졌다. 항상 이야기 나오는 '갭 이즈 클로징(Gap is closing)'은 이제 틀린 말이 아니다.

리그 오브 레전드, 오버워치 리그 등 이제는 없어서는 안 될 프랜차이즈 시스템 도입은 프로게이머의 성장에도 직결된다. 지금까지 프로게이머는 '을' 입장이었지만, 이제는 당당하게 의견을 개진할 수 있게 됐다. 전통 스포츠 자본이 들어오기 시작한 중국, 북미, 유럽 e스포츠 발전 가능성은 아무도 예측할 수 없다. 이제부터 발전을 시작하려 하기 때문이다.

2. e스포츠 정식스포츠화

1990년대 말 e스포츠가 태동한 지 20여 년이 지난 현재, e스포츠는 아시안 게임 정식 종목 채택을 목전에 두고 있고, 올림픽 종목 채택에 대한 논의가 이루어질 정도로 글로벌 정식 스포츠화에 빠르게 다가가고 있다.

처음 e스포츠가 등장했을 때, e스포츠는 단지 게임을 좋아하는 집단을 통해 놀이가 발전된 새로운 디지털 세대 여가문화 정도로 인식됐다. 하지만 e스포츠에 '스포츠'라는 정의가 포함된 이상, '정식스포츠화'에 대한 논의와 움직임은 언젠가 반드시 고려해야 할 부분이었다.

e스포츠가 시작된 지 20여 년이 지났지만, 여전히 e스포츠를 '스포츠'로 보아야 할지, e스포츠가 전통 스포츠 종합 대회인 '올림픽'에 진입할 정도인지 등 여러 논란이 있고 그에 대한 견해도 다양하다.

이 장에서는 2007년 이후 국내외에서 이루어진 실질적인 e스포츠 정식스포츠화와 관련된 역사적 상황들을 살펴봤다. 이를 통해 앞으로 e스포츠가 어떻게 전개될지 기대해 볼 수 있기를 바란다.

e스포츠 정식스포츠화, 시작은 아시아에서

e스포츠 정식 스포츠화 시도는 e스포츠 종주국으로 전 세계적으로 인정받은 한국에서보다 아시아올림픽 평의회(Olympic Council of Asia, OCA)에서 먼저 시작됐다. 아시안게임을 주최하는 OCA는 2007년 마카오에서 개최된 '제2회 실내아시아경기대회(Asian Indoor Games)'에서 아시아종합대회 최초로 e스포츠를 정식 종목으로 운영했다.

이는 전 세계 어떤 국가에서도 e스포츠가 정식 스포츠로 인정된 전례가 없는 상황에서 국제스포츠기구가 e스포츠를 '새로운 스포츠'로 받아들여 종합대회에 포함시켜 운영한 사례다. 해당 사례는 굉장히 획기적인 일이었으나, 실내아시아경기대회에 대한 관심도와 인지도가 낮아 e스포츠 업계에서 큰 반향을 일으키지는 못했다.

2007년 대회에서는 피파 07, NBA 라이브 07, 니드 포 스피드: 모스트 원티드(Need for Speed : Most Wanted) 세 개 종목이 세부종목으로 선정됐고 몽골, 이란, 중국, 카자흐스탄, 카타르, 쿠웨이트 등 6개국이 출전했다. 당시 우리나라는 e스포츠가 대한체육회에서 인정받은 스포츠 종목이 아니었기에 출전을 검토하지 않았고, 대회에 참가하지 않았다.

OCA는 2007년에 이어 '2009 베트남 하노이 실내아시아경기대회'에서도 e스포츠를 정식 종목으로 운영했다. 피파 09, NBA 라이브 08, 니드 포 스피드: 모스트 원티드, 스타크래프트: 브루드 워, 카운터 스트라이크(Counter-Strike), 도타 올스타(Dota Allstar) 등 6개 세부 종목에서 대한민국, 몽골, 바레인, 베트남, 이란, 인도, 우즈베키스탄, 중국, 카타르 9개 국가가 경쟁했다.

2007년 대회와 달리 전통 스포츠 종목 외에 개최국 베트남에서 인기가 높았던 스타크래프트: 브루드 워, 카운터 스트라이크, 도타 올스타 등 e스포츠 인기 종목이 세부 종목으로 선정됐고, 동아시아 / 서아시아 / 중앙아시아 / 동남아시아 등 아시아 각 지역 국가들이 고르게 참가하면서 보다 완성된 종합 대회가 됐다.

당초 한국은 대회 참가가 불투명했으나 2009년 9월 한국e스포츠협회가 대한체육회 인정 단체로 가맹되면서 e스포츠가 스포츠 종목으로 인정받아 첫 아시아 종합대회에 피파 09, 스타크래프트: 브루드 워, 카운터 스트라이크 세 개 종목에 국가대표 선수단을 파견할 수 있었다.

특히 스타크래프트: 브루드 워 종목에는 전 세계 최고로 인정 받던 kt 롤스터 이영호, SK텔레콤 T1 정명훈을 비롯해 글로벌 카운터 스트라이크 리그에서 활약하던 프로젝트 KR 선수들이 국가대표로 대회에 참가하면서 화제가 됐다

첫 아시아 종합대회에 출전한 대한민국 국가대표 선수단은 금메달 2개와 은메달 1개를 획득하면서 e스포츠 종목에서는 이란(금메달 2개, 은메달 1개, 동메달 1개)에 이어 종합 순위 2위를 차지했다.

2009년 처음으로 e스포츠를 정식 스포츠 종목으로 인정한 중국은 도타 올스타를 제외한 5개 종목에 출전해 이란, 한국에 이어 종합 3위를 차지했고, 베트남은 도타 올스타 종목에서 금메달을 획득해 종합 4위에 올랐다.

대회와는 별도로 OCA는 아시아e스포츠연맹 설립을 위한 회의를 열고 e스포츠 종목 참가국 관계 인사들을 소집했다. 회의에는 대한민국, 몽골, 이란, 이라크, 인도, 아랍에미리트, 쿠웨이트 등 7개국 NOC^(National Olympic Committee, 각국 국내 올림픽 위원회)와 e스포츠 인사들이 참석했다.

OCA는 미래 스포츠가 지향하는 관념에 e스포츠가 부합함을 역설했고, 이때문에 2007년 대회부터 e스포츠 종목을 운영하면서 e스포츠가 가진 가능성을 검토했음을 발표했다. 또한 아시아 전체를 보면 e스포츠 저변이 잘 활성화돼 있어 향후 개최되는 OCA 주관 종합대회에서 e스포츠 비중을 확대하기 위해 아시아e스포츠연맹 설립이 필요함을 설명했다.

이어서 OCA는 2010년 12월에 오만 무스캇^(Oman, Muscat)에서 개최된 '제2회 해변 아시안게임^(Asian Beach Games)' 기간 중 아시아e스포츠연맹 설립을 위한 실무회의를 개최했고, 회의에는 OCA인사들을 비롯해 아시아 14개국 NOC와 e스포츠 인사들이 참가했다.

회의에서는 당시 OCA 여성 위원회 집행위원인 나탈리아 시포비치^(Natalya Sipovich, 카자흐스탄)가 회장을 맡고 한국과 바레인이 부회장을 맡는 형태로 아시아e스포츠연맹 설립안이 가결되었으나 이후 OCA 내부에 e스포츠 전문인력이 부재하고 나탈리아 시포비치 회장을 중심으로 한 실질적인 e스포츠 업무가 추진되지 못하면서 아시아e스포츠연맹 설립은 정식화되지 못했다.

아시아e스포츠연맹 설립이 궤도에 오르지 못하면서 OCA가 목표로 한 e스포츠 정식스포츠화를 위한 움직임은 자칫 방향성을 잃을 수 있었으나, 2011년에 OCA는 아시아에서 e스포츠가 가장 발전한 대한민국 인천에서 실내무도아시아경기대회^(AIMAG, Asian Indoor Martial Arts Games)가 개최되는 점을 감안해 e스포츠를 정식종목으로 운영하는 안건을 인천아시안게임 조직위원회와 함께 검토했다.

인천아시안게임 조직위원회는 한국e스포츠협회와 함께 e스포츠 종목 운영에 대해 협의한 후 '2013 실내무도아시아경기대회'에서 e스포츠 종목을 정식 종목으로 확정하고, 대회 준비를 시작했다.

'2013 실내무도아시아경기대회' e스포츠 종목 대회에는 대한민국, 대만, 말레이시아, 몽골, 몰디브, 베트남, 이란, 인도, 우즈베키스탄, 중국, 카타르, 타지키스탄 등 아시아 13개국에서 선수 92명이 참가했다.

종목으로는 스타크래프트 II: 군단의 심장^(StarCraft II : Heart of the Swarm), 피파 13, 니드 포 스

피드: 쉬프트 2 언리쉬드(Need for Speed : Shift 2 Unleashed), 철권 태그 토너먼트(Tekken Tag Tournament) 2, 리그 오브 레전드(League of Legends), 스페셜포스(Special Force) 등 6개 세부종목이 선정됐다.

2013 대회에서는 기존 실내아시아대회와 달리 PC, 콘솔 등 플랫폼이 조합됐고 스포츠, 레이싱, RTS(Real-Time Strategy, 실시간 전략), 대전 액션, MOBA Sports, Racing, RTS, Fight, MOBA(Multiplayer Online Battle Arena), FPS(First Person Shooter) 등 장르 다양성을 고려해 세부 종목을 여러 분야에서 고르게 선정하면서, 다양한 아시아 국가들이 경쟁할 수 있도록 했다.

대한민국 선수단은 '스타크래프트 II: 군단의 심장', '철권 태드 토너먼트 2', 리그 오브 레전드, 스페셜포스 4개 종목에 출전해 금메달 4개, 은메달 2개 등 출전 선수단 모두가 메달을 획득하는 역대 최고 성적을 거뒀다.

특히 2013 대회는 개최국 협회(한국 e스포츠협회, Korea e-Sports Association, KeSPA)와 국제기구(국제e스포츠연맹, International Esports Federation, IESF)가 공조한 종목 선정, 규정 정비, 대회 운영 등이 총괄된 첫 사례였다. 또한, 대회 기간 중 IESF 주도로 개최된 '아시아 e스포츠 실무회의'에는 아시아 NOC를 비롯해 e스포츠 협단체 인사들이 참석해 향후 아시아 e스포츠 발전 방향 논의가 확대됐다.

이를 계기로 2013 대회 이후 각국 체육회 가맹이 지지부진했던 아시아국가 e스포츠 협회들이 국가 체육회와 체육정부기관 가맹에 적극적으로 나서면서 아시아 지역은 다른 어느 대륙보다 e스포츠 정식스포츠화가 빠르게 진행될 수 있었다.

IESF 역시 2013년을 기점으로 e스포츠 정식 스포츠화에 박차를 가했다. IOC(국제올림픽위원회, International Olympic Committee), GAISF(국제경기연맹총연합회, General Association of International Sports Federations) 가맹을 위해서는 먼저 세계반도핑기구(World Anti-Doping Agency, WADA) 인증이 필요했는데, IESF는 2013년에 WADA로부터 WADA 기준에 부합하는 첫 e스포츠 국제체육단체로 인증을 받았고, '2013 실내무도아시아경기대회'에서 WADA 인증 첫 e스포츠 도핑테스트를 시행했다.

이후 IESF는 2014년에 세계생활체육연맹(The Association For International Sport for All , TAFISA)에 가맹해 최초로 국제공인체육기구에 가맹한 e스포츠 국제기구가 되었다. TAFISA 가맹을 계기로 e스포츠는 2016년 인도네시아에서 개최된 'TAFISA 국제생활체육축전' 정식종목으로 채택됐고, IESF는 '2016 IESF 월드 챔피언십'을 TAFISA '국제생활체육축전' 대회에서 개최할 수 있었다.

국내에서도 2014년과 2015년에 e스포츠 정식스포츠화가 활발히 전개됐다. 한국e스포츠협회는 2014년 대한체육회 인정단체 자격으로 제주도에서 개최된 '제 95회 전국체전'에 동호인 종목으로 참가, 리그 오브 레전드, 스타크래프트 II, 피파온라인 3, 카트라이더 4개 종목 대회를 운영했다. 이후 2015년 1월 27일 대한체육회 제12차 이사회에서 한국e스포츠협회는 대한체육회 준가맹 단체로 승격됐고 2015년 '제96회 전국체전'에서도 e스포츠 종목을 운영하게 됐다.

하지만 대한체육회, 생활체육협의회 통합과정에서 대한체육회 가맹경기단체 등급분류 기준이 강화되면서 새로운 기준자격을 갖추지 못한 한국e스포츠협회는 2016년 3월 결격단체^(유보단체)로 강등됐다.

2017년 8월에는 회원종목단체 등급분류 심사에서 유보단체에서도 제외돼 국내 e스포츠 정식스포츠화는 새롭게 시작해야했다. 2017년에 한국 e스포츠가 정식스포츠화 위기에 직면한 상황과 달리 국제적으로는 큰 진보가 이루어졌고, 한국은 오히려 국제적 정식스포츠화의 움직임에 뒤쳐졌다.

2017년 4월 OCA는 알리스포츠와 함께 '2017 투르크메니스탄 실내무도아시아경기대회'와 '2018 자카르타−팔렘방 아시안게임'에서 e스포츠를 시범종목으로 운영할 안건을 발표해 큰 반향을 일으켰다. 더불어 9월에는 '2017 실내무도아시아경기대회' 기간 중 OCA 주도로 새로운 아시아e스포츠연맹^(AESF, Asian e-Sports Federation) 설립이 공식화됐고, 2018년 아시안게임 시범종목, 2022년 아시안게임 정식종목에 e스포츠를 채택하는 논의가 활발히 이뤄졌다.

2017년 11월에는 올림픽 후원사이자 인텔 익스트림 마스터즈^(Intel Extreme Masters, IEM) 후원사인 인텔이 2018년 2월 평창 동계올림픽 기간 중 IOC 공식 지원을 통해 스타크래프트 II와 평창 동계 올림픽 공식게임인 스팁^(STEEP) 2개 종목으로 e스포츠 대회 운영을 발표했다.

이 발표가 있기 전까지 IOC 토마스 바흐^(Thomas Bach) 위원장은 "e스포츠가 제대로 된 스포츠인지 확신할 수 없으며, 올림픽 가치에 부합한다고 생각하지 않는다"는 부정적 입장을 지속적으로 언급한 바 있어 평창 동계올림픽에서 e스포츠 이벤트를 개최한다는 발표는 상당한 반향을 일으켰다.

그리고 2024년 올림픽 개최도시인 파리시가 적극적으로 e스포츠 종목 운영을 희망하고 있으며, 게임 산업 도시인 LA가 2028년 올림픽 개최도시로 선정되면서, e스포츠 올림픽 진입 가시화 예측이 나왔다. 이뿐만 아니라 e스포츠 정식스포츠화에 대한 국제 스포츠 사회와 e스포츠 업계 관심도 높아졌다.

2017년 이후 이야기⋯ e스포츠, 이제는 정식스포츠로

'2018 자카르타-팔렘방 아시안게임'에 e스포츠가 시범종목으로 확정되면서 e스포츠 정식스포츠화는 가속화됐다. '2022 항저우 아시안게임'에서 e스포츠는 정식 종목 채택이 유력하고, IOC는 GAISF와 함께 2018년 7월 스위스 로잔에서 e스포츠 포럼을 개최해 e스포츠 올림픽 진입에 대한 본격적인 검토와 논의를 진행했다.

이제 e스포츠는 더 이상 논란의 대상이 아닌 정식스포츠에 부합하는 스포츠로 인정받는 시대가 도래하고 있다. '2028년 LA 올림픽'이 개최되는 시점에 e스포츠 30년사가 집필된다면, e스포츠 정식스포츠화 과정이 아닌 글로벌 정식스포츠로 자리잡은 e스포츠가 더욱 발전한 내용을 담을 수 있기를 기대한다.

3. 기술발전에 따라 변화하는 e스포츠

1998년 한국에서 e스포츠가 첫 태동한 이후 20년이 지났다. e스포츠는 이제 전 세계가 주목하는 차세대 스포츠로 부각됐다. 지난해 리그 오브 레전드 챔피언십에는 경기 최고 시청자수가 8천만 명을 돌파해 '빅 이벤트'로 자리잡았다.

산업계에서도 움직임이 거세다. SK텔레콤, KT 같은 통신사는 물론 인텔 같은 하드웨어 기술 개발사, 스코넥엔터테인먼트 같은 가상현실 기업들도 이 분야를 노리고 기술 개발 및 e스포츠화를 선언했다. 이미 물밑작업을 통해 사전 준비에 매진하면서 2019년에는 신기술을 바탕으로 신개념 e스포츠와 기술을 선보일 계획이다.

이처럼 세계적인 기술력과 방대한 자본을 근간으로 파격적인 마케팅 전략과 함께 차세대 트렌드를 선점하고자 움직이는 기업들이 현재 어떤 기술을 가졌는지, 향후 전략이 무엇인지를 통해 미래 e스포츠를 전망해 봤다.

5G 기술 상용화 네트워크 혁신 예고

2019년 4월 3일부터 5G 기술 상용화가 시작됐다. 5G 기술은 무선 인터넷으로 초당 2기가바이트에 달하는 데이터를 주고받는 시대를 의미하는데, 기존 4G 기술 대비 20배 이상 빠른 기술이다.

5G 기술은 보급 속도도 빠르다. 올해 말 5G 기술을 근간으로 하는 스마트폰이 첫 스타트를 끊는데, 통신사들과 스마트폰 제조사들은 일반적인 스마트폰 교체 시기가 다가오는 오는 2020년경에는 대다수 국민들이 5G기기를 쓰게 된다고 예측했다. 정부도 이에 발맞춰 강력한 드라이브를 걸면서 변화가 시작됐다.

5G 기술을 주도하는 기업 중 하나인 KT는 5G 기술이 가진 장점을 속도뿐만 아니라 '초저지연^(렉이 없는)', '초연결^(다중 접속)'이라 평했다. 이런 기술은 게임 분야에서도 영향을 미치면

서 e스포츠 판도에도 영향력을 행사할 가능성을 보이고 있다.

KT는 5G 기술을 프로모션하기 위해 펍지^(PUBG)와 손을 잡고 '플레이어언노운스 배틀그라운드' 모바일 버전에 기반한 마케팅 진행을 선언했다. 100명이 한공간에 모여 동시에 게임을 플레이하더라도 반응속도나 지연현상이 전혀 없는 구조를 선보일 예정이다.

초지연, 초연결 기존 단점 극복

5G 기술을 통해 지연 현상이 줄어들면 '피지컬' 능력이 게임에 더 영향을 미칠 가능성이 커진다. 현재 모바일 게임 지연율은 약 20ms내외인데, 5G 시대에는 그 이하로 떨어지면서 게이머 반응 속도를 그대로 따라가는 모바일 게임이 나올 수도 있다.

이에 따라 RTS^(Real-Time Strategy, 실시간 전략)와 FPS^(First Person Shooter, 1인칭 슈터)게임은 물론 대전 격투 장르도 모바일에서 좀 더 많이 만나볼 수 있을 전망이다. 기존 e스포츠에서도 반응속도가 극대화되면서 선수들이 보여주는 슈퍼플레이를 더 많이 볼 수 있는 있는 시대가 오고 있다.

서비스환경도 '초연결'로 크게 개선될 수 있다. 기존 LTE 환경에서는 1킬로미터당 최대 접속기기가 1만 대로 제한됐고 이를 초과할 경우 전체 지연현상이 발생하면서 게임을 플레이하기 어렵다. 야구장, 전시장 등 좁은 공간에 사람이 몰리면 네트워크가 정상 작동하지 않는 현상이 비일비재하다.

실제로 2018년 9월 미국 켄자스시티에서 열린 'e스포츠페스티벌' 도중 선수들이 와이파이 속도 문제로 경기력에 큰 지장을 받은 사실이 밝혀져 파장이 일었다. 제대로 된 네트워크 환경이 구축되지 않은 시설이 많아 경기장 섭외 자체가 힘들다는 의견도 있다.

그러나 5G 시대는 1킬로미터당 최대 100만 명이 접속할 수 있는 환경이 구현된다. 사실상 네트워크 과부하로 인한 '퍼즈'나 '경기력 저하'는 사라지게 된다.

2만 명이 한자리에, 새로운 '게임 대전' 예고

동시에 보다 많은 이들이 참가하는 e스포츠 이벤트도 열릴 수 있다. 당초 기술적인 한계로 구현하지 못한 일들이 이제 현실이 된다.

일례로 지난 2017년 7월 나이언틱이 시카고 그랜드파크에서 개최한 '포켓몬 고 페스티벌'을 주목해 볼 필요가 있다. 이 행사는 약 2만 명이 한데 몰려 새로운 '포켓몬'을 잡고자

했지만, 순식간에 서버가 다운되면서 아예 전체 행사가 취소되는 촌극으로 끝났다.

나이언틱은 1년 후 행사를 다시 개최했다. 이번에는 3킬로미터 반경으로 행사장을 넓히고 입장객을 나눠 받아 행사를 진행했다. 게임 주요 콘텐츠인 레이드는 아예 도입하지 않았다. 이용자들이 모여들어 서버가 다운되는 현상을 미연에 방지하기 위해서다.

이런 문제를 5G 시대에는 더이상 걱정할 필요가 없다. 수만 명이 한 번에 참가하는 레이드도 현실이 될 수 있다. 레이드 참가자는 사전에 입장권을 구매해 현장을 방문한 후 입장권을 QR코드로 인식하면 던전이 열리고, 동시에 레이드가 시작된다. 이런 과정을 거쳐 최종 승자에게는 상품이 돌아가는 형태로 게임이 진행된다.

5G 시대에는 곳곳에서 대규모 모바일 e스포츠 대회들이 개최될 수 있다. 기존 소규모 e스포츠 대전과는 다른 형태로 대규모 이용자들이 한데 모여 동시에 게임 축제를 즐기는 시대가 다가온다.

무지연 초고속 4K 화질 중계방송 시대

5G 기술은 중계방송에도 적지 않은 영향을 미칠 수 있다. 실시간으로 대규모 데이터를 주고받을 수 있는 만큼, 이를 활용한 파격적인 변화가 예상된다.

과거 저해상도 방송에서 HD 방송으로 전환된 e스포츠 중계는 이제 한 발 더 나아가 4K방송으로 전환된다. 4K 방송에서는 보다 선명하게 아이콘이나 텍스트를 읽을 수 있을 뿐만 아니라 방송 지연 속도나 로딩 현상도 크게 개선된다. 종목에 따라 선수별 플레이 화면을 온라인으로 보내거나, 실시간으로 계산되는 게임 내 데이터도 함께 송출하는 등 다각도로 편성된 중계 방송이 가능하다.

이 밖에도 동시에 여러 방송을 관람할 수 있는 멀티 채널 서비스나, 음성 전환 서비스, 가상 현실 중계 등이 차세대 방송으로 논의되는 서비스다. 이르면 오는 2020년경에는 한 단계 진화한 방송을 만나볼 수 있다.

4. 가상현실 기술과 만난 e스포츠, 차세대 먹거리 노린다

오큘러스 리프트와 함께 2013년 시작된 가상현실 붐은 이제 미래 세계를 준비 중이다. 현실 세계를 기반으로 새로운 정보를 전하는 증강현실(AR)기술과 가상환경에서 구축된 세계를 기반으로 하는 상상 속 세계 가상현실(VR)기술이 일반화되면서 새로운 기술들이 대거 등장하려 한다.

가깝게는 가상현실 게임을 주제로 한 e스포츠 대회가 논의 단계에 돌입했다. 동시에 전용 장비를 착용하고 가상 공간에서 경기를 하는 가상 스포츠나, 넓은 공간 전체를 가상현실 공간으로 바꿔 게임 중계나, 실제 게임에 활용하는 방안도 논의되고 있다. 기존 게임과는 아예 다른 접근 방식으로 새로운 게임 장르를 열면서 e스포츠화를 통해 대중들을 찾아갈 채비를 갖추고 있다.

VR게임 e스포츠화 가속

2017년 유럽과 북미를 시작으로 VR게임 e스포츠대회가 집중적으로 개최됐다. 유럽과 북미지역에서 리그를 주최하는 ESL이 가상현실 게임을 소재로 리그전을 시작했고, 북미지역에서는 일명 V스포츠(VR-e스포츠)리그가 개설돼 본격적인 활동에 나섰다.

국내에서도 스코넥엔터테인먼트를 필두로, 쓰리디팩토리, 예쉬컴퍼니, 리앤팍스 등 VR테마파크 및 하드웨어 제조사들이 e스포츠를 꿈꾸며 대회를 개최해 서서히 선수들을 육성하는 단계에 돌입했다.

이에 경기도를 비롯 지방자치단체 차원에서 VR을 차세대 e스포츠로 육성하기 위해 전문 협의 단체를 구성하면서 국내 VR e스포츠 태동을 준비하고 있다. 2019년부터는 본격적인 VR e스포츠가 틀을 갖춰 새로운 시작을 알릴 예정이다.

VR e스포츠는 키보드와 마우스 대신 VR기기와 전용 콘트롤러를 사용한다. 주로 양 손에 콘트롤러를 쥐고 HMD^(Head Mounted Display)를 머리에 쓴 다음, 상대방과 대결하는 구도가 일반적이다. 이때문에 경기를 하는 선수들도 마치 춤을 추듯 화려한 움직임을 선보여 경기를 보는 재미도 함께 잡을 가능성이 있다.

현재 비트세이버^(리듬 액션), 스프린트 백터^(레이싱), 온워드^(FPS), 라이즈 오브 폴른^(대전 액션) 등이 e스포츠화를 추진중이다. 여기에 대전을 목표로 하는 신작 게임들이 대거 출시를 앞두고 있어 종목 확대가 예상된다.

오는 2020년경에는 VR방에서 예선전을 치른 뒤 상위권 점수 기록자들이 국내 대회를 치르고 전 세계 이용자들이 함께 모여 결승을 치르는 세계 대회 개최도 전망된다.

현재 국내에서 대회를 준비하고 있는 S사 C부사장은 "아직은 전문 선수라기 보다는 아마추어에 가까운 이용자들이 많은 단계로 도전하는 의미에서 시도해보고 있다"면서 "고정적으로 대회를 진행하고 선수들이 성장하면서 보는 재미를 인정받으면 전문 선수단과 시연단으로 이벤트 매치가 가능하게 되고, 이를 기반으로 서서히 성장하는 시장으로 봐야한다"고 현재 상황을 분석했다.

부상 위험 없는 스포츠 경기 신시장 개척 잰걸음

치열하게 몸을 부딪쳐 서로 대결해야하는 경기나, 장소 제약으로 경기가 쉽지 않은 스포츠도 가상현실로 들어왔다. 태권도, 권투와 같이 격렬한 운동은 물론, 축구, 야구 등 실생활에서 즐길 수 있는 스포츠도 가능하다. 특히 눈 위에서 즐기는 스키나 스노우보드를 한여름에 실내에서 즐길 수 있도록 하는 시스템들도 개발돼 대회 영역에서 활용이 기대된다.

모아지오가 개발한 태권도 VR은 지난 6월 e스포츠 경기 종목으로 채택돼 'GDF 2018'에서 첫 경기를 가졌다. 가상현실 장비를 착용한 두 선수들이 겨루기를 하는 시스템을 바탕으로 서로 주먹이나 발을 이용해 상대를 가격하고 더 많이 가격한 이가 승리하는 방식을 채택했다. 제작과정에서 국가대표 선수를 영입, 모션캡쳐를 진행했고, 자문을 받아 실제 태권도 선수와 유사한 동작을 하는 선수들과 대전할 수 있도록 개발했다.

VR을 활용해 기존 스포츠 범주에 한걸음 들어가서 새로운 영역을 개척하는 준비도 진행되고 있다. 미국 알파인스키 대표팀은 가상현실을 선수 이미지 트레이닝에 활용했다. 이팀은 '2018 평창 동계올림픽'에서 금메달을 휩쓸다시피한 팀으로, 훈련 과정에서 가상현실을 적극 도입했다. 전담 코치에 따르면, 부상당하거나 몸을 쉬어야하는 선수들도 가상현실에서 코스 트레이닝(이미지 트레이닝)을 하고 이를 기반으로 실제 스키를 타면서 뛰어난 성적을 거둘 수 있었다.

세계적인 축구 감독 루이스 판 할(Louis van Gaal) 감독은 영국 축구 리그 맨체스터 유나이티드 팀 훈련에 가상현실을 도입하려 했고, 이 밖에도 미국 PGA(프로골프), NFL(미식축구), NBA(농구) 등 다양한 종목에서 가상현실 훈련을 도입해 실제 스포츠와 가상스포츠간 교류가 열리고 있다.

성장하는 AR시장 e스포츠에 노크

현실 정보에 추가적으로 데이터를 노출해 시스템을 구축하는 AR 시장이 현재 중계 방송분야에서 두각을 나타내고 있다. 노르웨이 3차원 그래픽 업체 비즈알티(Vizrt)는 AR로 경기장 바닥을 꾸미는 중계 기술을 개발해 실제 중계 방송에 활용하기도 했다.

이 기술은 기존 중계 영상에 실시간으로 표현된 그래픽 영상을 더해 증강현실 화면으로 구성하는데, 관람객이 환호하는 화면 가운데 AR로 설계된 리그 오브 레전드 맵을 설치한 화면을 선보였다. 정면에서 보면 선수들이 게임을 하고 고개를 아래로 돌려 바닥을 보면 맵이 움직이는 형태로, 보다 역동적인 관전이 가능하다. 중장기적으로 집안에서도 실제 경기장에 온 느낌을 줄 수 있도록 개발 중이다.

5. '생활 스포츠' 노리는 차세대 e스포츠

우리나라를 필두로, 중국, 미국, 유럽지역 등 전 세계 국가들과 대기업들이 e스포츠를 노리는 이유는 간단 명료하다. 이들은 최근 10대와 20대들이 기존 미디어가 아닌 차세대 미디어를 좀 더 신뢰하고, 관심을 가진다고 분석했고, 향후 10년 뒤에는 현존하는 개념들이 크게 변할거라 전망했다.

이에 따라 근미래를 공략하기 위해 기술 개발과 자본 투자를 통해 차세대 시장을 점령하고자 적극적으로 움직이고 있다. 이들은 중요 목표로 '실생활' 접근을 노리고 있는데, 보다 많은 사람이 e스포츠를 즐기면서 규모를 늘리고 그중에 자사 브랜드를 노출하면서 미래를 잡겠다는 전략이다.

액토즈소프트는 블록체인기술을 기반으로 e스포츠 플랫폼을 제작 중이다. 자사 리그에서 구동되는 시스템에 블록체인을 결합해 랭킹을 관리하고, 보상을 지급하는 등 보다 '규모가 큰' 리그를 운영하려 한다. 누구나 참가할 수 있고, 자유롭게 랭킹이 변화하고, 이를 통해 예선 과정을 거쳐 '큰 무대'에서 결승전을 하게 되는 그림이다. 액토즈소프트는 추후 자사 게임에 e스포츠를 적용하고자 하는 기업들이 해당 플랫폼을 쓰게 되리라 전망한다.

스코넥엔터테인먼트는 '아케이드 게임'을 기반으로 e스포츠화를 노린다. 가상현실 게임 '비트세이버'를 아케이드 버전으로 개발해 국내와 일본은 물론 전 세계로 기기를 수출할 계획이다. 이를 통해 주변에서 쉽게 볼 수 있는 공간인 게임센터나 영화관, VR방 등에서 게임을 집한 이들이 스코어를 경쟁하면서 콘텐츠를 노출하고, 이용자 접근성을 넓히면서 새로운 e스포츠 장르를 만들 계획이다.

인텔은 미래를 예측해 자사 하드웨어 기술을 최적화하고 이를 기반으로 자사 하드웨어가 표준이 되는 방향을 전략으로 잡았다. 이미 4K 중계 방송과, 가상현실 중계 기술을 기반으로 리그 오브 레전드 중계에 도전하기도 했고, 인텔 익스트림 마스터즈(Intel Extreme

^{Masters, IEM)}와 같은 리그를 개설하면서 자사 홍보에 나섰다. 이와 함께 인텔은 5G 기술을 근간으로 하는 중계 방송을 론칭하고, 가상현실 게임 리그에도 도전하면서 보다 많은 이들이 동시에 경기를 시청할 수 있는 인프라를 마련할 계획이다.

전통적인 e스포츠 기업 ESL은 새로운 e스포츠 콘텐츠를 발굴하기 위해 매진 중이다. 올해 초 가상현실 기업들과 제휴를 맺고 VR e스포츠 토너먼트를 론칭했다. '온워드', '비트 세이버'와 같은 게임을 바탕으로 토너먼트를 시작하고 이를 중계해 일반에 배포하는 과정까지 거쳤다. 이를 통해 VR을 새로운 e스포츠 분야로 육성하고자 한다.

리앤팍스는 온몸으로 즐기는 e스포츠를 준비한다. 가상현실 공간에서 뛰거나 걸을수 있는 기기 '옴니 트레드밀'을 근간으로 가상현실 기기들을 착용해 실제 몸으로 달리면서 전투를 치르는 기술을 e스포츠에 접합했다. 모델건^(총기)를 들고 발판 위를 미끄러지듯 달리면서 상대와 서바이벌 게임을 즐기며, 살아남는 자가 최종 우승하는 구도를 마련했다.

4차 산업혁명 시대가 도래하면서 기반 기술들이 급속도로 성장해 시대는 급격한 변화를 맞이했다. 이런 기술들은 IT 산업 전반에 영향을 미치면서 e스포츠 분야 역시 영향을 받게 됐다. 차세대 e스포츠 발전을 위해, 그리고 시장 점유를 위해 첨단 기술들을 근간으로 수많은 인력이 시장에 뛰어들고 있다.

그러나 가장 중요한 부분은 기술도, 규모도 아닌 사람이다. 세계적인 프로그래머이자 게임 엔진 개발자인 에픽게임즈 팀 스위니^(Tim Sweeney) 대표는 "e스포츠는 회사가 만드는 게 아니라, 게이머들이 선택하는 분야다."라고 말했다. 이용자들에게, 관객들에게 먼저 다가가는 접근 방식이 무엇보다도 중요하다는 이야기다.

PART 5
e스포츠 20년사
주요 대회

▪ 2008 ~ 2017

2008년

종목	대회명	대회기간	우승	준우승
스타크래프트 개인리그	곰TV MSL 시즌 4	2008년 1월 3일 ~2008년 3월 8일	이제동	김구현
	박카스 스타리그 2008	2008년 1월 16일 ~2008년 3월 15일	이영호	송병구
	EVER 스타리그 2008	2008년 4월 16일 ~2008년 7월 12일	박성준	도재욱
	Arena MSL 2008	2008년 5월 1일 ~2008년 7월 26일	박지수	이제동
	인크루트 스타리그 2008	2008년 8월 4일 ~2008년 11월 1일	송병구	정명훈
	Clubday Online MSL 2008	2008년 9월 11일 ~2008년 11월 22일	김택용	허영무
	BATOO 스타리그 2008	2008년 12월 17일 ~2009년 4월 4일	이제동	정명훈

종목	대회명	대회기간	우승	MVP	다승왕
스타 크래프트 팀리그	신한은행 프로리그 2008	2008년 1월 16일 ~2008년 3월 15일	삼성전자 칸	이영호	이영호
	신한은행 프로리그 08-09	2008년 10월 4일 ~2009년 8월 8일	SK텔레콤 T1	김택용 이제동	이영호 이제동

종목	대회명	대회기간	우승	준우승
카트라이더	아프리카컵 카트라이더 8차리그	2008년 3월 15일 ~2008년 5월 10일	김진희	문호준
	버디버디컵 카트라이더 9차리그	2008년 6월 21일 ~2008년 8월 10일	문호준	장진형
	버디버디컵 카트라이더 10차리그	2008년 9월 27일 ~ 008년 11월 29일	문효준	강진우

종목	대회명	대회기간	우승	준우승
피파 온라인 2	2008 현대자동차컵 EA 스포츠 피파 온라인 2 월드챔피언십	2008년 4월 25일 ~ 2008년 7월 19일	박성열 정주영	유윤철 이재룡

종목	대회명	대회기간	우승	준우승
워크래프트 3	AfreecaTV Warcraft3 League 2007-2008 Season 2	2007년 12월 18일 ~2008년 2월 1일	박준	엄효섭
워크래프트 3	AfreecaTV Warcraft3 League 2007-2008 Season 3	2008년 2월 12일 ~2008년 3월 22일	박준	박승현
	AfreecaTV Warcraft3 League 2007-2008 Masters	2008년 4월 1일 ~2008년 4월 12일	윤덕만	박준

종목	대회명	대회기간	우승	준우승
서든어택	ATi 라데온 서든어택 4차 마스터리그	2008년 3월 6일 ~ 2008년 5월 22일	esu	vcm
	PEPSI배 서든어택 5차 마스터리그	2008년 8월 15일 ~ 2009년 1월 7일	esu	Apos
	마이크로소프트 익스플로러 3.0 서든어택 곰TV 리그	2008년 8월 22일 ~ 2008년 10월 23일	Apos	ANNEX.

2009년

종목	대회명	대회기간	우승	준우승
스타크래프트 개인리그	로스트사가 MSL 2009	2009년 1월 8일 ~ 2009년 3월 21일	기록 말소	허영무
	박카스 스타리그 2009	2009년 5월 6일 ~ 2009년 8월 22일	이제동	기록 말소
	아발론 MSL 2009	2009년 6월 4일 ~ 2009년 8월 30일	김윤환	한상봉
	EVER 스타리그 2009	2009년 9월 30일 ~ 2010년 1월 17일	이영호	진영화
	NATE MSL 2009	2009년 11월 19일 ~ 2010년 1월 23일	이제동	이영호

종목	대회명	대회기간	우승	MVP	다승왕
스타크래프트 팀리그	신한은행 프로리그 09-10	2009년 10월 10일 ~ 2010년 8월 7일	kt 롤스터	이영호	이영호

종목	대회명	대회기간	우승	준우승
서든어택	온게임넷 서든어택 1차 슈퍼리그	2009년 2월 12일 ~ 2009년 5월 21일	esu	One. PoinT
	11번가 서든어택 2차 슈퍼리그	2009년 8월 20일 ~ 2009년 11월 26일	esu	Alive.L

종목	대회명	대회기간	우승	준우승
스페셜포스	생각대로T SF 프로리그 2009 1st	2009년 4월 18일 ~ 2009년 8월 6일	eSTRO	kt 롤스터
	생각대로T SF 프로리그 2009 2nd	2009년 10월 10일 ~ 2009년 2월 6일	SKT텔레콤 T1	MBC 게임 히어로

종목	대회명	대회기간	우승	준우승
철권	TEKKEN CRASH Season1	2009년 2월 1일 ~ 2009년 3월 22일	Triple.V	Envynism
	TEKKEN CRASH Season2	2009년 8월 9일 ~ 2009년 10월 11일	The Triumph	상구대장
	오뚜기 뿌셔뿌셔배 TEKKEN CRASH Season1	2009년 11월 29일 ~ 20010년 1월 17일	Specialist	SUPERSTAR

종목	대회명	대회기간	우승	준우승
아발론 온라인	파워에이드 아발론리그	2009년 5월 29일 ~ 2009년 7월 26일	sWeT1	Anaris
	우리V카드 아발론리그	2009년 9월 4일 ~ 2009년 11월 2일	sWeT1	매드

2010년

종목	대회명	대회기간	우승	준우승
스타크래프트 개인리그	대한항공 스타리그 2010 시즌 1	2010년 2월 10일 ~ 2010년 5월 22일	김정우	이영호
	하나대투증권 MSL 2010	2010년 4월 1일 ~ 2010년 5월 29일	이영호	이제동
	대한항공 스타리그 2010 시즌 2	2010년 6월 16일 ~ 2010년 9월 11일	이영호	이제동
	빅파일 MSL 2010	2010년 7월 1일 ~ 2010년 8월 28일	이영호	이제동
	박카스 스타리그 2010	2010년 11월 3일 ~ 2011년 1월 29일	정명훈	송병구
	피디팝 MSL 2010	2010년 12월 16일 ~ 2011년 2월 19일	신동원	차명환

종목	대회명	대회기간	우승	MVP	다승왕
스타크래프트 팀리그	신한은행 프로리그 10-11	2010년 10월 16일 ~ 2011년 8월 19일	kt 롤스터	김택용	김택용

종목	대회명	대회기간	우승	준우승
스타크래프트 II 개인리그	TG 삼보-인텔 GSL 오픈 시즌 1	2010년 9월 4일 ~ 2010년 10월 2일	김원기	김성제
	Sony Ericsson GSL 오픈 시즌 2	2010년 10월 18일 ~ 2010년 11월 13일	임재덕	이정훈
	Sony Ericsson GSL 오픈 시즌 3	2010년 11월 22일 ~ 2010년 12월 18일	장민철	박서용

종목	대회명	대회기간	우승	준우승
카트라이더	넥슨 카트라이더 11차리그	2010년 5월 9일 ~ 2010년 6월 27일	문호준	박인재
	넥슨 카트라이더 12차리그	2010년 10월 12일 ~ 2010년 11월 30일	유영혁	전대웅

종목	대회명	대회기간	우승	준우승
피파 온라인 2	2010 현대자동차컵 EA 스포츠 피파 온라인 2 월드챔피언십	2010년 4월 22일 ~ 2010년 7월 24일	조영찬	정주영

종목	대회명	대회기간	우승	준우승
스페셜포스	생각대로T SF 프로리그 2010 1st	2010년 3월 13일 ~ 2010년 8월 6일	STX 소울	kt 롤스터
	생각대로T SF 프로리그 2010 2nd	2010년 10월 15일 ~ 2011년 2월 26일	kt 롤스터	SKT T1

종목	대회명	대회기간	우승	준우승
철권	오뚜기 뿌셔뿌셔배 TEKKEN CRASH Season2	2010년 4월 4일 ~ 2010년 5월 16일	Resurrection	Specialist
	Daum배 TEKKEN CRASH Season1	2010년 7월 28일 ~ 2010년 9월 12일	마녀삼총사	Resurrection
	Daum배 TEKKEN CRASH Season2	2010년 12월 22일 ~ 2011년 3월 16일	Resurrection	Najin Specialist

종목	대회명	대회기간	우승	준우승
아발론 온라인	스와치 아발론리그	2010년 1월 17일 ~ 2010년 3월 14일	쌈닭	Wis
	Razer 아발론리그	2010년 7월 4일 ~ 2010년 8월 28일	DMC	Endless

종목	대회명	대회기간	우승	준우승
서든어택	몽키3 서든어택 3차 슈퍼리그	2010년 2월 25일 ~ 2010년 5월 27일	Euro	esu
	네스티 서든어택 4차 슈퍼리그	2010년 8월 7일 ~ 2010년 12월 2일	KSP-gaming PoinT[Y]	One.

2011년

종목	대회명	대회기간	우승	준우승
스타크래프트 개인리그	ABC마트 MSL 2011	2011년 4월 14일 ~ 2011년 6월 11일	이영호	김명운
	진에어 스타리그 2011	2011년 6월 22일 ~ 2011년 9월 17일	허영무	정명훈
	2011 MSL 시즌 2 서바이버 토너먼트 (리그 폐지)	2011년 7월 7일 ~ 2011년 8월 2일	없음	없음

종목	대회명	대회기간	우승	MVP	다승왕
스타 크래프트 팀리그	SK플래닛 스타크래프트 프로리그 시즌 1	2011년 11월 26일 ~ 2012년 4월 8일	SKT텔레콤 T1	이영호	이제동

종목	대회명	대회기간	우승	준우승
스타크래프트 II 개인리그	Sony Ericsson GSL Jan.	2011년 1월 2일 ~ 2011년 1월 29일	정종현	이정훈
	2세대 인텔 코어 GSL Mar.	2011년 2월 21일 ~ 2011년 3월 19일	장민철	박성준
	LG 시네마 3D GSL 월드 챔피언쉽 서울	2011년 3월 28일 ~ 2011년 4월 9일	정종현	이정훈
	LG 시네마 3D GSL May.	2011년 4월 18일 ~ 2011년 5월 14일	임재덕	송준혁
	LG 시네마 3D 슈퍼 토너먼트	2011년 5월 23일 ~ 2011년 6월 18일	최성훈	문성원
	펩시 GSL July.	2011년 6월 27일 ~ 2011년 7월 30일	임재덕	황강호
	펩시 GSL Aug.	2011년 8월 8일 ~ 2011년 9월 10일	정종현	김정훈
	Sony Ericsson GSL Oct.	2011년 9월 19일 ~ 2011년 10월 22일	문성원	정종현
	Sony Ericsson GSL Nov.	2011년 11월 1일 ~ 2011년 12월 7일	정지훈	이동녕
	2011 Blizzard Cup	2011년 12월 12일 ~ 2011년 12월 17일	문성원	박수호

종목	대회명	대회기간	우승	준우승
카트라이더	넥슨 카트라이더 13차리그	2011년 3월 3일 ~ 2011년 4월 28일	문호준	유영혁
	넥슨 카트라이더 팀 스피릿	2011년 6월 23일 ~ 2011년 8월 11일	Fantastic4	First
	넥슨 카트라이더 14차리그	2011년 9월 29일 ~ 2011년 11월 17일	문호준	전대웅

종목	대회명	대회기간	우승	준우승
피파 온라인 2	2011 현대자동차컵 EA 스포츠 피파 온라인 2 챔피언십	2011년 6월 17일 ~ 2011년 8월 13일	전서현	김관형

종목	대회명	대회기간	우승	준우승
스페셜포스	생각대로T SF 프로리그 2011	2011년 4월 22일 ~ 2011년 8월 20일	STX 소울	박인재

종목	대회명	대회기간	우승	준우승
스페셜포스 2	생각대로T SF2 프로리그 시즌 1	2011년 11월 19일 ~ 2012년 4월 8일	CJ 엔투스	SKT T1

종목	대회명	대회기간	우승	준우승
철권	Daum배 TEKKEN CRASH Season3	2011년 4월 20일 ~ 2011년 6월 19일	Why Works	Najin Zeus
	Daum배 TEKKEN CRASH Season4	2011년 7월 17일 ~ 2011년 9월 18일	황금세대	Najin Zeus

종목	대회명	대회기간	우승	준우승
서든어택	네스티 서든어택 1차 챔피언스리그 여성부	2011년 9월 17일 ~ 2011년 11월 28일	SJ Gaming	레이디 피아
	네스티 서든어택 1차 챔피언스리그 일반부	2011년 9월 17일 ~ 2011년 12월 26일	Euro!	1st. generation

2012년

종목	대회명	대회기간	우승	준우승
스타크래프트 개인리그	Tiving 스타리그 2012	2012년 4월 14일 ~ 2012년 8월 14일	허영무	정명훈

종목	대회명	대회기간	우승	MVP	다승왕
스타 크래프트 팀리그	SK플래닛 스타크래프트 Ⅱ 프로리그 시즌 2 (1, 2 병행)	2012년 5월 20일 ~ 2012년 9월 22일	CJ 엔투스	이제동	조성호

종목	대회명	대회기간	우승	준우승
스타크래프트 Ⅱ 개인리그	2012 HOT6 GSL Season 2	2012년 3월 12일 ~ 2012년 5월 19일	정종현	박현우
	2012 무슈제이 GSL Season 3	2012년 5월 21일 ~ 2012년 7월 28일	안상원	장민철
	옥션 올킬 스타리그 2012 (1, 2 병행)	2012년 7월 16일 ~ 2012년 10월 27일	정윤종	박수호
	2012 HOT6 GSL Season 4	2012년 8월 27일 ~ 2012년 10월 20일	기록 말소	정종현
	2012 HOT6 GSL Season 5	2012년 10월 22일 ~ 2012년 12월 1일	권태훈	고석현
	2012 Blizzard Cup	2012년 12월 17일 ~ 2012년 12월 22일	기록 말소	원이삭

종목	대회명	대회기간	우승	MVP	다승왕
스타 크래프트 Ⅱ 팀리그	SK플래닛 스타크래프트 Ⅱ 프로리그 12-13	2012년 12월 8일 ~ 2013년 8월 3일	STX 소울	이영호	이영호

종목	대회명	대회기간	우승	준우승
리그 오브 레전드	Azubu the Champions Spring 2012	2012년 2월 24일 ~ 2012년 5월 19일	MiG 블레이즈	MiG 프로스트
	Azubu the Champions Summer 2012	2012년 6월 13일 ~ 2012년 9월 8일	아주부 프로스트	CLG.EU

리그 오브 레전드	OLYMPUS Champions Winter 2012-2013	2012년 10월 4일 ~ 2013년 2월 2일	나진 소드	아주부 프로스트

종목	대회명	대회기간	우승	준우승
카트라이더	넥슨 카트라이더 15차리그	2012년 1월 12일 ~ 2012년 4월 12일	문호준	유영혁
	넥슨 카트라이더 16차리그 (팀전으로 진행)	2012년 6월 7일 ~ 2012년 9월 27일	O3attack	O3Rage
	넥슨 카트라이더 17차리그	2012년 12월 13일 ~ 2013년 2월 14일	O3Xenon	O3Spark

종목	대회명	대회기간	개인 우승	준우승	단체 우승	준우승
던전 앤 파이터	액션토너먼트 2012-2013 Winter Season	2012년 11월 24일 ~ 2013년 2월 19일	이현	남우영	제닉스 스톰	first

종목	대회명	대회기간	우승	준우승
사이퍼즈	액션토너먼트 2012-2013 Winter Seaon	2012년 11월 24일 ~ 2013년 2월 19일	T5	기사회생

종목	대회명	대회기간	우승	준우승
피파 온라인 2	2012 현대자동차컵 EA 스포츠 피파 온라인 2 챔피언십	2012년 4월 10일 ~ 2012년 5월 29일	양진모	성제경

종목	대회명	대회기간	우승	준우승
스페셜포스 2	4G LTE SF2 프로리그 시즌 2	2012년 6월 16일 ~ 2012년 9월 22일	STX 소울	SKI T1

종목	대회명	대회기간	우승	준우승
철권	Daum TEKKEN BUSTERS	2012년 5월 10일 ~ 2012년 7월 5일	Resurrection	진폭하켄 베린

종목	대회명	대회기간	우승	준우승
워크래프트 3	AfreecaTV Warcraft3 League 2012-2013 Season 1	2012년 2월 14일 ~ 2012년 3월 29일	최석환	엄효섭
	AfreecaTV Warcraft3 League 2012-2013 Season 2	2012년 11월 16일 ~ 2012년 12월 14일	박준	조주연

종목	대회명	대회기간	우승	준우승
서든어택	넥슨 서든어택 2차 챔피언스리그 여성부	2012년 1월 19일 ~ 2012년 6월 18일	`crazy4u	신촌 레이디
	넥슨 서든어택 2차 챔피언스리그 일반부	2012년 1월 19일 ~ 2012년 6월 18일	1st-generation	로이
	퓨즈티 서든어택 3차 챔피언스리그 여성부	2012년 6월 29일 ~ 2012년 11월 12일	1st-generation	`crazy4u
	퓨즈티 서든어택 3차 챔피언스리그 일반부	2012년 6월 29일 ~ 2012년 11월 12일	1st-generation	intro spection

2013년

종목	대회명	대회기간	우승	준우승
스타크래프트 II 개인리그	2013 HOT6 GSL Season 1	2013년 1월 6일 ~ 2013년 3월 9일	신노열	강동현
	2013 WCS 코리아 시즌 1 MANGOSIX GSL	2013년 3월 4일 ~ 2013년 6월 5일	김민철	이신형
	2013 WCS 코리아 시즌 2 옥션 올킬 스타리그	2013년 6월 18일 ~ 2013년 8월 10일	조성주	정윤종
	2013 WCS 코리아 시즌 3, JOGUNSHOP GSL	2013년 8월 27일 ~ 2013년 10월 19일	백동준	어윤수
	2013 HOT6 Cup Last Big Match	2013년 12월 4일 ~ 2013년 12월 8일	정윤종	김민철

종목	대회명	대회기간	우승	준우승
리그 오브 레전드	OLYMPUS Champions Spring 2013	2013년 3월 7일 ~ 2013년 6월 15일	MVP 오존	CJ 엔투스 블레이즈
	HOT6 Champions Summer 2013	2013년 6월 12일 ~ 2013년 8월 31일	SKT T1	kt 롤스터 불렛츠
	PANDORA TV Champions Winter 2013-2014	2013년 10월 14일 ~ 2014년 1월 25일	SKT T1 K	삼성 갤럭시 오존

종목	대회명	대회기간	개인 우승	준우승	단체 우승	준우승
던전 앤 파이터	액션토너먼트 2013 Summer Season	2013년 6월 29일 ~ 2013년 8월 12일	장재원	정재운	악마 군단장	제닉스 테소로
	액션토너먼트 2013-2014 Winter Season	2013년 10월 31일 ~ 2013년 12월 5일	정상천	조신영	왕의 귀환	위너

종목	대회명	대회기간	우승	준우승
사이퍼즈	액션토너먼트 2013 Summer Season	2013년 6월 29일 ~ 2013년 8월 12일	5857	신세계
	액션토너먼트 2013-2014 Winter	2013년 10월 31일 ~ 2013년 12월 5일	필승	강림

종목	대회명	대회기간	우승	준우승
피파 온라인 3 개인전	EA SPORTS 피파 온라인 3 아디다스 챔피언십 2013	2013년 10월 24일 ~ 2014년 3월 8일	김민재	원창연

종목	대회명	대회기간	우승	준우승
피파 온라인 3 팀전	EA SPORTS 피파 온라인 3 아디다스 챔피언십 2013	2013년 10월 24일 ~ 2014년 3월 8일	Major	Un- Limited

종목	대회명	대회기간	우승	준우승
철권	TEKKEN STRIKE 2013 Season1	2013년 5월 11일 ~ 2013년 7월 7일	배재민	김현진
	TEKKEN STRIKE 2013 Season2	2013년 7월 27일 ~ 2013년 9월 14일	최진우	전상현
	TEKKEN STRIKE 2013 Season3	2013년 10월 19일 ~ 2013년 12월 21일	배재민	정원준

종목	대회명	대회기간	우승	준우승
워크래프트 3	AfreecaTV Warcraft3 League 2012-2013 Season 3	2013년 3월 19일 ~ 2013년 4월 11일	이종석	엄효섭

종목	대회명	대회기간	우승	준우승
블레이드 & 소울	제1회 비무연	2013년 9월 28일 ~ 2013년 10월 5일	김신겸	최성진
	제2회 비무연	2013년 11월 2일 ~ 2013년 11월 9일	박진유	최성진
	제3회 비무연	2013년 12월 1일 ~ 2013년 12월 7일	박진유	김창현
	비무제 – 무왕 결정전	2013년 12월 13일 ~ 2013년 12월 29일	김창현	김신겸

종목	대회명	대회기간	우승	준우승
서든어택	2013 퓨즈티 섬머 챔피언스 리그 여성부	2013년 4월 22일 ~ 2013년 8월 5일	1st-generation	자각몽
	2013 퓨즈티 섬머 챔피언스 리그 일반부	2013년 4월 22일 ~ 2013년 8월 5일	1st-generation	Intro spection
	2013 퓨즈티 윈터 챔피언스 리그 여성부	2013년 10월 14일 ~ 2014년 1월 27일	30.4!	'crazy4u
	2013 퓨즈티 윈터 챔피언스 리그 일반부	2013년 10월 14일 ~ 2014년 1월 27일	1st-generation	intro spection

종목	대회명	대회기간	우승	준우승
월드 오브 탱크	2013 월드 오브 탱크 코리안 리그 오픈 시즌	2013년 4월 20일 ~ 2013년 6월 29일	DRAKI-헤츨링의 반란	DRAKI
	2013 월드 오브 탱크 코리안 리그 시즌 1	2013년 8월 17일 ~ 2013년 10월 12일	ARETE	NOA
	2013 월드 오브 탱크 코리안 리그 시즌 2	2013년 11월 30일 ~ 2014년 1월 26일	ARETE	NOA

2014년

종목	대회명	대회기간	우승	준우승
스타크래프트 II 개인리그	2014 WCS 코리아 시즌 1 HOT6 GSL Season 1	2014년 1월 15일 ~ 2014년 4월 5일	주성욱	어윤수
	2014 WCS 코리아 시즌 2 HOT6 GSL Season 2	2014년 4월 9일 ~ 2014년 6월 28일	김도우	어윤수
	2014 HOT6 GSL Global Tournament	2014년 4월 19일 ~ 2014년 4월 26일	주성욱	원이삭
	2014 WCS 코리아 시즌 2 HOT6 GSL Season 3	2014년 7월 16일 ~ 2014년 10월 4일	이신형	어윤수
	2014 HOT6 CUP Last Big Match	2014년 11월 18일 ~ 2014년 12월 7일	김유진	이정훈
	2014 KeSPA컵 (KeSPA컵 부활)	2014년 9월 11일 ~ 2014년 9월 14일	주성욱	김준호

종목	대회명	대회기간	우승	MVP	다승왕
스타크래프트 II 팀리그	SK텔레콤 스타크래프트 II 프로리그 2014	2013년 12월 29일 ~ 2014년 8월 9일	kt 롤스터	이영호	김유진 김준호

종목	대회명	대회기간	우승	준우승
리그 오브 레전드	HOT6 Champions Spring 2014	2014년 2월 15일 ~ 2014년 5월 24일	삼성 갤럭시 블루	나진 화이트 실드
	HOT6 Champions Summer 2014	2014년 5월 30일 ~ 2014년 8월 16일	kt 롤스터 애로우즈	삼성 갤럭시 블루

종목	대회명	대회기간	우승	준우승
카트라이더	넥슨 카트라이더 리그 시즌 제로	2014년 2월 8일 ~ 2014년 3월 29일	서한-퍼플 모터스포트	Team 106
	넥슨 카트라이더 리그 배틀 로얄	2014년 9월 27일 ~ 2014년 11월 29일	유베이스 알스타즈	CJ 레이싱

종목	대회명	대회기간	개인 우승	준우승	단체 우승	준우승
던전 앤 파이터	액션토너먼트 2014 Summer Season	2014년 6월 22일 ~ 2014년 8월 29일	이현	최우진	악마 군단	제닉스 스톰X

종목	대회명	대회기간	우승	준우승
사이퍼즈	액션토너먼트 2014 Summer Season	2014년 6월 22일 ~ 2014년 8월 29일	Winning	Abyss

종목	대회명	대회기간	우승	준우승
피파 온라인 3 개인전	EA SPORTS 피파 온라인 3 아디다스 챔피언십 2014	2014년 4월 30일 ~ 2014년 8월 18일	김민재	원창연

종목	대회명	대회기간	우승	준우승
피파 온라인 3 개인전	EA SPORTS 피파 온라인 3 아디다스 챔피언십 2014	2014년 4월 30일 ~ 2014년 8월 18일	Come On	Visual

종목	대회명	대회기간	우승	준우승
도타 2	Korea Dota 2 League(KDL) 시즌 1	2014년 2월 16일 ~ 2014년 4월 12일	Zephyr	MVP 피닉스
	Korea Dota 2 League(KDL) 시즌 2	2014년 4월 27일 ~ 2014년 6월 29일	MVP 피닉스	Pokerface
	Korea Dota 2 League(KDL) 시즌 3	2014년 8월 3일 ~ 2014년 10월 5일	MVP 피닉스	Pokerface
	Korea Dota 2 League(KDL) 시즌 4	2014년 10월 26일 ~ 2014년 12월 20일	Rave	MVP 피닉스

종목	대회명	대회기간	우승	준우승
블레이드 & 소울	제4회 비무연	2014년 1월 25일 ~ 2014년 2월 8일	이재성	강덕인
	제5회 비무연	2013년 3월 2일 ~ 2014년 3월 8일	번	이재성
	비무제: 임진록	2014년 4월 13일 ~ 2014년 6월 14일	이상준	김창현
블레이드 & 소울	비무제: 용쟁호투 한국 최강자전	2014년 10월 18일 ~ 2014년11월 21일	이성준	강덕인
	비무제: 용쟁호투 한중 최강자전	2014년 11월 15일 ~ 2014년11월 22일	이재성	탕웬보

종목	대회명	대회기간	우승	준우승
서든어택	립톤 2014 섬머 챔피언스 리그 여성부	2014년 5월 19일 ~ 2014년 8월 30일	InFlame	1st-generation
	립톤 2014 섬머 챔피언스 리그 일반부	2014년 5월 19일 ~ 2014년 8월 30일	1st-generation	EXPO
	마운틴듀 2014 윈터 챔피언스 리그 여성부	2014년 10월 20일 ~ 2015년 2월 2일	InFlame	Revolutionarys
	마운틴듀 2014 윈터 챔피언스 리그 일반부	2014년 10월 20일 ~ 2015년 2월 2일	1st-generation	Xenics-Storm

2015년

종목	대회명	대회기간	우승	준우승
스타크래프트	VANT36.5 대국민 스타리그	2015년 10월 17일 ~ 2016년 1월 23일	김정우	김택용

종목	대회명	대회기간	우승	준우승
스타크래프트 II 개인리그	NAVER Starcraft 2 StarLeague 2015 Season 1	2014년 12월 11일 ~ 2015년 3월 21일	조성주	조중혁
	2015 GSL Season 1	2014년 12월 15일 ~ 2015년 3월 22일	기록 말소	원이삭
	SBENU Starcraft 2 StarLeague 2015 Season 2	2015년 3월 26일 ~ 2015년 6월 20일	김도우	조중혁
	2015 SBENU GSL Season 2	2015년 4월 1일 ~ 2015년 6월 28일	정윤종	한지원
	GiGA internet 2015 KeSPA Cup Season 1	2015년 5월 3일 ~ 2015년 5월 5일	김준호	박령우
	SBENU Starcraft 2 StarLeague 2015 Season 3	2015년 6월 25일 ~ 2015년 9월 20일	김준호	한지원
	롯데홈쇼핑 2015 KeSPA Cup Season 2	2015년 7월 6일 ~ 2015년 7월 12일	어윤수	빅령우
	2015 HOT6 GSL Season 3	2015년 7월 8일 ~ 2015년 10월 4일	이신형	한지원
	2016 GSL Pre-Season	2015년 12월 15일 ~ 2015년 12월 25일	김명식	전태양

종목	대회명	대회기간	우승	MVP	다승왕
스타 크래프트 II 팀리그	SK텔레콤 스타크래프트 II 프로리그 2015	2014년 12월 22일 ~ 2015년 10월 10일	SKT T1	이신형	김준호 주성욱

종목	대회명	대회기간	우승	준우승
리그 오브 레전드	2015 SBENU LoL Champions Korea Spring	2015년 1월 7일 ~ 2015년 5월 2일	SKT T1	GE 타이거즈
	2015 SBENU LoL Champions Korea Summer	2015년 5월 20일 ~ 2015년 8월 29일	SKT T1	kt 롤스터
	NAVER 2015 LoL KeSPA컵	2015년 11월 6일 ~ 2015년 11월 14일	ESC Ever	CJ 엔투스

종목	대회명	대회기간	우승	준우승
카트라이더	넥슨 카트라이더 리그 에볼루션	2015년 8월 1일 ~ 2015년 10월 10일	Team 106	쏠라이트 인디고
	넥슨 카트라이더 리그 버닝 타임	2015년 12월 19일 ~ 2016년 2월 27일	유베이스 알스타즈	예일모터스 &그리핀

종목	대회명	대회기간	개인 우승	준우승	단체 우승	준우승
던전 앤 파이터	액션토너먼트 2015 Winter Season	2015년 1월 2일 ~ 2015년 3월 1일	정재운	정종민	제닉스 스톰X	전1설
	액션토너먼트 2015 Season 2	2015년 10월 4일 ~ 2015년 12월 5일	김형준	정재운	맛집 정복	일병 이동현

종목	대회명	대회기간	우승	준우승
사이퍼즈	액션토너먼트 2015 Winter Season	2015년 1월 2일 ~ 2015년 3월 1일	포모스 F1	NEXT
	액션토너먼트 2015 Season 2	2015년 10월 4일 ~ 2015년 12월 5일	제닉스 스톰X	포모스 F1

종목	대회명	대회기간	우승	준우승
피파 온라인 3	EA SPORTS 피파 온라인 3 아디다스 챔피언십 2015 시즌 1	2015년 3월 14일 ~ 2015년 5월 16일	장동훈	김승섭
	EA SPORTS 피파 온라인 3 아디다스 챔피언십 2015 시즌 2	2015년 8월 8일 ~ 2015년 10월 17일	양진협	정세현

종목	대회명	대회기간	우승	준우승
철권	Twitch TEKKEN CRASH	2015년 7월 19일 ~ 2015년 9월 6일	조프레시 Resurrection	모드나인 Indigos

종목	대회명	대회기간	우승	준우승
하스스톤	하스스톤 마스터즈 코리아 시즌 1	2015년 3월 21일 ~ 2015년 5월 2일	정한슬	곽웅섭
	레진코믹스 하스스톤 마스터즈 코리아 시즌 2	2015년 5월 16일 ~ 2015년 6월 28일	김정수	정한슬
	레진코믹스 하스스톤 마스터즈 코리아 시즌 2	2015년 7월 11일 ~ 2015년 8월 22일	박준규	김정수
	하스스톤 마스터즈 코리아 시즌 4	2015년 12월 12일 ~ 2016년 1월 24일	신동주	박종남

종목	대회명	대회기간	우승	준우승
히어로즈 오브 더 스톰	HOT6 히어로즈 오브 더 스톰 슈퍼리그	2015년 8월 9일 ~ 2015년 10월 3일	Team DK KR	MVP 블랙

종목	대회명	대회기간	우승	준우승
블레이드 & 소울	제6회 비무연	2015년 2월 25일 ~ 2015년 2월 28일	윤정호	김신겸
	블레이드 & 소울 토너먼트 2015 KOREA 시즌 1	2015년 5월 2일 ~ 2015년 6월 21일	윤정호	이재성
	블레이드 & 소울 토너먼트 2015 KOREA 시즌 1	2015년 7월 4일 ~ 2015년 8월 15일	권혁우	박진유
	블레이드 & 소울 토너먼트 2015 월드 챔피언십	2015년 11월 6일 ~ 2015년11월 14일	김신겸	윤정호

종목	대회명	대회기간	우승	준우승
서든어택	립톤 2015 섬머 챔피언스 리그 여성부	2015년 5월 18일 ~ 2015년 9월 13일	remarkable!!	MiraGe [FLAME]
	립톤 2015 섬머 챔피언스 리그 일반부	2015년 5월 18일 ~ 2015년 9월 13일	Xenics-Storm	핑투
	2015-16 윈터챔피언스 리그 여성부	2015년 11월 20일 ~ 2016년 3월 1일	Xenics-Flame	미라지게이밍.
	2015-16 윈터챔피언스 리그 일반부	2015년 11월 20일 ~ 2016년 3월 1일	Xenics-Storm	UlsaN_QsenN

2016년

종목	대회명	대회기간	우승	준우승
스타크래프트	아프리카TV 스타리그 시즌 1	2016년 6월 25일 ~ 2016년 9월 10일	김윤중	조기석
	아프리카TV 스타리그 시즌 2	2016년 11월 26일 ~ 2017년 1월 22일	이영호	염보성

종목	대회명	대회기간	우승	준우승
스타크래프트 II 개인리그	Starcraft 2 StarLeague 2016 Season 1	2015년 12월 17일 ~ 2016년 4월 9일	박령우	김대엽
	2016 HOT6 GSL Season 1	2016년 1월 8일 ~ 2016년 5월 1일	주성욱	전태양
	Starcraft 2 StarLeague 2016 Season 2	2016년 5월 12일 ~ 2016년 9월 11일	강민수	박령우
	2016 HOT6 GSL Season 2	2016년 5월 27일 ~ 2016년 9월 10일	변현우	김유진
	2016 KeSPA컵	2016년 9월 27일 ~ 2016년 10월 3일	알렉스 선더하프트	조성호

종목	대회명	대회기간	우승	MVP	다승왕
스타 크래프트 II 팀리그	SK텔레콤 스타크래프트 II 프로리그 2016	2016년 2월 1일 ~ 2016년 9월 3일	진에어 그린윙스	조성주	김준호

종목	대회명	대회기간	우승	준우승
리그 오브 레전드	2016 꼬깔콘 LoL Champions Korea Spring	2016년 1월 13일 ~ 2016년 4월 23일	SKT T1	ROX 타이거즈
	2016 코카-콜라 제로 LoL Champions Korea Summer	2016년 5월 25일 ~ 2016년 8월 20일	ROX 타이거즈	kt 롤스터
	2016 LoL KeSPA컵	2016년 11월 9일 ~ 2016년 11월 19일	ROX 타이거즈	콩두 몬스터

종목	대회명	대회기간	우승	준우승
카트라이더	넥슨 카트라이더 리그 듀얼 레이스	2016년 8월 6일 ~ 2016년 11월 5일	쏠라이트 인디고	원 레이싱

종목	대회명	대회기간	개인 우승	준우승	단체 우승	준우승
던전 앤 파이터	액션토너먼트 2016 Summer Season	2016년 4월 16일 ~ 2016년 8월 26일	김도훈	한세민	악마 군단	NoMercy

종목	대회명	대회기간	우승	준우승
사이퍼즈	액션토너먼트 2016 Summer Season	2016년 4월 9일 ~ 2016년 8월 26일	포모스 F1	제닉스 스톰X

종목	대회명	대회기간	우승	준우승
피파 온라인 3	EA SPORTS 피파 온라인 3 아디다스 챔피언십 2016 시즌 1	2016년 5월 7일 ~ 2016년 7월 9일	김승섭	강성호
피파 온라인 3	EA SPORTS 피파 온라인 3 아디다스 챔피언십 2016 시즌 2	2016년 8월 27일 ~ 2016년 11월 19일	김정민	강성훈

종목	대회명	대회기간	우승	준우승
철권	TEKKEN STRIKE 2016	2016년 9월 4일 ~ 2016년 10월 23일	HAO ?	무샤신

종목	대회명	대회기간	우승	준우승
하스스톤	하스스톤 마스터즈 코리아 시즌 5	2016년 4월 2일 ~ 2016년 5월 28일	박종철	김승훈
하스스톤	아프리카 하스스톤 배틀로얄 시즌 1	2016년 4월 5일 ~ 2016년 5월 7일	이정환	박종철
하스스톤	하스스톤 마스터즈 코리아 시즌 6	2016년 7월 2일 ~ 2016년 8월 26일	조현수	박수광
하스스톤	2016 하스스톤 KeSPA컵	2016년 12월 12일 ~ 2016년 12월 14일	박종철	김천수

종목	대회명	대회기간	우승	준우승
히어로즈 오브 더 스톰	히어로즈 오브 더 스톰 슈퍼리그 2016 시즌 1	2016년 1월 13일 ~ 2016년 3월 20일	MVP 블랙	TNL
	히어로즈 오브 더 스톰 슈퍼리그 2016 시즌 2	2016년 4월 13일 ~ 2016년 6월 5일	Tempest	MVP 블랙
	히어로즈 오브 더 스톰 슈퍼리그 2016 시즌 3	2016년 7월 24일 ~ 2016년 10월 1일	L5	MVP 블랙

종목	대회명	대회기간	우승	준우승
오버워치	인텔 오버워치 APEX 시즌 1	2016년 10월 7일 ~ 2016년 12월 3일	EnVyUs	AF 블루

종목	대회명	대회기간	우승	준우승
블레이드 & 소울	신한카드 블레이드 & 소울 토너먼트 2016 KOREA 태그매치	2016년 5월 7일 ~ 2016년 8월 14일	GC 부산	위너
	신한카드 블레이드 & 소울 토너먼트 2016 KOREA 싱글 시즌 1	2016년 6월 10일 ~ 2016년 7월 1일	윤정호	한준호
	신한카드 블레이드 & 소울 토너먼트 2016 KOREA 싱글 시즌 2	2016년 7월 8일 ~ 2016년 7월 29일	한준호	박진유
	신한카드 블레이드 & 소울 토너먼트 2016 KOREA 파이널 싱글	2016년 8월 13일 ~ 2016년 8월 13일	김신겸	한준호
	신한카드 블레이드 & 소울 토너먼트 2016 월드 챔피언십 싱글	2016년 11월 5일 ~ 2016년 11월 18일	김신겸	밍 차이
	신한카드 블레이드 & 소울 토너먼트 2016 월드 챔피언십 태그	2016년 11월 6일 ~ 2016년 11월 19일	GC 부산	위너

2017년

종목	대회명	대회기간	우승	준우승
스타크래프트	아프리카TV 스타리그 시즌 3	2017년 4월 1일 ~ 2017년 6월 4일	이영호	이영한
	JIN AIR SSL Classic 2017 Season 1	2017년 4월 13일 ~ 2017년 6월 10일	김정우	윤용태
	아프리카TV 스타리그 시즌 4	2017년 9월 2일 ~ 2017년 11월 12일	이영호	조일장

종목	대회명	대회기간	우승	준우승
스타크래프트 II 개인리그	2017 HOT6 GSL Season 1	2017년 1월 4일 ~ 2017년 3월 26일	김대엽	어윤수
	JIN AIR SSL Premier 2017 Season 1	2017년 3월 8일 ~ 2017년 6월 10일	이신형	강민수
	2017 GSL Super Tournament Season 1	2017년 3월 29일 ~ 2017년 4월 9일	김준호	한이석
	2017 HOT6 GSL Season 2	2017년 4월 19일 ~ 2017년 6월 24일	고병재	어윤수
	JIN AIR SSL Premier 2017 Season 2	2017년 7월 3일 ~ 2017년 9월 24일	김대엽	박령우
	2017 HOT6 GSL Season 3	2017년 7월 5일 ~ 2017년 9월 16일	이신형	김유진
	2017 GSL Super Tournament Season 2	2017년 9월 17일 ~ 2017년 10월 1일	이병렬	김준호

종목	대회명	대회기간	우승	준우승
리그 오브 레전드	2017 LoL Champions Korea Spring	2017년 1월 17일 ~ 2017년 4월 22일	SKT T1	kt 롤스터
	2017 LoL Champions Korea Summer	2017년 5월 30일 ~ 2017년 8월 26일	롱주 게이밍	SKT T1
	2017 LoL KeSPA컵	2017년 11월 20일 ~ 2017년 12월 2일	kt 롤스터	롱주 게이밍

종목	대회명	대회기간	우승	준우승
카트라이더 개인전	넥슨 카트라이더 리그 듀얼 레이스 시즌 2	2017년 1월 14일 ~ 2017년 4월 15일	김승태	유영혁
	2017 카트라이더 KeSPA컵	2017년 12월 28일 ~ 2017년 12월 30일	문호준	유영혁

종목	대회명	대회기간	우승	준우승
카트라이더 팀전	넥슨 카트라이더 리그 듀얼 레이스 시즌 2	2017년 1월 14일 ~ 2017년 4월 15일	QsenN_ White	Xenics Storm

종목	대회명	대회기간	우승	준우승
던전 앤 파이터	액션토너먼트 2017 Spring	2017년 3월 18일 ~ 2017년 4월 30일	김태환	진현성
	액션토너먼트 2017 Summer	2017년 6월 24일 ~ 2017년 8월 9일	진현성	김창원
	액션토너먼트 2017 Fall	2017년 9월 16일 ~ 2017년 11월 5일	안성호	정재운

종목	대회명	대회기간	우승	준우승
사이퍼즈	액션토너먼트 2017 Spring	2017년 3월 18일 ~ 2017년 4월 30일	제닉스 스톰X	뿌뿌
	액션토너먼트 2017 Summer	2017년 6월 24일 ~ 2017년 8월 9일	12월 26일	루트
	액션토너먼트 2017 Fall	2017년 9월 16일 ~ 2017년 11월 5일	필승	Fancy

종목	대회명	대회기간	우승	준우승
피파 온라인 3	EA SPORTS 피파 온라인 3 챔피언십 2017 시즌 1	2017년 3월 25일 ~ 2017년 7월 15일	김정민	강성훈
	EA SPORTS 피파 온라인 3 챔피언십 2017 시즌 2	2017년 8월 26일 ~ 2017년 11월 25일	정재영	신보석

종목	대회명	대회기간	우승	준우승
철권	TEKKEN PREMIER LEAGUE Season 1	2017년 2월 12일 ~ 2017년 4월 23일	센세이션	Red Crash
	TEKKEN PREMIER LEAGUE Season 2	2017년 5월 14일 ~ 2017년 7월 23일	자신감이넘치는 팀	슈퍼스타
	AfreecaTV TEKKEN League 시즌 1	2017년 5월 20일 ~ 2017년 6월 17일	손병문	윤선웅
	AfreecaTV TEKKEN League 시즌 2	2017년 7월 29일 ~ 2017년 9월 23일	배재민	윤선웅
	AfreecaTV TEKKEN League 시즌 3	2017년 12월 3일 ~ 2018년 1월 13일	배재민	임수훈

종목	대회명	대회기간	우승	준우승
히어로즈 오브 더 스톰	2017 Heroes of the Storm Global Championship Korea Phase 1	2017년 1월 22일 ~ 2017년 5월 21일	L5	MVP 블랙
	2017 Heroes of the Storm Global Championship Korea Phase 2	2017년 6월 23일 ~ 2017년 10월 1일	MVP 블랙	L5

종목	대회명	대회기간	우승	준우승
워크래프트 3	AfreecaTV Warcraft3 League 2017 Season 1	2017년 4월 4일 ~ 2017년 4월 27일	장재호	귀지상
	AfreecaTV Warcraft3 League 2017 Season 2	2017년 10월 24일 ~ 2017년 11월 22일	조주연	황시앙

종목	대회명	대회기간	우승	준우승
오버워치	오버워치 HOT6 APEX 시즌 2	2017년 1월 17일 ~ 2017년 4월 8일	루나틱- 하이	러너웨이
	오버워치 HOT6 APEX 시즌 3	2017년 4월 28일 ~ 2017년 7월 29일	루나틱- 하이	콩두 판테라
	오버워치 HOT6 APEX 시즌 4	2017년 8월 11일 ~ 2017년 10월 21일	GC 부산	러너웨이

종목	대회명	대회기간	우승	준우승
서머너즈 워: 천공의 아레나	2017 서머너즈 워 월드 아레나 챔피언십	2017년 8월 27일 ~ 2017년 11월 25일	판체로요	싸이

종목	대회명	대회기간	우승	준우승
펜타스톰 for Kakao	펜타스톰 프리미어 리그 2017 서머	2017년 7월 23일 ~ 2017년 9월 3일	New MetA	X6-Gaming
	펜타스톰 인비테이셔널 챔피언십: 아시아 2017	2017년 11월 23일 ~ 2017년 11월 26일	SMG	GAMETV

종목	대회명	대회기간	우승	준우승
블레이드 & 소울	블레이드 & 소울 토너먼트 2017 KOREA 시즌 1	2017년 4월 2일 ~ 2017년 4월 23일	GC 부산 블루	쿠데타
	블레이드 & 소울 토너먼트 2017 KOREA 시즌 2	2017년 5월 28일 ~ 2017년 6월 18일	GC 부산 블루	아이 뎁스
	신한카드 블레이드 & 소울 토너먼트 2017 KOREA 파이널 싱글	2017년 7월 22일 ~ 2017년 8월 27일	GC 부산 레드	GC 부산 블루
	신한카드 블레이드 & 소울 토너먼트 2017 월드 챔피언십	2017년 9월 20일 ~ 2017년 9월 29일	GC 부산 블루	GC 부산 레드

종목	대회명	대회기간	우승	준우승
서든어택	2017 서든어택 챔피언스리그 여성부	2017년 7월 14일 ~ 2017년 11월 12일	'fearless'	pentagram:
	2017 서든어택 챔피언스리그 일반부	2017년 7월 14일 ~ 2017년 11월 12일	Xenics-Storm	supre' ROCCAT

e스포츠 20년사(2008~2017)

2019년 9월
제작 한국e스포츠협회

Korea e-Sports Association
(03909) 서울특별시 마포구 매봉산로31 에스플렉스센터 11층
㈜한국e스포츠협회

Tel 02-737-3710
www.e-sports.or.kr

초판 1쇄 발행 ∣ 2019년 9월 5일

발행처 ∣ 겜툰
발행인 ∣ 송경민
디자인 ∣ 구지원
등록 ∣ 2011년 4월 15일 25100-2019-000014호
주소 ∣ 서울시 구로구 디지털로33길 48
전화 ∣ 02-6964-7660
팩스 ∣ 0505-328-7637
이메일 ∣ gamtoon@naver.com

ISBN ∣ 979-11-88380-48-0